CEDU(쎄듀)는 A **C**omprehensive **E**nglish e**DU**cation(종합적 영어교육)의 약자입니다.

저자

김기훈　現 ㈜ 쎄듀 대표이사
　　　　　現 메가스터디 영어영역 대표강사
　　　　　前 서울특별시 교육청 외국어 교육정책자문위원회 위원

저서　천일문 〈STARTER ·입문편·기본편·핵심편·완성편〉 / 천일문 GRAMMAR
　　　　리딩 플랫폼 / 리딩 릴레이 / Reading Q / Grammar Q / Listening Q
　　　　천일문 VOCA / 거침없이 Writing / 쓰작 / 잘 풀리는 영문법
　　　　어휘끝 / 어법끝 / 첫단추 / 파워업 / ALL쏨 서술형
　　　　수능영어 절대유형 시리즈 / 수능실감 등

쎄듀 영어교육연구센터
쎄듀 영어교육센터는 영어 콘텐츠에 대한 전문지식과 경험을 바탕으로
최고의 교육 콘텐츠를 만들고자 최선의 노력을 다하는 전문가 집단입니다.

인지영 책임연구원 **· 최세림** 전임연구원 **· 김지원** 전임연구원

마케팅　　　콘텐츠 마케팅 사업본부
영업　　　　문병구
제작　　　　정승호
인디자인 편집　올댓에디팅
디자인　　　스튜디오에딩크, 윤혜영
일러스트　　정윤지, 송미정
영문교열　　James Clayton Sharp

독해를 바라보는 재미있는 시각

리딩그라피

Reading
Graphy

I Level I

중등 독해,
리딩그라피로 시작하세요!

초등 독해에서 중등 독해로 넘어갈 때 아이들이 어떤 부분을 가장 어려워할까요?
바로 **"단어"**와 **"문장 구조 파악"**입니다.
초등 독해에서는 단어가 비교적 쉽고, 문장이 간결하기 때문에
아이들이 흔히 하는 것처럼 단어들의 의미를 조합하면 대략 어떤 의미인지는 파악할 수 있었지만,
중등에서는 이 방식이 통하기 어렵습니다.

실제 사례를 한번 살펴볼까요? (*중등 학습 초기의 초등 고학년 아이들에게 리딩그라피 레벨1 수록 지문을 해석해 보도록 했습니다.)

1 It looks and tastes like regular chocolate.

 그 거대한 초콜릿 같은 것은 맛있어 보인다.   그것은 맛있어 보인다 큰 초콜릿 같이 생긴.

2 Plus, many trees get cut down to make space for these cacao farms.

 많은 나무를 베서 만든다 우주의 카카오 농장을.   카카오 농장을 위해 자르는 나무 수를 추가해 우주를 만든다.

단어와 구문을 잘못 파악하니, 전혀 다른 의미로 해석되었어요.

단어

- regular 형 1. 일반적인 ,평범한
          2. (크기가) 보통의
- space 명 1. 우주   2. 공간

구문

- taste chocolate 초콜릿을 맛보다
  taste like chocolate 초콜릿 같은 맛이 나다
- to make 1. 만드는 것   2. 만들기 위해   3. 만드는   4. 만들기에

이처럼, 단어와 구문을 함께 학습해야 **문장의 정확한 해석**이 가능하며,
지문의 길이가 점점 더 길어지더라도, **글 전체의 주제와 세부 내용을 정확하게 파악**하여 문제를 풀 수 있습니다.
리딩그라피는 단순 흥미 위주의 독해를 넘어 문제 풀이로 끝나버리지 않는, **"진짜 남는 것이 있는 독해"**를 지향합니다.

| 재미 100% 보장 내용까지 유익한 지문 | **+** | 중등 필수 단어 | **+** | 중등 필수 구문 | **=** | **리딩그라피** |

1 체계적인 시리즈 구성과 세심한 난이도 조정

	학습 대상	학습 구문 수준	문장 당 평균 단어 수	단어 수	*Lexile® 지수
Level 1	예비중 ~ 중1	중1 (80%) ~ 중2 (20%)	10 (3 ~ 17)	110 ~ 130	500 ~ 700
Level 2	중1	중1 (70%) ~ 중2 (30%)	11 (3 ~ 32)	120 ~ 140	600 ~ 800
Level 3	중2	중2 (80%) ~ 중3 (20%)	13 (5 ~ 26)	130 ~ 150	700 ~ 900
Level 4	중3	중2 (20%) ~ 중3 (80%)	14 (6 ~ 27)	140 ~ 160	800 ~ 1000

*Lexile(렉사일)® 지수: 미국 교육 기관 MetaMetrics에서 개발한 영어 읽기 지수로, 개인의 영어독서 능력과 수준에 맞는 도서를 읽을 수 있도록 개발된 독서능력 평가지수입니다. 미국에서 가장 공신력 있는 지수로 활용되고 있습니다.

2 중등 내신 필수 구문과 단어까지 완벽 학습

✔ 중학교 3년간 배워야 할 구문 완벽 정리 (지문 당 중등 필수 구문 3개 학습 가능)

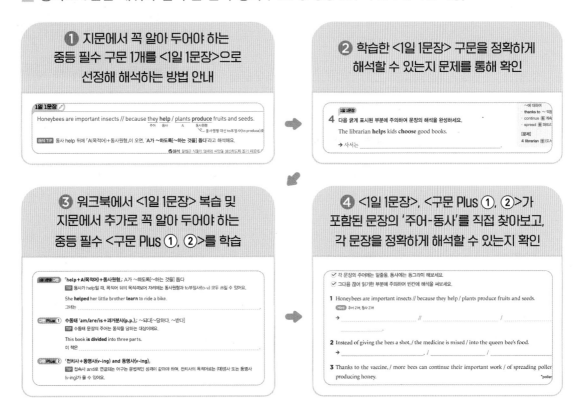

✔ 교육부 지정 중등 필수 단어 강조 표시

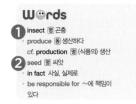

지문별로 ❶ 지문 소재 특성에 따른 단어, ❷ 반드시 외워야 하는 필수 단어가 있습니다. 리딩그라피에서는 교육부에서 지정한 중등 필수 단어에 강조 표시를 해두어 학습자들이 우선순위를 두고 학습할 수 있도록 했습니다.

❶ 흥미로운 주제의 영어 지문

재미와 지식, 상식을 모두 갖춘 최신 경향 위주의 영어 지문으로 구성되었습니다.

❷ 단어 수

지문별 단어 개수를 제공하며, 권내에서도 다양한 단어 수의 지문을 학습할 수 있습니다.

❸ QR코드

QR코드를 사용해 지문과 단어의 MP3 파일을 손쉽게 들을 수 있습니다.

❹ 1일 1문장

각 지문마다 꼭 알아 두어야 하는 중등 필수 구문 1개를 선정해, 해당 문장을 정확히 해석할 수 있도록 안내하고 있습니다.

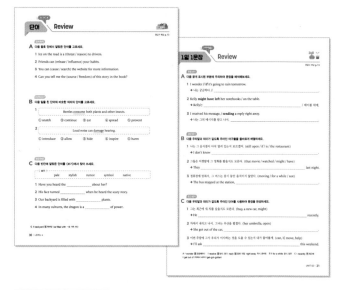

01

● Animals

단어 수

● Honeybees are important insects because they **help** plants **produce** fruits and seeds. In fact, honeybees are responsible for about one-third of the food crops in the U.S.

However, many bees are suffering from a bacterial disease. This disease can destroy large bee families with about 60,000 bees. So, a company developed a vaccine to protect the bees! Instead of giving the bees a shot, the medicine is mixed into the queen bee's food. When the queen eats it, the medicine goes into her eggs, and helps to protect other bees from the disease.

The vaccine was introduced at the right moment for honeybees. The bees are very important for the world's food production, but they are disappearing due to losing their homes, climate change, and *pesticides, in addition to a bacterial disease. Thanks to the vaccine, more bees can continue their important work of spreading **pollen and producing honey.

*pesticide 살충제, 농약
**pollen 꽃가루

1일 1문장

Honeybees are important insects // because they **help** / plants **produce** fruits and seeds.

14 | LEVEL 4

단어 Review

3개의 지문에서 학습한 단어 및 표현을 완벽하게 복습할 수 있습니다. '영영 뜻 파악', '문맥 파악', '유의어 찾기', '문장 완성' 등 다양한 유형의 문제로 구성되어 있습니다.

1일 1문장 Review

3개의 지문에서 학습한 〈1일 1문장〉을 완벽하게 복습할 수 있습니다. 〈1일 1문장〉의 해석을 연습해 보는 '문장 해석' ➡ 어순을 확인하는 '배열 영작' ➡ 주어진 조건에 맞게 문장을 써보는 '조건 영작'으로 구성되어 있습니다.

무료 부가서비스

무료로 제공되는 부가서비스로 완벽히 복습하세요. (www.cedubook.com)
① 단어 리스트 ② 단어 테스트 ③ 직독직해 연습지 ④ 영작 연습지 ⑤ 받아쓰기 연습지 ⑥ MP3 파일 (단어, 지문)

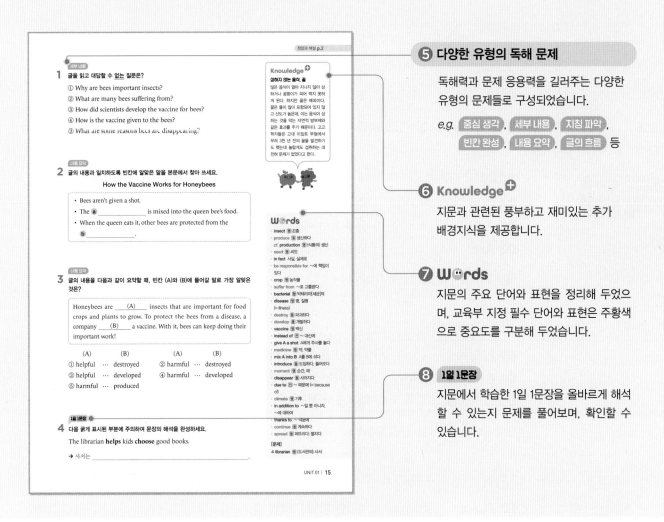

세부 내용

1 글을 읽고 대답할 수 <u>없는</u> 질문은?

① Why are bees important insects?
② What are many bees suffering from?
③ How did scientists develop the vaccine for bees?
④ How is the vaccine given to the bees?
⑤ What are some reasons bees are disappearing?

내용 요약

2 글의 내용과 일치하도록 빈칸에 알맞은 말을 본문에서 찾아 쓰세요.

How the Vaccine Works for Honeybees

· Bees aren't given a shot.
· The ⓐ _____ is mixed into the queen bee's food.
· When the queen eats it, other bees are protected from the ⓑ _____.

내용 요약

3 글의 내용을 다음과 같이 요약할 때, 빈칸 (A)와 (B)에 들어갈 말로 가장 알맞은 것은?

Honeybees are ___(A)___ insects that are important for food crops and plants to grow. To protect the bees from a disease, a company ___(B)___ a vaccine. With it, bees can keep doing their important work!

(A)		(B)	(A)		(B)
① helpful	…	destroyed	② harmful	…	destroyed
③ helpful	…	developed	④ harmful	…	developed
⑤ harmful	…	produced			

1일 1문장

4 다음 굵게 표시된 부분에 주의하여 문장의 해석을 완성하세요.

The librarian **helps** kids **choose** good books.

→ 사서는 _____

UNIT 01 | 15

Knowledge⊕

상하지 않는 꿀과, 꿀
많은 음식이 얼마 지나지 않아 상하거나 곰팡이가 피어 먹지 못하게 된다. 하지만 꿀은 예외이다. 꿀은 물이 많이 포함되어 있지 않고 산도가 높은데, 이는 음식이 상하는 것을 막는 자연적인 방부제와 같은 효과를 준다. 그래서 고고학자들은 고대 이집트 무덤에서 무려 3천 년 전의 꿀을 발견하기도 했는데 놀랍게도 섭취하는 데 전혀 문제가 없었다고 한다.

Words

· **insect** 명 곤충
· **produce** 동 생산하다
· *cf.* **production** 명 (식품의) 생산
· **seed** 명 씨앗
· **in fact** 사실, 실제로
· **be responsible for** ~에 핵임이 있다
· **crop** 명 농작물
· **suffer from** ~으로 고통받다
· **bacterial** 형 박테리아[세균]의
· **disease** 명 병, 질병
  (= illness)
· **destroy** 동 파괴하다
· **develop** 동 개발하다
· **vaccine** 명 백신
· **instead of** 전 ~ 대신에
· **give A a shot** A에게 주사를 놓다
· **medicine** 명 약, 약물
· **mix A into B** A를 B에 섞다
· **introduce** 동 도입하다, 들여오다
· **moment** 명 순간, 때
· **disappear** 동 사라지다
· **due to** ~ 때문에 (= because of)
· **climate** 명 기후
· **in addition to** ~일 뿐 아니라, ~에 대하여
· **thanks to** ~ 덕분에
· **continue** 동 계속하다
· **spread** 동 퍼뜨리다, 펼치다

[문제]
4 **librarian** 명 (도서관의) 사서

---

❺ 다양한 유형의 독해 문제

독해력과 문제 응용력을 길러주는 다양한 유형의 문제들로 구성되었습니다.

e.g. 중심 생각 , 세부 내용 , 지칭 파악 , 빈칸 완성 , 내용 요약 , 글의 흐름 등

❻ Knowledge⊕

지문과 관련된 풍부하고 재미있는 추가 배경지식을 제공합니다.

❼ Words

지문의 주요 단어와 표현을 정리해 두었으며, 교육부 지정 필수 단어와 표현은 주황색으로 중요도를 구분해 두었습니다.

❽ 1일 1문장

지문에서 학습한 1일 1문장을 올바르게 해석할 수 있는지 문제를 풀어보며, 확인할 수 있습니다.

∥ WORKBOOK ◆

◘ 〈1일 1문장〉은 복습, 〈구문 Plus ①, ②〉는 추가로 학습한 후, '주어-동사 찾기' 및 '직독직해' 문제를 풀어보며 구문 이해도를 확인할 수 있습니다.

◘ 〈내신 맛보기〉에서는 중등 내신 문제와 유사한 어휘 및 서술형 문제를 풀어볼 수 있습니다.

∥ 정답과 해설 ◆

◘ 정답의 이유를 알려주는 자세한 '문제 해설', '본문 해석', 문장을 의미 단위로 끊어 읽는 법을 알려주는 '직독직해', '주요 구문 해설'로 구성되어 있습니다.

∥ 단어 암기장

◘ 지문에 등장하는 주요 단어와 표현을 정리해 두었으며, 암기장은 가지고 다니며 학습할 수 있습니다.

◘ QR코드를 통해 MP3 파일을 들으며, 단어와 표현의 의미를 확인할 수 있습니다.

CONTENTS
목차

지문별 중등 필수 구문

유닛	지문	1일 1문장	WB 구문 PLUS ❶	WB 구문 Plus ❷
01	01	help+목적어+보어(동사원형)	수동태 현재	접속사 and의 병렬 구조 (동명사구)
	02	계속적 용법의 관계대명사 who	the+최상급+명사(+that)+주어+have/has p.p.	수동태 과거
	03	one of the+최상급+복수명사	계속적 용법의 관계대명사 who	계속적 용법의 관계대명사 which
02	04	분사구문 〈연속동작〉	명사 수식 현재분사	목적격 관계대명사 that
	05	조동사+have p.p. (might have p.p.)	allow+목적어+보어(to부정사)	not only A but (also) B
	06	목적어로 쓰인 if 명사절	조동사+have p.p. (might have p.p.)	look+보어(형용사)
03	07	현재완료진행형	get+비교급	make+목적어+보어(동사원형)
	08	목적격 관계대명사 who(m) 생략	주격 관계대명사 who	to부정사의 부사 역할 〈목적〉
	09	부사절 접속사 while	명사 수식 과거분사	remain+보어(형용사)
04	10	간접의문문 (what)	계속적 용법의 관계대명사 who	make+목적어+보어(형용사)
	11	find+it(가목적어)+형용사+to부정사구(진목적어) …	수동태 과거	명사 수식 과거분사
	12	현재완료 수동태 (have/has been p.p.)	주격 관계대명사 which	조동사+수동태 (can be p.p.)
05	13	it(가주어) ~ that절(진주어) …	비교급+than	부사절 접속사 if 〈조건〉
	14	관계부사 how	현재완료 〈계속〉	주어로 쓰인 동명사
	15	to부정사의 의미상 주어 (for+A)	what+to부정사	간접의문문 (how+형용사)
06	16	간접의문문 (what)	부사절 접속사 while 〈대조〉	to부정사의 부사 역할 〈목적〉
	17	현재완료 〈계속〉	수동태 현재	to부정사의 형용사 역할
	18	it(가주어) ~ to부정사구(진주어) …	not only A but (also) B	조동사+have p.p. (might have p.p.)

추천 학습 방법 THE BEST WAY TO STUDY

리딩그라피는 다음과 같이 학습할 때 최고의 학습 효과를 얻을 수 있어요. 다만, 개인 성향, 학습 경험에 따라 개개인에게 맞는 학습법이 다를 수 있으므로, 아래 학습법을 바탕으로 각자 자신에게 맞는 나만의 학습법을 찾아보세요.

STEP 1
단어 의미 확인하기

본격적으로 지문을 읽기 전에 단어 암기장을 사용해 지문에 나오는 단어와 표현을 먼저 확인해 보세요.

Tip 다양한 소재의 지문이 등장하므로, 지문에 나오는 단어의 뜻을 모르면 해석하기 어려울 수 있어요. 단어의 뜻을 미리 확인해 보는 게 큰 도움이 될 거예요.

STEP 2
지문 읽기

1 문장을 정확하게 해석하기 어려워도 중간에 멈추지 말고, 한번 쭉 읽어 보세요.

2 그다음 지문의 각 문장을 꼼꼼히 해석해보며 읽어 보세요.

Tip QR코드의 음원을 사용해 원어민의 발음으로 지문을 들어볼 수도 있어요.

STEP 3
문제 풀기

중심 생각, 세부 내용, 지칭 파악, 글의 흐름, 내용 요약 등의 문제를 풀어보며, 지문의 내용을 잘 이해했는지 확인해 보세요.

Tip 문제를 풀 때는 정답을 보지 않고 끝까지 푸는 것이 매우 중요해요.

STEP 4
워크북으로 복습하기

1 먼저 〈1일 1문장〉 복습과 함께, 중등 필수 〈구문 Plus ①, ②〉를 추가로 학습해 보세요.

2 그다음 〈내신 맛보기〉에서 어휘 및 서술형 실전 문제를 풀어보며, 자신이 지문에 나온 단어와 구문을 얼마나 잘 이해하고 있는지 점검해 보세요.

Tip 홈페이지에서 무료로 제공되는 단어 테스트, 직독직해 연습지, 영작 연습지 등을 함께 사용하면, 지문의 내용을 완벽하게 내것으로 만들 수 있어요.

STEP 5
Review로 마무리하기

3개의 지문을 학습한 후에는, 〈단어 Review〉와 〈1일 1문장 Review〉 문제를 풀어 보세요. 3개 지문에서 누적 학습된 단어와 1일 1문장을 잘 이해하고 있는지 확인할 수 있을 거예요.

워크북의 지문별 〈직독직해 Practice〉 코너에서는 중등 필수 구문이 담긴 3개 문장의 주어와 동사 찾기를 연습해요.
워크북을 학습하기 전에 아래 내용을 꼭 확인해 보세요.

→ 본책의 <1일 1문장 Review>의 A 유형 문제를 풀 때도 아래 내용은 동일하게 적용되어요.

직독직해 Practice

✓ 각 문장의 주어에는 밑줄을, 동사에는 동그라미 해보세요.

✓ 그다음 끊어 읽기한 부분에 주의하여 빈칸에 해석을 써보세요.

❶ 주어를 뒤에서 꾸며 주는 어구나 절이 있을 때

주어를 뒤에서 꾸며 주는 전치사구, 현재분사(v-ing)구, 과거분사(p.p.)구, 관계사절 등이 있는 경우, 이를 제외한 주어 부분에만 밑줄을 그으세요.

> *e.g.* But if more people (buy) it, // the dark side of the chocolate industry / (might become) brighter!
> → 전치사 of가 이끄는 어구(of the chocolate industry)는 the dark side를 꾸며 주는 말이므로, 문장의 주어인 the dark side에만 밑줄을 그으세요.
> In Portugal, a referee named Catarina Campos (started) to use this white card first.
> → 과거분사구(named Catarina Campos)는 주어(a referee)를 꾸며 주는 말이에요.

❷ 동사가 조동사와 함께 쓰일 때

문장의 동사가 will, can, may 등과 같은 조동사와 함께 쓰일 때는, 「조동사+동사원형」을 문장의 동사로 표시해요.

> *e.g.* In fact, one picture (can take) him / four to five days / to finish.

❸ 동사 사이에 수식어가 있을 때

문장의 동사는 한 개이지만, 다음과 같이 동사 사이에 수식어가 있을 때는 동그라미를 두 개로 표시해요.

> *e.g.* They (re) actually (getting) salt / from our sweat!
> → 문장의 동사는 현재진행형 are getting이에요.

❹ 주어와 동사가 한 문장 안에 여러 개일 때

한 문장 안에서 접속사나 관계사절이 쓰이면 주어와 동사가 여럿이 될 수 있어요.
이때 문장 옆에 힌트가 제공되니, 힌트에 제시된 주어와 동사의 개수를 꼭 확인하세요.

> *e.g.* It (looks) and (tastes) like regular chocolate. **Hint** 주어 1개, 동사 2개
> A common story (is) // that Indian workers / who (came) to South Africa / to work in sugar cane fields / (created) it.
> **Hint** 주어 2개, 동사 3개

❺ 「동사+부사/전치사」 형태의 구동사가 쓰일 때

「동사+부사/전치사」 등과 같이 두 개 이상의 단어로 이루어져 있지만, 하나의 동사처럼 쓰이는 말을 구동사라고 해요.
구동사의 경우, 「동사+부사/전치사」 전체를 문장의 동사로 봐야 해요.

> *e.g.* But as they (grow up), // their feet (turn) blue!

Unit 01

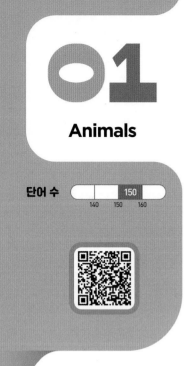

🖋 Honeybees are important insects because they **help** plants **produce** fruits and seeds. In fact, honeybees are responsible for about one-third of the food crops in the U.S.

However, many bees are suffering from a bacterial disease. This disease can destroy large bee families with about 60,000 bees. So, a company developed a vaccine to protect the bees! Instead of giving the bees a shot, the medicine is mixed into the queen bee's food. When the queen eats it, the medicine goes into her eggs, and helps to protect other bees from the disease.

The vaccine was introduced at the right moment for honeybees. The bees are very important for the world's food production, but they are disappearing due to losing their homes, climate change, and *pesticides, in addition to a bacterial disease. Thanks to the vaccine, more bees can continue their important work of spreading **pollen and producing honey.

*pesticide 살충제, 농약
**pollen 꽃가루

1일 1문장 🖋

Honeybees are important insects // because they **help** / plants **produce** fruits and seeds.
　　　　　　　　　　　　　　　　　　주어　동사　　A　　　동사원형
　　　　　　　　　　　　　　　　　　　　　　　　　↳ 동사원형 대신 to부정사(to produce)로도 쓸 수 있어요.

해석 TIP 동사 help 뒤에 「A(목적어)+동사원형」이 오면, **'A가 ~하도록[~하는 것을] 돕다'**라고 해석해요.

✅ **해석** 꿀벌은 식물이 열매와 씨앗을 생산하도록 돕기 때문에 중요한 곤충이다.

#문장의 구조 #주+동+목+보(동사원형)

1 글을 읽고 대답할 수 <u>없는</u> 질문은?

① Why are bees important insects?

② What are many bees suffering from?

③ How did scientists develop the vaccine for bees?

④ How is the vaccine given to the bees?

⑤ What are some reasons bees are disappearing?

2 글의 내용과 일치하도록 빈칸에 알맞은 말을 본문에서 찾아 쓰세요.

How the Vaccine Works for Honeybees

- Bees aren't given a shot.
- The **a** _____ is mixed into the queen bee's food.
- When the queen eats it, other bees are protected from the
  b _____ .

3 글의 내용을 다음과 같이 요약할 때, 빈칸 (A)와 (B)에 들어갈 말로 가장 알맞은 것은?

Honeybees are _____(A)_____ insects that are important for food crops and plants to grow. To protect the bees from a disease, a company _____(B)_____ a vaccine. With it, bees can keep doing their important work!

(A)	(B)		(A)	(B)
① helpful	… destroyed		② harmful	… destroyed
③ helpful	… developed		④ harmful	… developed
⑤ harmful	… produced			

4 다음 굵게 표시된 부분에 주의하여 문장의 해석을 완성하세요.

The librarian **helps** kids **choose** good books.

➔ 사서는 _____.

02

Places

단어 수 140 150 160

People with color blindness cannot experience the beautiful colors of fall leaves. Imagine that they saw these colors for the first time. How amazing would that be?

There are over 13 million colorblind Americans. The state of Tennessee wanted to help them see the beautiful fall colors. In 2017, the state installed special *viewfinders in 12 places. **Red-green color blindness is the most common type, and these viewfinders help people see the difference between these colors more clearly. 🖊 Van Lew, **who** has been colorblind her whole life, looked through one of these special viewfinders. For the first time, she saw yellows, oranges, and reds. She said, "It's the most beautiful thing I've ever seen in my life."

Tennessee was the only state with colorblind viewfinders, but in 2023, a viewfinder was also installed at a park in Virginia. Tennessee hopes that more viewfinders will be available across the country.

*viewfinder 뷰파인더 ((렌즈를 통해 들어오는 이미지를 볼 수 있는 장치))
**red-green color blindness 적록색맹 ((붉은색과 녹색을 구분하지 못하는 색맹))

1일 1문장 🖊

Van Lew, // **who** has been colorblind her whole life, / looked ~.
　　주어　　　　　　　　　　　　　　　　　　　　　　　　　　동사
└─ 콤마 뒤의 관계대명사절은 주어와 동사 사이에 자주 삽입되어 쓰여요.

해석 TIP 콤마(,) 뒤에 이어지는 관계대명사절은 콤마 앞에 있는 명사(선행사)에 대한 설명을 덧붙이는 역할을 해요.
'~하다, 그리고[그런데] 그 사람은 …'와 같이 앞에서부터 차례대로 해석하면 돼요.

✅ **해석** Van Lew는 평생 색맹이었는데, 그녀는 바라보았다 ~.

#관계대명사 #계속적 용법 #who

1 글의 제목으로 가장 알맞은 것은?

① How to Help the Colorblind

② How to Make Use of Viewfinders

③ Beautiful Fall Colors in Tennessee

④ How Colorblind People See the World

⑤ A Gift to the Colorblind: Special Viewfinders

2 글의 내용과 일치하면 T, 그렇지 않으면 F를 쓰세요.

(1) _____ 적록색맹은 흔하지 않은 종류의 색맹이다.

(2) _____ Van Lew는 청소년 시절부터 색맹이었다.

(3) _____ 2023년에 버지니아주에도 뷰파인더가 설치되었다.

3 글의 내용과 일치하도록 빈칸에 알맞은 말을 본문에서 찾아 쓰세요.

> Tennessee ⓐ _____ special viewfinders to help
> ⓑ _____ people see the red and green of fall colors better.
> They hope more states will follow their example.

4 다음 굵게 표시된 부분에 주의하여 문장의 해석을 완성하세요.

My friend, **who** loves traveling, / has visited more than 10 countries.

➔ 내 친구는 _____, / 10개 이상의
나라들을 방문했다.

Words

- **color blindness** 색맹
  cf. **colorblind** 형 색맹의
    blindness 명 눈이 멈
- **experience** 동 경험하다
- **imagine** 동 상상하다
- **for the first time** 처음으로
- **state** 명 (미국 등에서) 주(州)
- **install** 동 (기기 등을) 설치하다
- **common** 형 흔한
    (↔ uncommon 흔하지 않은, 드문);
    공통의
- **difference** 명 차이, 다름
- **clearly** 부 뚜렷하게, 분명하게
- **whole** 형 전체의, 전부의
- **through** 전 ~을 통해[관통하여]
- **available** 형 이용할 수 있는

[문제]
1 **make use of** ~을 이용하다
3 **follow** 동 (선례 등에) 따르다; 따라가다[오다]

A famous sculpture titled "Balloon Dog (Blue)" was accidentally broken by a visitor. It wasn't made of real balloons! The artist behind this sculpture is Jeff Koons, who has inspired many young artists. He likes to use everyday things in his art, such as toys and vacuum cleaners.

After finishing art school in 1976, he moved to New York and worked at the Museum of Modern Art. His art during this time was fun and used things like balloons. He believed that art should make people happy and bring them together.

Koons also made a stainless steel rabbit, which is one of his most famous sculptures from the 1980s. This sculpture that stands 104 centimeters tall might look like a toy, but is much more than that. The shiny surface of his "Rabbit" acts like a mirror, so this makes people see their reflection and think about themselves. 🖊 It has become **one of the most famous works of 20th-century art**, and was sold for $91.1 million!

1일 1문장 🖊

It has become **one [of the most famous** works / of 20th-century art], ~!
주어   동사   보어

해석 TIP 「one of the＋형용사의 최상급＋복수명사」는 **'가장 ~한 … 중 하나'**라고 해석해요.

✅**해석** 그것은 20세기 예술의 가장 유명한 작품들 중 하나가 되었고, ~!

#비교 표현 #최상급 #one of the＋최상급

Knowledge ⊕

앗 조심! 깨지기 쉬운 풍선 개

한 여성이 미국의 대표적인 현대 미술가 제프 쿤스(Jeff Koons)의 유명한 작품 'Balloon Dog(풍선 개)'에 손을 갖다 대는 바람에 4만 2000 달러(약 5,460만 원)의 가치를 지닌 것으로 평가된 이 도자기 작품은 최소 100조각 이상으로 깨졌다고 한다. 2021년 발표된 풍선 개는 모두 799개가 제작됐는데, 다양한 색깔과 크기, 재료로 만들어졌다. 이 작품 중 가장 큰 것은 높이가 3m에 이르는 것도 있지만 이번에 깨진 작품은 '강아지' 정도의 크기로 높이 40cm, 길이 48cm의 파란색 자기 조각상이다.

중심 생각

1 글의 제목으로 가장 알맞은 것은?

① The World of Jeff Koons' Artwork
② The Way to See Jeff Koons' Artwork
③ Jeff Koons' Simple But Strong Artwork
④ The Secret of Jeff Koons' Famous Artwork
⑤ The Reason Why People Love Jeff Koons' Art

세부 내용

2 Jeff Koons에 관한 글의 내용과 일치하지 <u>않는</u> 것은?

① 많은 젊은 예술가에게 영감을 주었다.
② 일상적인 물건을 작품에 사용하는 것을 좋아한다.
③ 뉴욕 현대 미술관에서 근무한 경험이 있다.
④ 예술이 사람들을 행복하게 만들어야 한다고 믿는다.
⑤ 20세기 최고의 예술가 중 한 명이 되었다.

내용 요약

3 글의 내용과 일치하도록 빈칸에 알맞은 말을 본문에서 찾아 쓰세요.

Jeff Koons' Art Style

Art Idea	He thinks art should make people happy and close.
Artwork	He created "Balloon Dog (Blue)" and "Rabbit."
Deep Meaning	"Rabbit" shows people their **ⓐ** _____ and makes them think about themselves.
Art Value	His "Rabbit" was sold for $91.1 million, and has become a **ⓑ** _____ 20th-century piece.

1일 1문장

4 다음 굵게 표시된 부분에 주의하여 문장의 해석을 완성하세요.

He is / **one of the most popular** students / in the class.

➜ 그는 ~이다 / _____ / 반에서.

W⊙rds

- **sculpture** 명 조각, 조각품
- **title** 동 제목을 붙이다
- **accidentally** 부 우연히, 실수로
- **visitor** 명 방문객, 손님
- **be made of** ~로 만들어지다
- **real** 형 진짜의, 실제의
- **balloon** 명 풍선
- **inspire** 동 영감을 주다
- **everyday** 형 일상적인, 매일의
- **such as** ~와 같은
- **vacuum cleaner** 명 진공청소기
- **modern** 형 현대의, 현대적인
- **bring A together** A를 결합시키다[묶다]
- **stainless steel** 명 스테인리스 (강철)
- **stand** 동 서다, 서 있다
- **shiny** 형 반짝이는, 빛나는
- **surface** 명 표면, 겉
- **reflection** 명 (거울 등에 비친) 모습
- **work** 명 작품
  cf. **artwork** 명 (박물관의) 미술품

[문제]
3 value 명 가치
   piece 명 (작품) 한 점; 작품

영영 뜻 파악

A 다음 단어에 해당하는 알맞은 의미를 찾아 연결하세요.

1 crop •
2 available •
3 reflection •

• ⓐ easy or possible to get or use

• ⓑ a plant or plant product that is grown by farmers

• ⓒ an image that is seen in a mirror

문장 완성

B 다음 빈칸에 알맞은 단어를 〈보기〉에서 찾아 쓰세요.

| 보기 |
| common | install | whole | develop | destroy |

1 The tornado can _____ many houses and trees.

2 She ate the _____ pizza by herself because she was hungry.

3 They're going to _____ a new heating system.

4 The scientist worked hard to _____ a cure for the disease.

문장 완성

C 다음 우리말과 일치하도록 빈칸에 알맞은 표현을 써보세요.

1 이 목걸이는 순금으로 만들어졌다.

→ This necklace _____ _____ _____ pure gold.

2 나는 숙제를 하기 위해 항상 인터넷을 이용한다.

→ I always _____ _____ _____ the internet to do my homework.

3 선장은 승객의 안전에 대한 책임이 있다.

→ The captain _____ _____ _____ the safety of the passengers.

A ⓑ product 몡 생산물; 제품   **B 1** tornado 몡 토네이도, 회오리바람   **2** by oneself 혼자   **3** heating 몡 난방   **4** cure 몡 치료법   **C 1** pure gold 순금
3 captain 몡 선장   safety 몡 안전(함)   passenger 몡 승객

문장 해석

A 다음 굵게 표시된 부분에 주의하여 문장을 해석해보세요.

1 They **helped** / the volunteers **clean up** the park.

➜ 그들은 도왔다 / _____ .

2 My cousin, // **who** plays soccer, / scored a goal in the game.

➜ 내 사촌은 // _____, / 경기에서 골을 넣었다.

3 She is / **one of the most talented** students / in the class.

➜ 그녀는 ~이다 / _____ / 반에서.

배열 영작

B 다음 우리말과 의미가 같도록 주어진 어구들을 올바르게 배열하세요.

1 그녀는 매일 저녁에 엄마가 저녁을 요리하는 것을 돕는다. (her mom / dinner / helps / cook)

➜ She _____ every evening.

2 이 책은 내가 읽어본 가장 영감을 주는 소설 중 하나이다. (of / inspiring / one / novels / the / most)

➜ This book is _____ I've ever read.

3 그 과학자는 우주를 연구하는데, 새로운 행성을 발견했다. (who / space / studies / the scientist)

➜ _____, _____, discovered a new planet.

조건 영작

C 다음 우리말과 의미가 같도록 주어진 단어를 사용하여 문장을 완성하세요.

1 내 남동생은 엔지니어인데, 새로운 다리를 디자인하고 있다. (brother, an engineer)

➜ _____, _____, is designing a new bridge.

2 이 식당은 시내에서 가장 인기 있는 장소 중 하나이다. (popular, spot)

➜ This restaurant _____ in town.

3 나는 내 친구가 그녀의 방을 꾸미는 데 도움을 주었다. (decorate, room, my friend)

➜ I _____ .

A 1 volunteer 몡 자원봉사자   **3** talented 혱 재능이 있는   **B 2** inspiring 혱 영감을 주는   **3** discover 동 발견하다   planet 몡 행성   **C 2** spot 몡 (특정한) 곳
3 decorate 동 장식하다, 꾸미다

DID YOU KNOW …?

'냉동 동물원'에 대해 아시나요?

미국 캘리포니아주, 샌디에이고에는 '냉동 동물원'이 있어요. 이 특별한 동물원에는 무려 1,220종 동물의 1만 개가 넘는 DNA 샘플이 저장되어 있어요! 샌디에이고의 '냉동 동물원'은 세계에서 가장 큰 규모의 동물 대상 저온 냉동 은행이에요! 이 동물원은 커트 베니쉬케(Kurt Benirschke)라는 캘리포니아대학교의 연구자에 의해 시작되었어요. 그는 1972년부터 희귀한, 멸종위기의 동물들의 피부 샘플들을 모으기 시작했어요.

커트는 기술이 더 발달한 미래에는 자신이 냉동 보관한 DNA 샘플을 사용해 멸종위기종 동물을 다시 되살릴 수 있을 것이라 믿었어요. 커트는 비록 2018년에 세상을 떠났지만, 연구는 지금도 계속되고 있어요. 많은 과학자가 멸종 위기종의 DNA 샘플을 확보하는 게 중요하다고 말해요. 그들은 이 DNA 샘플들이 멸종 위기종 동물들을 되살릴 뿐만 아니라 종(種)의 고유 특징 연구에도 도움이 될 것으로 생각해요.

냉동 동물원은 미래 세대를 위한 중요한 유산이에요!

지붕에 상어가 박힌 집이 있다고요?

영국 옥스퍼드의 한 주택가에는 특이한 집이 있어요. 이 집의 지붕에는 무려 7.6미터나 되는 어마어마한 크기의 상어 조형물이 설치되어 있거든요! 빌 하이네(Bill Heine)는 1986년에 전쟁과 핵무기에 반대하는 자신의 의견을 표현하기 위해 집에 상어 조각을 설치했어요. 상어 머리가 지붕을 뚫고 들어가는 듯한 모습은 폭탄이 집에 떨어졌을 때 시민들이 느낄 충격을 표현한 것이라고 해요. 이 상어 조각상은 그 재밌는 모양 때문에 많은 시민의 사랑을 받았고, 옥스퍼드는 빌의 집이 사회 공동체에 한 특별한 기여를 인정해 무려 랜드마크로 지정했어요.

Unit

02

In Australia, there's a bird called the *white ibis. People nicknamed them the "bin chicken," because they search trash cans for food or even snatch food from people's hands. But now, these birds are helping to solve a big problem — the **cane toad.

Cane toads were introduced to Australia in the 1930s. Farmers thought ⓐ they would help control beetles damaging their crops. However, these toads spread rapidly, consuming many insects. Moreover, ⓑ their strong poison could kill most native animals that eat frogs and toads. They became a threat to native wildlife because they had no natural enemies in Australia.

Fortunately, the white ibis learned a way to eat ⓒ them safely. 🖊 The ibises flip the toads into the air, **causing the toads to release their poison.** They then wash ⓓ them in water before eating. This way, ⓔ they're helping control the number of cane toads. In fact, each cane toad that a white ibis eats prevents the birth of about 70,000 new toads in a year!

*white ibis 흰따오기
**cane toad 수수두꺼비 ((중남미에 서식하는 외래종))

1일 1문장 🖊

The ibises <u>flip</u> the toads / into the air, / **causing** the toads to release their poison.
        동작1   동작2
= ~, **and** cause the toads ~.

해석 TIP 문장 뒤에 콤마(,)로 현재분사(v-ing)가 이끄는 어구가 이어질 때, 문장의 동사(동작1) 뒤에 바로 이어지는 다음 동작(동작2)을 나타낼 수 있어요. '~하고 (나서), …하다'로 해석해요.

✅ **해석** 흰따오기는 두꺼비를 공중으로 톡 던져 뒤집어, 두꺼비가 독을 내보내게 한다.

#분사 #분사구문

중심 생각

1 글의 제목으로 가장 알맞은 것은?

① The Harm of the White Ibis to Wildlife

② Australian Birds Searching Trash Cans for Food

③ How Cane Toads Were Introduced to Australia

④ Australia's New Environmental Hero: the White Ibis

⑤ Why Cane Toads' Poison Cannot Kill the White Ibis

지칭 파악

2 밑줄 친 ⓐ~ⓔ 중, 가리키는 대상이 나머지 넷과 다른 것은?

① ⓐ   ② ⓑ   ③ ⓒ   ④ ⓓ   ⑤ ⓔ

세부 내용

3 글의 내용과 일치하지 <u>않는</u> 것은?

① 흰따오기는 호주에서 '쓰레기통 닭'으로도 불린다.

② 수수두꺼비는 1930년대에 호주로 들여와졌다.

③ 수수두꺼비의 독은 토종 생물에게 해를 끼치지 않는다.

④ 흰따오기는 수수두꺼비를 안전하게 먹는 방법을 알아냈다.

⑤ 흰따오기는 수수두꺼비의 번식을 막는 데 효과적이다.

내용 요약

4 글의 내용과 일치하도록 빈칸에 알맞은 말을 본문에서 찾아 쓰세요.

> Cane toads were a big problem for Australia's wildlife because they had no natural ⓐ _____. But now, the white ibis is helping ⓑ _____ the number of cane toads by safely eating them.

1일 1문장

5 다음 굵게 표시된 부분에 주의하여 문장의 해석을 완성하세요.

I finished my homework, **taking** a rest.

➜ 나는 숙제를 _____.

Knowledge ➕

너구리의 별명이 쓰레기 판다라고?!

도시의 동물들은 먹이를 찾기 위해 쓰레기통을 뒤지는 경우가 많다. 그중 대표적인 동물은 너구리들이다. 미국인들은 쓰레기통을 열었을 때 이 뜻밖의 귀여운 손님을 마주하는 경우가 많다. 판다와 유사한 너구리 특유의 얼굴 무늬 때문에 사람들은 곧 이들에게 "쓰레기 판다(trash panda)"라는 별명을 붙여주었다.

Words

- nickname 〔동〕 별명을 붙이다
- bin 〔명〕 쓰레기통 (= trash can)
- search 〔동〕 찾아보다, 뒤지다
- snatch 〔동〕 잡아채다
- introduce 〔동〕 도입하다, 들여오다
- beetle 〔명〕 딱정벌레
- damage 〔동〕 피해를 입히다, 손상을 주다 〔명〕 피해 (= harm)
- crop 〔명〕 농작물
- spread 〔동〕 확산되다 (spread-spread-spread)
- rapidly 〔부〕 빠르게
- consume 〔동〕 먹다 (= eat); 소비하다
- insect 〔명〕 곤충
- moreover 〔부〕 게다가
- poison 〔명〕 독
- native 〔형〕 토종의
- threat 〔명〕 위협, 위험
- wildlife 〔명〕 야생 생물
- natural enemy 천적
  cf. enemy 〔명〕 적
- flip 〔동〕 툭 던져 뒤집다
- cause A to-v A가 ~하게 하다
- release 〔동〕 방출하다, 놓아 주다
- prevent 〔동〕 막다, 예방하다

[문제]
1 environmental 〔형〕 환경의
5 take a rest 쉬다

People from various cultures around the world have worn masks for different reasons. Sometimes, wearing masks became a trend. For example, in 16th century Europe, wealthy women wore masks to protect their skin from the sun.

During this period, having pale skin was a symbol of high status. It showed that one didn't work outside like a *commoner. In London and  Paris, stylish women started wearing masks. The first masks were made of black velvet and covered the top half of the face. Another mask, which was called a vizard, covered the whole face with a space for the nose and small holes for the eyes. Women wore these masks while they were traveling on horseback.

Masks also allowed women to visit places like the market or church without a man. ✏ Without a mask, a woman going out alone **might have caused** rumors. Masks not only gave women more freedom but also made them mysterious by hiding their faces.

*commoner (왕족이나 귀족이 아닌) 평민

1일 1문장 ✏

Without a mask, / a woman going out alone / **might have caused** rumors.
　　　　　　　　　주어　　　　　　　　　　　동사　　　　목적어

해석 TIP 「might have p.p.(과거분사)」는 '(어쩌면) ~했을 수도 있다, ~했을지도 모른다'라고 해석해요. 「조동사+have p.p.」는 과거의 일에 대한 추측을 나타낼 때 쓰여요.

✅ **해석** 가면이 없었다면, 혼자 외출하는 여성은 소문을 일으켰을지도 모른다.

#조동사 #조동사+have p.p.

Knowledge ➕

왜 중세 시대 여성들은 혼자 다닐 수 없었을까?

중세 사회에서는 가부장제와 여성의 낮은 권리 때문에, 여성들이 독립적인 존재로 인정받지 못하고 남편, 아버지, 형제 또는 남성 친척의 보호와 감시를 받아야 한다고 여겨졌다. 이러한 사회적인 분위기 속에서, 여성이 혼자 다니면 좋지 않은 소문이 퍼지기도 했고, 이는 남성과 가족의 명예에도 영향을 미칠 수 있었다. 이러한 제약들이 여성의 자유와 독립성을 제한하고, 사회적 경제적 활동을 할 수 없도록 막았다.

중심 생각

1 글의 주제로 가장 알맞은 것은?

① most popular fashion in 16th century Europe

② why pale skin became a symbol of the high-class

③ the various uses of masks in the 16th century

④ the reason why women had to wear a mask outside

⑤ 16th-century European women's trend of wearing masks

세부 내용

2 글에서 언급되지 <u>않은</u> 가면은?

①    ②    ③

세부 내용

3 글의 내용과 일치하면 T, 그렇지 않으면 F를 쓰세요.

(1) _____ 16세기 유럽에서는 창백한 피부가 상류층을 상징했다.

(2) _____ 여성들은 말을 타고 이동할 때 vizard라는 가면을 썼다.

내용 요약

4 글의 내용과 일치하도록 빈칸에 알맞은 말을 본문에서 찾아 쓰세요.

Masks of the 16th Century

- High-class women wore masks to keep their skin

  a _____ and protect it from sunlight.

- By wearing masks, the women were able to get more

  b _____ .

1일 1문장

5 다음 굵게 표시된 부분에 주의하여 문장의 해석을 완성하세요.

I can't find my umbrella here. Someone **might have taken** mine.

➔ 나는 내 우산을 여기서 찾을 수 없어. 누군가 _____

_____ .

W❂rds

- **various** 형 다양한, 여러 가지의
- **reason** 명 이유
- **trend** 명 유행; 경향
- **century** 명 세기, 100년
- **wealthy** 형 부유한 (= rich)
- **protect A from B** A를 B로부터 보호하다
- **period** 명 시대; 기간, 시기
- **pale** 형 창백한
- **symbol** 명 상징
- **status** 명 지위
- **stylish** 형 유행을 따른; 멋진
- **be made of** ~로 만들어지다
- **velvet** 명 벨벳
- **whole** 형 전체의, 전부의
- **space** 명 공간 (= room); 우주
- **on horseback** 말을 타고
- **allow A to-v** A가 ~하도록 허락하다
- **without** 전 ~ 없이
- **cause** 동 ~의 원인이 되다, ~을 일으키다
- **rumor** 명 소문
- **not only A but also B** A뿐만 아니라 B도
- **freedom** 명 자유
- **mysterious** 형 신비한
- **hide** 동 숨기다, 감추다

[문제]
1 high-class 형 상류층의
cf. **class** 명 (사회의) 계층

06

Art

단어 수　　　154
140　150　160

A new study says that air pollution might have inspired famous painters like Claude Monet to make their beautiful, dreamy paintings. The study looked at over 100 paintings by Monet and another painter named William Turner. They painted during a time when factories released a lot of smoke. (A) This suggests that the dirty air might have influenced the special look of these famous paintings. (B) They found that the paintings matched the air pollution levels at the time. (C) Researchers thought that the dirty air inspired their paintings to look foggy and dreamy.

The researchers looked at other sources to check **if Monet was inspired by air pollution.** In a letter to his wife, Monet wrote, "I was very

worried in the morning because I saw no fog, just clear blue sky in London. I thought that I couldn't paint anymore. But soon, smoke and fog from pollution returned to the sky." Then, his work continued.

1일 1문장

The researchers looked at other sources / to check // **if Monet was inspired** / by air pollution.
　　　　　　　　　　　　　　　　　　　　　　to check의 목적어

해석 TIP 「접속사 if+주어+동사 ~ (or not)」절은 문장에서 명사 역할을 할 수 있는데, 주로 ask, check, know, wonder와 같은 동사의 목적어로 쓰여요. '~가 …인지 (아닌지)'라고 해석해요.

✔**해석** 연구원들은 모네가 대기오염에 영감을 받았는지를 확인하기 위해 다른 출처들을 살펴보았다.

#접속사 #명사절 if #목적어

1 **What is the best title for the passage?**

① How the Sky Was Affected by Smoke

② Forgotten Facts from Monet's Letters

③ Factories' Smoke Causes Air Pollution in London

④ Why Monet Was Worried about the Polluted Sky

⑤ Air Pollution: The Secret Behind Dreamy Paintings

2 **What is the best order of the sentences (A)~(C)?**

① (A) - (B) - (C)   ② (A) - (C) - (B)

③ (B) - (A) - (C)   ④ (C) - (A) - (B)

⑤ (C) - (B) - (A)

3 **Which CANNOT be answered based on the passage?**

① How many paintings by the artists were looked at?

② Who are the famous painters mentioned in the study?

③ How serious was the air pollution during Monet's time?

④ What sources did the researchers look at in the study?

⑤ What did Monet write in his letter to his wife?

4 **Fill in the blank with the Korean translation.**

Let's check // **if** the library has that new book.

→ 확인해보자 // _____ .

문맥 파악

A 다음 괄호 안에서 알맞은 단어를 고르세요.

1 Ice on the road is a (threat / reason) to drivers.

2 Friends can (release / influence) your habits.

3 You can (cause / search) the website for more information.

4 Can you tell me the (source / freedom) of this story in the book?

유의어 찾기

B 다음 밑줄 친 단어와 비슷한 의미의 단어를 고르세요.

1
| Beetles <u>consume</u> both plants and other insects. |

① snatch   ② continue   ③ eat   ④ spread   ⑤ prevent

2
| Loud noise can <u>damage</u> hearing. |

① introduce   ② allow   ③ hide   ④ inspire   ⑤ harm

문장 완성

C 다음 빈칸에 알맞은 단어를 〈보기〉에서 찾아 쓰세요.

보기				
pale	stylish	rumor	symbol	native

1 Have you heard the _____ about her?

2 His face turned _____ when he heard the scary story.

3 Our backyard is filled with _____ plants.

4 In many cultures, the dragon is a _____ of power.

C 3 backyard 명 뒷마당 be filled with ~로 가득 차다

문장 해석

A 다음 굵게 표시된 부분에 주의하여 문장을 해석해보세요.

1 I wonder // **if** it's going to rain tomorrow.

→ 나는 궁금하다 // _____ .

2 Kelly **might have left** her notebooks / on the table.

→ Kelly는 _____ / 테이블 위에.

3 I received his message, / **sending** a reply right away.

→ 나는 그의 메시지를 받고 나서, _____ .

배열 영작

B 다음 우리말과 의미가 같도록 주어진 어구들을 올바르게 배열하세요.

1 나는 그 음식점이 아직 열려 있는지 모르겠어. (still open / if / is / the restaurant)

→ I don't know _____ .

2 그들은 어젯밤에 그 영화를 봤을지도 모른다. (that movie / watched / might / have)

→ They _____ last night.

3 정류장에 멈춰서, 그 버스는 잠시 동안 움직이지 않았다. (moving / for a while / not)

→ The bus stopped at the station, _____ .

조건 영작

C 다음 우리말과 의미가 같도록 주어진 단어를 사용하여 문장을 완성하세요.

1 그는 최근에 새 차를 샀을지도 모른다. (buy, a new car, might)

→ He _____ recently.

2 차에서 내리고 나서, 그녀는 우산을 펼쳤다. (her umbrella, open)

→ She got out of the car, _____ .

3 이번 주말에 그가 우리가 이사하는 것을 도울 수 있는지 내가 물어볼게. (can, if, move, help)

→ I'll ask _____ this weekend.

A 1 wonder 통 궁금해하다 **3** receive 통 받다, 얻다 reply 명 답변, 대답 right away 즉시, 곧바로 **B 3** for a while 잠시, 잠깐 **C 1** recently 부 최근에
2 get out of (차)에서 내리다 (get-got-gotten)

Questions & Answers

Fashion

Q 정장 재킷의 마지막 단추는 왜 잠그지 않을까요?

A 남성들이 정장 재킷을 입을 때 한 가지 특이한 규칙이 있어요. 재킷의 마지막 단추는 잠그지 않는 것이에요. 이는 19세기 초 영국의 국왕이었던 에드워드 7세에 의해 시작되었다고 해요. 에드워드 7세는 음식을 아주 좋아해 배가 많이 나왔었어요. 그는 자신의 배 때문에 정장 재킷의 마지막 단추를 항상 풀어두었고, 그의 신하들도 그를 따라 옷을 입기 시작했어요. 어느덧 마지막 단추를 잠그지 않는 것은 암묵적인 규칙이 되었고 이는 현재까지도 이어지고 있어요.

Q 미래에는 옷을 어떻게 만들까요?

A 프랑스 명품 브랜드 코페르니는 2023년 파리 패션위크에서 새로운 방식으로 드레스를 만들어냈어요. 바로 '패브리칸(Fabrican)'이라는 물질이 담긴 스프레이를 모델에게 직접 뿌려 그 자리에서 드레스를 제작했답니다! '패브리칸'은 스프레이 캔 안에서는 액체 상태로 있지만, 분사되어 몸에 닿는 순간 수분이 증발하고 섬유 재질로 변화하는 특성이 있어요. 코페르니의 디자이너는 패브리칸을 뿌리고 손으로 모양을 잡아주는 방식으로 드레스를 만들었어요. 미래에 여행을 갈 때는 옷 여러 벌 대신 스프레이 하나만 챙기면 될지도 모르겠어요!

Q 소설 속 등장인물의 패션은 왜 중요할까요?

A 작가들은 소설의 줄거리만큼이나, 등장인물의 패션에도 신경을 쓴다고 해요. 독자들이 등장인물이 입는 의상을 바탕으로, 인물의 성격이나 정체성을 상상하기 때문이에요. 등장인물에 어울리지 않는 의상이나 소품을 착용시키는 것은 독자들이 이야기에 몰입하는 것을 방해할 수 있어요. 반대로 등장인물에 적합한 옷을 입히면 많은 독자들에게 기억에 남을 만한 장면을 제공하기도 해요. 소설 「바람과 함께 사라지다」의 주인공인 스칼릿이 가난한 상황 속에서도 초록색 커튼으로 멋들어진 드레스를 만들어낸 것처럼요!

Unit
03

07
Life

단어 수　140 **150** 160

When we are young, our skills improve with age and experience. But as we get older, we may feel like we stop getting better. We might forget things more, react a little slower, and have less energy. However, there's one important exception: older people are better at controlling their emotions.

✏️ For the past 20 years, Susan Turk Charles, a psychologist, **has been studying** emotions in people of all ages. She has discovered that older people tend to have fewer but more satisfying social connections and experience higher emotional well-being. They also get less upset over negative experiences.

Why is emotional control better in older people? As we get older, our brain makes us think more before we act, instead of reacting quickly. This helps us to stay calm. Also, older people usually focus on positive things. These findings might inspire people ＿＿＿＿＿＿＿＿＿＿＿＿＿＿＿ toward getting older.

1일 1문장 ✏️

For the past 20 years, / Susan Turk Charles, / a psychologist, / **has been studying** emotions ~.
　　　　수식어　　　　　　　　　　　주어　　　　　　　　　　동사　　　　　목적어

해석 TIP 현재완료진행 「have/has been v-ing」는 '~해 오고 있다, ~해 오고 있는 중이다'라고 해석해요.
과거에 시작한 동작이 현재에 계속 '진행 중'임을 나타내요.

✔️ **해석** 지난 20년간, 심리학자인 Susan Turk Charles는 ~ 감정을 연구해 왔다.

#시제 #현재완료진행

중심 생각

1 글의 제목으로 가장 알맞은 것은?

① The Secret to Being Positive at Any Age

② The Way to Protect Yourself from Aging

③ The Importance of Having a Positive Mind

④ Being Old Doesn't Always Make You Happy

⑤ Emotional Control: The Strength of Older People

빈칸 완성

2 글의 빈칸에 들어갈 말로 가장 알맞은 것은?

① to have more energy

② to react more quickly

③ to experience emotions

④ to have more social connections

⑤ to pursue a more positive attitude

내용 요약

3 글의 내용과 일치하도록 빈칸에 알맞은 말을 〈보기〉에서 찾아 쓰세요.

┤ 보기 ├
| upset | controlling | positive | emotional |

About Getting Older

단점	• Might forget things more • React a little slower • Have less energy
장점	• Become better at ⓐ _____ emotions • Have more satisfying social connections • Experience higher ⓑ _____ well-being • Get less ⓒ _____ over negative experiences • Think more before acting • Focus on ⓓ _____ things

1일 1문장

4 다음 굵게 표시된 부분에 주의하여 문장의 해석을 완성하세요.

We **have been taking** swimming lessons / for five months.

→ 우리는 _____ / 5개월 동안.

Knowledge ⊕

창의성과 연령의 상관관계

최근 과학적 연구에서 창의성은 평생 지속될 수 있는 개념이라는 것이 드러나고 있다. 연구 결과 인지능력을 비롯한 뇌의 수행 능력은 노화에 따라 줄어드는 신경세포의 수보다는 오히려 세포 간의 원활한 연결 여부에 달려 있다고 한다. 즉, 개인의 노력 여하에 따라 건강한 뇌의 발달과 유지는 나이와 상관없이 이루어질 수 있다는 것이다.

W⊙rds

- skill 명 기량, 기술
- improve 동 나아지다, 향상되다
- experience 명 경험 동 경험하다
- react 동 반응하다
- exception 명 예외
- control 동 통제하다 명 제어, 통제
- emotion 명 감정
  cf. emotional 형 감정적인
- past 형 지난, 과거의
- psychologist 명 심리학자
- discover 동 발견하다
- tend to-v ~하는 경향이 있다
- satisfying 형 만족스러운
- social 형 사회의, 사회적인
- connection 명 연결, 관계
- well-being 명 행복
- negative 형 부정적인 (↔ positive 긍정적인)
- instead of 전 ~ 대신에
- calm 형 차분한, 침착한
- focus on ~에 집중하다
- finding 명 발견
- inspire A to-v A가 ~하도록 격려하다
- toward 전 ~에 대하여

[문제]
1 strength 명 강점, 장점
2 pursue 동 추구하다
   attitude 명 태도

Scientists have found a new risk to space travel. (a) When we go to space, our DNA can change. (b) This might increase the chances of getting cancer.

(c) To study this, researchers examined the blood of 14 astronauts who traveled to space between 1998 and 2001. (d) The astronauts provided blood samples before and after their missions. (e) Astronauts must pass medical tests before space travel. The blood samples were kept frozen for 20 years.  The researchers found changes in **all 14 astronauts they studied**. Professor David Goukassian said, "Space can cause changes in astronauts' DNA because of its extreme conditions, including space *radiation. These changes don't mean astronauts will get cancer, but there's a small chance that they could."

This study could be important for the future of space travel. Several nations are working on sending astronauts to Mars, and other countries are preparing to build bases on the moon. Goukassian said that more research is necessary to study the harmful effects of space travel on the body.

*radiation 방사선

1일 1문장 ✏️

The researchers found changes / in **all 14 astronauts** [(who(m)) they studied ●].
　　　주어　　　 동사　　 목적어

명사(선행사)는 관계대명사절에서 동사의 목적어 역할을 해요.

해석 TIP 명사 바로 뒤에 「주어+동사」 ~」가 또 이어지면 '목적격 관계대명사'가 생략되었는지 확인해 보세요.
「주어+동사」 ~」가 앞의 명사(선행사)를 꾸며 준다면 '~하는[~한] (명사)'라고 해석하면 돼요.

✔ **해석** 연구원들은 그들이 연구했던 14명의 우주 비행사 모두에게서 변화를 발견했다.

#관계대명사 #목적격 #생략

중심 생각

1 글의 주제로 가장 알맞은 것은?

① the next mission for astronauts to Mars

② new risks of DNA changes in space travel

③ astronauts' difficulties in extreme conditions

④ how to use blood samples for DNA research

⑤ scientists' interest in studying astronauts' DNA

Knowledge ➕

우주 비행사들이 우주여행에 대비하는 법

우주 비행은 신체에 많은 변화를 일으킨다. 지구와는 다른 우주의 환경 때문에 우주 비행사들은 근육량 및 뼈 밀도 감소 등의 부작용을 겪을 수 있다. 이에 대비하기 위해 우주 비행사들은 비행 전 높은 강도의 신체 훈련을 받아 근육의 힘을 늘려 놓는다. 심지어 우주에 머무를 때도 이들은 쉬지 않고 매일 운동을 한다! 국제 우주 정거장에는 이들을 위한 다양한 특수 운동 기구들이 준비되어 있다.

글의 흐름

2 글의 (a)~(e) 중, 전체 흐름과 관계<u>없는</u> 문장은?

① (a)　　② (b)　　③ (c)　　④ (d)　　⑤ (e)

내용 요약

3 글의 내용과 일치하도록 빈칸에 알맞은 말을 〈보기〉에서 찾아 쓰세요.

┤ 보기 ├

| effects | chances | examine | increase |

Scientists found that space travel can **ⓐ** _____ the chances of getting cancer by studying DNA. This finding is important for the future space missions and further research is necessary to understand space travel's **ⓑ** _____ on the body.

1일 1문장

4 다음 굵게 표시된 부분에 주의하여 문장의 해석을 완성하세요.

At the concert, / we saw **the singer we really like.**

➜ 콘서트에서, / 우리는 _____ 보았다.

Words

- **risk** 몡 위험(성)
- **increase** 동 증가하다, 늘다
- **chance** 몡 가능성; 기회
- **cancer** 몡 암
- **researcher** 몡 연구원
  - *cf.* **research** 몡 연구
- **examine** 동 조사하다, 검사하다
- **astronaut** 몡 우주 비행사
- **provide** 동 제공하다, 주다
- **sample** 몡 표본, 샘플
- **mission** 몡 임무, 사명
- **medical** 형 의료의, 의학의
- **frozen** 형 냉동된
- **cause** 동 ~의 원인이 되다, ~을 일으키다
- **extreme** 형 극도의, 극심한
- **condition** 몡 환경, 상황
- **including** 전 ~을 포함하여
- **several** 형 몇몇의, 여러
- **nation** 몡 국가
- **work on** ~에 노력을 들이다, 착수하다
- **Mars** 몡 화성
- **prepare** 동 준비하다
- **base** 몡 기지
- **necessary** 형 필요한
- **harmful** 형 해로운, 유해한
- **effect** 몡 영향, 효과

[문제]
1 **difficulty** 몡 어려움, 곤란
3 **further** 형 추가의, 그 이상의

09
Origins

단어 수 ▭▭▭▭ 160
140 150 160

Fortune cookies are treats with hidden messages inside. In many Chinese restaurants across the U.S., diners receive these cookies after meals. ✍ **While many Americans link these cookies to Chinese culture**, they are actually from Japan. In the 1870s, a similar cookie known as "tsujiura senbei" or "fortune cracker" was made near Kyoto, Japan. The cookie was different in taste and size from today's fortune cookies. It was larger and made with sesame and *miso.

When Japanese people moved to the U.S. in the 1900s, they introduced these cookies. (A) So, they started Chinese restaurants and offered fortune cookies as a dessert. (B) As the cookies became more popular, the recipe changed to suit American tastes. (C) They wanted to open Japanese restaurants, but many Americans didn't like certain Japanese dishes such as raw fish. They became sweeter with vanilla and butter.

Today, billions of fortune cookies are produced every year. The cookie remains important in American culture. It's more than just a dessert!

*miso 미소 ((일본 요리에서 사용하는 된장의 일종))

1일 1문장 ✍

While many Americans link these cookies to Chinese culture, // they are actually from Japan.

↳ while이 이끄는 절의 내용이나 기대에 반대되는 절이 뒤에 와요.

해석 TIP 「while+주어+동사 ~」는 '~이긴 하지만'으로 해석할 수 있어요. 접속사 while은 '~하는 동안, ~인 반면에' 등과 같이 다양한 의미로 쓰이므로 문맥에 알맞은 의미로 잘 해석해야 해요.

✔ **해석** 많은 미국인이 이 쿠키들을 중국 문화와 연관 짓지만, 그것들은 사실 일본에서 왔다.

#접속사 #부사절 #while

중심 생각

1 글의 제목으로 가장 알맞은 것은?

① Changes in the Fortune Cookie Recipe

② New American Dessert: Chinese Crackers

③ Messages Hidden Inside Fortune Cookies

④ The True Beginnings of the Fortune Cookie

⑤ The Differences Between Japanese and American Desserts

글의 흐름

2 문장 (A)~(C)를 글의 흐름에 알맞게 배열한 것은?

① (A)-(C)-(B)　　② (B)-(A)-(C)

③ (B)-(C)-(A)　　④ (C)-(A)-(B)

⑤ (C)-(B)-(A)

세부 내용

3 글의 내용과 일치하면 T, 그렇지 않으면 F를 쓰세요.

(1) _____ 많은 미국인이 포춘 쿠키가 중국 문화와 관련이 있다고 믿는다.

(2) _____ 포춘 쿠키 조리법은 일본인의 입맛에 맞게 바뀌었다.

내용 요약

4 글의 내용과 일치하도록 빈칸에 알맞은 말을 본문에서 찾아 쓰세요.

1870s	Japan had a cookie **a** _____ to the fortune cookie.
1900s	• Japanese people moved to the U.S. and **b** _____ these cookies. • Japanese started Chinese restaurants and **c** _____ fortune cookies as a dessert.
Today	Billions of fortune cookies are produced every year.

1일 1문장

5 다음 굵게 표시된 부분에 주의하여 문장의 해석을 완성하세요.

While the food was delicious, // the service at the restaurant was slow.

➔ _____, // 그 식당의 서비스는 느렸다.

Words

- **fortune cookie** 명 포춘 쿠키, 점괘 과자
  cf. **fortune** 명 운
- **treat** 명 간식
- **hidden** 형 숨겨진, 비밀의
- **message** 명 메시지
- **diner** 명 식사하는 사람[손님]
- **receive** 동 받다, 얻다
- **meal** 명 식사, 끼니
- **link A to B** A를 B와 연관 짓다
- **similar** 형 비슷한, 유사한 (↔ different 다른)
- **cracker** 명 크래커 ((딱딱하게 구운 비스킷))
- **taste** 명 맛, 입맛; 취향, 기호
- **sesame** 명 참깨
- **offer** 동 제공하다
- **dessert** 명 후식, 디저트
- **popular** 형 인기 있는, 대중적인
- **recipe** 명 조리법
- **suit** 동 ~에 어울리게[적합하게] 하다
- **certain** 형 어떤
- **raw** 형 날것의
- **vanilla** 명 바닐라
- **billions of** 수십억의
- **produce** 동 생산하다
- **remain** 동 계속 ~이다

A 다음 단어에 해당하는 알맞은 의미를 찾아 연결하세요.

1 attitude •

• ⓐ a good quality of a person or thing

2 strength •

• ⓑ the way you think and feel about something

3 examine •

• ⓒ to look at something carefully to learn more about it

문장 완성

B 다음 빈칸에 알맞은 단어를 〈보기〉에서 찾아 쓰세요.

보기
remain   react   hidden   medical   raw

1 How did she _____ to the surprise gift?

2 The _____ staff at the hospital were very helpful.

3 He doesn't like the taste of _____ fish.

4 The secret message was _____ inside the book's cover.

문장 완성

C 다음 우리말과 일치하도록 빈칸에 알맞은 표현을 써보세요.

1 우주에는 수십억 개의 별이 있다.

➔ There are _____ _____ stars in the universe.

2 연구원들은 충분한 수면을 더 나은 기억력과 연관 짓는다.

➔ Researchers _____ good sleep _____ better memory.

3 선생님은 학생들이 학교에서 더 열심히 공부하도록 격려했다.

➔ The teacher _____ her students _____ _____ harder in school.

A ⓐ quality 몡 특성, 자질　**B 2** staff 몡 직원

문장 해석

A 다음 굵게 표시된 부분에 주의하여 문장을 해석해보세요.

1 **While** it was raining, // we still went for a walk.

→ _____, // 우리는 여전히 산책을 갔다.

2 We **have been planning** this trip / for weeks.

→ 우리는 _____ / 몇 주 동안.

3 She is **the only person I can trust**.

→ 그녀는 _____ 이다.

배열 영작

B 다음 우리말과 의미가 같도록 주어진 어구들을 올바르게 배열하세요.

1 그는 몇 시간 동안 기타를 연주하고 있는 중이다. (has / playing / the guitar / been)

→ He _____ for hours.

2 그는 매운 음식을 즐기지만, 그녀는 순한 맛을 선호한다. (enjoys / while / spicy / food / he)

→ _____, she prefers mild flavors.

3 Christine은 우리가 정말 좋아하는 무용수이다. (like / really / the dancer / we)

→ Christine is _____ .

조건 영작

C 다음 우리말과 의미가 같도록 주어진 단어를 사용하여 문장을 완성하세요. (단, 관계대명사는 생략할 것)

1 그는 그가 존경하는 교수님을 만났다. (admire, the professor)

→ He met _____ .

2 그 영화는 길었지만, 꽤 즐거웠다. (the movie, while, long)

→ _____, it was quite enjoyable.

3 나는 지금까지 스페인어를 6개월 동안 공부해 오고 있다. (Spanish, study)

→ I _____ for six months now.

A 3 trust 통 믿다, 신뢰하다   **B 2** prefer 통 선호하다   mild 형 (음식 등이) 순한   flavor 명 맛   **C 1** admire 통 존경하다   professor 명 교수
2 quite 부 꽤, 상당히   enjoyable 형 즐거운

POP QUIZ

Life

Quiz #1

Q1 바다 생물 중 갑각류의 일종인 □□□ 중 일부는 평생 노화하지 않는다고 해요.

Q2 전 세계에서 100세 이상의 인구가 가장 많이 살고 있는 5개 지역 (일본 오키나와, 이탈리아 사르데냐, 그리스 이카리아 등)을 □□□ 이라고 해요.

Q3 110세 이상 장수하는 사람들을 □□□□ 라고 해요.

Body & Health

Q4 인체에서 스스로 치유가 안 되는 유일한 부분은 어디일까요?

Quiz #2

ㅊ ㅇ

Origins

Q5 Wi-Fi는 우주의 블랙홀에서 나오는 전파 관측 신 ······ O X 호를 분석하다 발명되었어요.

Quiz #3

Q6 전자레인지는 한 과학자가 자신의 주머니에 있던 ······ O X 초콜릿 바가 레이더 파동으로 녹은 것을 발견하면서 발명되었어요.

Q7 샌드위치는 1700년대에 영국의 샌드위치 백작 ······ O X 존 몬태규에 의해 최초로 만들어졌어요.

정답 **Q1** 랍스터 **Q2** 블루존 **Q3** 초장수자 **Q4** 치아 **Q5** ○ **Q6** ○ **Q7** ○

Unit
04

10

Places

단어 수 | 158 |
140 150 160

✏️ When people ask "Do you live under a rock?" it means you don't know **what is happening around you**. But in a Spanish town called Setenil de las Bodegas, people really live in houses built inside rocks! These special houses were made by the *Moors, who invaded Spain and founded the town in the 12th century. Instead of building new houses, they made the natural caves bigger to stay cool during the hot summer months.

The town's name explains the ＿＿＿＿＿ of the town. "Setenil" comes from the Latin words for "seven times nothing." That's because Catholic rulers tried seven times to take the town back from the Moors in the 15th century. "Bodegas" means "a storehouse for wine" in Spanish. It was added to the

town's name by settlers who introduced vineyards to the region. Most of the vineyards were destroyed by insects in the 1800s. But the town is still famous for its delicious olives and almonds!

*Moor 무어인 ((아프리카 북서부에 살았던 이슬람 종족))

1일 1문장 ✏️

~, it means // you don't know / **what** is happening / around you.
　　　　　　　주어'　　　동사'　　　　　　　　　목적어'

해석 TIP 「what+동사 ~」가 동사의 목적어 자리에 오면 '**무엇이 ~인지(를)**'라고 해석해요.
이때 의문사 what은 주어 역할을 하며, 의문사가 주어일 때는 바로 뒤에 동사가 와요.

✅ **해석** ~, 그것은 당신이 주변에서 무슨 일이 일어나고 있는지 모른다는 것을 의미한다.

#접속사 #간접의문문 #what

Knowledge ➕

Setenil de las Bodegas의 흰 페인트

Setenil de las Bodegas의 건물들은 흰 페인트로 칠해져 있다. 이는 더운 여름 햇볕을 반사하고 건물을 시원하게 유지하기 위함이다. 흰색 페인트 덕분에 건물 밖의 화려한 상식늘은 더 도드라져 보인다. Setenil de las Bodegas에는 로마인부터 무어인, 그리고 기독교인까지 다양한 사람들이 한때 거주했기 때문에, 마을을 거닐면 수 세기 동안 각 거주민들이 남긴 다양한 스타일과 패턴의 장식들을 엿볼 수 있다.

빈칸 완성

1 글의 빈칸에 들어갈 말로 가장 알맞은 것은?

① rule
② rumor
③ history
④ location
⑤ influence

세부 내용

2 Setenil de las Bodegas에 관한 글의 내용과 일치하면 T, 그렇지 않으면 F를 쓰세요.

(1) _____ 마을의 집들은 무어인들에 의해 지어졌다.

(2) _____ 'Bodegas'는 스페인어로 '올리브 저장고'를 뜻한다.

세부 내용

3 글을 읽고 대답할 수 <u>없는</u> 질문은?

① What does "live under a rock" mean?
② Why were the houses built inside rocks?
③ How was the town taken back from the Moors?
④ What happened to the town's vineyards?
⑤ What is Setenil de las Bodegas famous for?

내용 요약

4 글의 내용과 일치하도록 빈칸에 알맞은 말을 본문에서 찾아 쓰세요.

> In the Spanish town of Setenil de las Bodegas, people live in houses built inside ⓐ _____ . These houses were made by the Moors long ago to stay ⓑ _____ in the summer.

1일 1문장

5 다음 굵게 표시된 부분에 주의하여 문장의 해석을 완성하세요.

I don't know // **what**'s wrong with my computer.

→ 나는 모르겠어 // _____.

Words
- mean 동 의미하다, ~을 뜻하다
- happen 동 일어나다, 발생하다
- build 동 (건물을) 짓다, 건축하다 (build-built-built)
- invade 동 침입하다
- found 동 세우다, 설립하다 (= establish)
- century 명 세기, 100년
- instead of 전 ~ 대신에
- natural 형 자연의
- cave 명 동굴
- explain 동 설명하다
- Catholic 형 가톨릭교회의
- ruler 명 통치자, 지배자
- try 동 시도하다
- take back (잃었던 것을) 되찾다
- storehouse 명 창고, 저장고
- settler 명 정착민
- vineyard 명 포도밭, 포도원
- region 명 지역, 지방
- destroy 동 파괴하다, 손상시키다
- insect 명 곤충
- olive 명 올리브 (나무)
- almond 명 아몬드

[문제]
1 location 명 위치
  influence 명 영향력

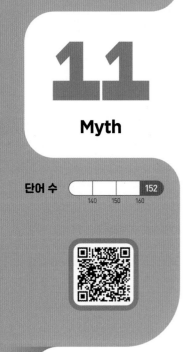

11

Myth

Have you ever had a nightmare? The word "nightmare" originated from the *Middle English word "mare," which meant an evil spirit that bothered people during sleep. The word "night" was added later to show that these spirits visited at night. Nowadays, we use the word "nightmare" to describe any scary dream.

(A) For example, in Scandinavia, there is an ancient story about King Vanlandi, who was killed by a mare. (B) Different cultures have their own stories about spirits or creatures that cause bad dreams. ✏ (C) This creature used to sit on the chests of people who were sleeping, so they found it hard to breathe. In Germany, there are various creatures believed to bring nightmares. To keep them away, some people put shoes near the door, cover the keyhole, or put something made of steel in their bed. According to other traditions, mares can even suck the life out of people, just like vampires!

*Middle English 중세 영어 (약 1,150~1,500년경 사용)

1일 1문장 ✏

This creature used to sit on the chests of people ~, // so they found it hard / to breathe.
　　　　　　　　　　　　　　　　　　　　주어'　동사'　가목적어' 보어'　　진목적어'

↳ 이때, it은 가짜 목적어이므로 따로 해석하지 않아요.

해석 TIP 「find+it(가목적어)+형용사+to부정사(진목적어)」는 '~하는 것이 …라고 여기다[생각하다]'라고 해석해요.
「주어+find/make+목적어+보어(형용사)」 구조에서 목적어로 to부정사가 쓰이면 목적어 자리에 가짜 목적어 it을 쓰고 to부정사는 보어 뒤로 보내요.

✅**해석** 이 생물체는 ~ 사람들의 가슴 위에 앉곤 했다. 그래서 그들은 숨쉬기가 어렵다고 여겼다.

#to부정사 #명사 역할 #가목적어 it

1 문장 (A)~(C)를 글의 흐름에 알맞게 배열한 것은?

① (A) - (C) - (B)　　　　　② (B) - (A) - (C)

③ (B) - (C) - (A)　　　　　④ (C) - (A) - (B)

⑤ (C) - (B) - (A)

세부 내용

2 독일에서 악몽을 막기 위한 방법으로 글에서 언급되지 않은 것을 모두 고르세요.

① putting shoes near the door

② getting in bed backwards

③ covering the keyhole

④ writing magical texts on the door

⑤ putting something made of steel in their bed

내용 요약

3 글의 내용과 일치하도록 빈칸에 알맞은 말을 본문에서 찾아 쓰세요.

Nightmare Spirits in Different Cultures

Scandinavia	Mares make it hard to ⓐ _____ by sitting on people's chests.
Germany	People use special methods to ⓑ _____ _____ creatures that cause nightmares.
Other Traditions	Mares can even ⓒ _____ the life out of people.

1일 1문장

4 다음 굵게 표시된 부분에 주의하여 문장의 해석을 완성하세요.

They found **it** hard / **to make** a decision right now.

➡ 그들은 지금 당장 _____.

W●rds

- **nightmare** 명 악몽
- **originate from** ~에서 비롯되다, 유래하다
- **evil** 형 나쁜, 사악한
- **spirit** 명 혼령, 유령
- **bother** 동 괴롭히다
- **nowadays** 부 요즘에는, 오늘날에는
- **describe** 동 묘사하다, 말로 설명하다
- **ancient** 형 고대의
- **creature** 명 생명체
- **cause** 동 ~의 원인이 되다
- **used to-v** ~하곤 했다
- **chest** 명 가슴, 흉부
- **breathe** 동 숨 쉬다, 호흡하다
- **various** 형 다양한, 여러 가지의
- **keep away** ~을 멀리하다
- **steel** 명 강철
- **according to** ~에 따르면
- **tradition** 명 전통
- **suck** 동 빨아들이다, 흡수하다
- **vampire** 명 뱀파이어

[문제]
2 **backwards** 부 거꾸로, 반대 방향으로
　magical 형 마력이 있는; 마법[마술]에 쓰이는
4 **make a decision** 결정하다

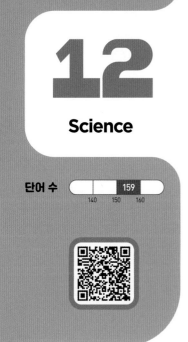

12

Science

단어 수 ⟨ 140 ⟨ 150 ⟨ **159** ⟩ 160 ⟩

Cancer patients get strong medicine which can make them feel sick or cause various side effects. Scientists from Fudan University in Shanghai found a potentially safer way to help these patients. They have developed a battery system that can be put inside the body. It targets low-oxygen areas of the body that support *tumor growth. Cancer cells and their surrounding areas have less oxygen compared to healthy cells.

When the battery finds cancer, it uses the medicine to make the cancer smaller. During the process, no other healthy cells are harmed.

Scientists tested this system on mice with cancer, and the results were amazing! In just two weeks, it reduced the tumor size by 90 percent in most of the mice. Also, no significant side effects were observed.

🖉 This method **hasn't been tested** on humans yet. If it is successful, it could prevent painful side effects. However, more research is required to prepare the battery system for human use.

*tumor 종양

1일 1문장 🖉

This method **hasn't been tested** on humans / yet.
　　주어　　　　　　동사　　　　　　수식어　　수식어

해석 TIP 「have/has been+과거분사(p.p.)」는 '~되어 왔다, ~되었다'라고 해석해요. 특정 과거 시점부터 현재까지 지속된 동작·상태의 결과나 완료 등을 나타내며, 주어는 그 동작·상태의 수동적인 대상이 돼요.

✅ **해석** 이 방법은 아직 인간에게는 실험되지 않았다.

#수동태 #현재완료 수동태

1 **What is the best title for the passage?**

① What Makes It Hard to Find Cancer
② A Special Battery System to Fight Cancer
③ How the New Medicine Stops Tumor Growth
④ Why Medicine for Cancer Makes Patients Sick
⑤ What Happens Inside the Body of Cancer Patients

2 **Write T if the statement is true or F if it is false.**

(1) _____ Cancer cells have less oxygen than healthy cells.

(2) _____ In tests on mice, the tumor size was reduced by 50 percent in two weeks.

(3) _____ The new method has been successfully tested on humans.

3 **Fill in the blanks with the words from the box.**

harm	target	safer	develop	reduce

About the Battery System

Purpose	To help cancer patients in a **a** _____ way
How It Works	• It goes inside the body to **b** _____ low-oxygen areas supporting tumor growth. • It uses medicine to **c** _____ the cancer size. • It doesn't **d** _____ other healthy cells.

4 **Fill in the blank with the Korean translation.**

The dishes **haven't been washed** yet. Can you do them now?

→ 그 접시들은 _____. 지금 그것 좀 해줄 수 있니?

Words

- **cancer** 명 암
- **patient** 명 환자
- **medicine** 명 약, 약물
- **feel sick** 구역질이 나다, 토할 것 같다
- **side effect** 명 부작용
- **potentially** 부 가능성 있게, 잠재적으로
- **develop** 동 개발하다
- **target** 동 목표로 삼다, 겨냥하다
- **oxygen** 명 산소
- **support** 동 지원하다
- **growth** 명 성장; 증가
- **cell** 명 세포
- **surrounding** 형 주위의
- **compared to** ~와 비교하여
- **process** 명 과정
- **harm** 동 해를 끼치다, 손상시키다
- **result** 명 결과, 결말
- **reduce** 동 줄이다, 축소하다
- **significant** 형 중요한, 중대한
- **observe** 동 관찰하다
- **method** 명 방법, 방식
- **successful** 형 성공적인
- **painful** 형 고통스러운, 아픈
- **require** 동 필요로 하다, 요구하다 (= need)
- **prepare** 동 준비하다, 대비하다

[문제]
3 **purpose** 명 목적, 용도

문맥 파악

A 다음 괄호 안에서 알맞은 단어를 고르세요.

1 Can you (bother / describe) your feelings about the movie?

2 The (chest / process) of making bread takes several hours.

3 I like to (observe / develop) birds in the park during my free time.

4 The science magazine (causes / targets) teenage readers.

유의어 찾기

B 다음 밑줄 친 단어와 비슷한 의미의 단어를 고르세요.

1
> They will found a new school in the town.

① mean   ② establish   ③ suck   ④ breathe   ⑤ happen

2
> Fixing your car will require more time.

① harm   ② reduce   ③ need   ④ prepare   ⑤ destroy

문장 완성

C 다음 빈칸에 알맞은 단어를 〈보기〉에서 찾아 쓰세요.

| 보기 |
| region   purpose   painful   cells   spirit |

1 The _____ of the trip was to experience a new culture.

2 The sunburn made her skin feel _____ .

3 Blood _____ carry oxygen throughout the body.

4 Many people visit this _____ for its beautiful mountains.

A 2 several 형 몇몇의, 여러   **4** magazine 명 잡지   **C 1** experience 동 경험하다   **2** sunburn 명 햇볕으로 입은 화상   **3** throughout 전 ~의 전체에 걸쳐

문장 해석

A 다음 굵게 표시된 부분에 주의하여 문장을 해석해보세요.

1 She found a gift and wondered // **what** was inside.

→ 그녀는 선물을 발견하고 궁금해했다 // _____ .

2 I found **it** hard / **to write** a diary daily.

→ 나는 매일 _____ .

3 The book **hasn't been returned** to the library yet.

→ 그 책은 _____ .

배열 영작

B 다음 우리말과 의미가 같도록 주어진 어구들을 올바르게 배열하세요.

1 그는 클래식 음악을 듣는 것이 편안하다고 생각했다. (listen / found / to / it / relaxing)

→ He _____ to classical music.

2 나는 무엇이 내 차에서 이상한 소음을 일으키는지 알 수 없다. (is causing / what / the strange noise)

→ I can't figure out _____ in my car.

3 이 책들은 아직 한국에는 출시되지 않았다. (not / been / have / released)

→ These books _____ in Korea yet.

조건 영작

C 다음 우리말과 의미가 같도록 주어진 단어를 사용하여 문장을 완성하세요.

1 아직 내 보고서가 완성되지 않았다. (finish)

→ My report _____ yet.

2 그녀는 시험 전에 충분한 수면을 취하는 것이 필요하다고 여겼다.

(find, get, enough sleep, necessary)

→ She _____ before the exam.

3 그는 무엇이 그의 개를 밤새 짖게 했는지 알지 못했다. (make, bark)

→ He didn't know _____ all night.

A 1 wonder 동 궁금해하다   **2** daily 부 매일   **B 1** relaxing 형 편한, 마음을 느긋하게 해 주는   **2** figure out 알아내다   **3** release 동 (책·영화 등을) 출시하다

TRUTHS & WONDERS

Places

이곳에서는 지도를 만들기 위해 낙타를 이용했어요!

"아랍 지역의 오래된 유적지 중 하나예요!"

구글 지도는 세계 어느 곳이든 360도의 각도로 볼 수 있도록 '스트리트 뷰'라는 서비스를 제공해요. '스트리트 뷰' 서비스를 제공하기 위해, 구글은 카메라가 달린 특별한 차를 이용해 전 세계 곳곳을 촬영했어요. 하지만 아부다비의 리와(Liwa) 사막의 지도를 만들 때는 자동차 대신에 낙타를 사용했어요! 리와 사막은 아랍 지역에서 가장 오래된 유적지이며, 아부다비 왕족의 땅으로 알려져 있어요. 구글은 이를 존중해 사막 지역의 손상을 최소화하기 위해 낙타의 등에 카메라를 달아 촬영했어요. 이 특이한 촬영 방법으로 인해, 구글 지도에서 리와 사막의 사진들을 보면 간혹 낙타 그림자를 볼 수 있다고 해요!

Science

이 시금치는 폭탄을 찾아 낼 수 있어요!

"경고 이메일까지 보낼 수 있다고요?"

동물들이 오감을 이용해 땅속에 매장된 폭탄을 찾아내는 이야기는 많이 들어봤을 거예요. 하지만 움직이지도 못하는 시금치가 폭탄을 찾아낼 수 있다는 사실도 알고 있었나요? 폭발물이 땅속에 있으면, 그 안의 독성 물질이 지하수를 통해 식물의 잎으로 들어가게 돼요. 이와 같은 방식으로, 시금치의 뿌리가 토양에서 수분을 빨아들일 때 폭발성 화학 물질을 감지할 수 있도록, 과학자들은 시금치에 탄소나노튜브라는 물질을 주입했어요. 시금치의 탄소나노튜브가 폭발물을 감지하면 적외선 카메라로 신호를 보내며, 과학자들에게 경고 이메일을 보낼 수도 있어요. 앞으로는 전보다 안전하게 폭탄을 찾아낼 수 있겠어요!

Unit 05

13

Psychology

단어 수 ◖ 155 ◗
140   150   160

✏ **It's** true **that** we can learn from our mistakes! A new study shows that kids who pay attention to their mistakes actually learn faster than those who don't.

A psychologist at Michigan State University, studied 123 children aged six to eight. Some of the children believed that they are born with a certain level of intelligence and it cannot change. Others believed that they can grow and become smarter through hard work.

In the study, the children played a computer game to catch animals. They wore special hats that recorded their brain activity. The results showed that children with a  growth *mindset paid more attention to their mistakes. They were also better at correcting their mistakes on the next try.

_____(A)_____, children with a fixed mindset tended to ignore their mistakes.

This study shows that if you believe you can get smarter, you will be more likely to _____(B)_____.

*mindset 사고방식[태도]

1일 1문장 ✏

<u>It</u>'s true **that** we can learn from our mistakes!
가주어   진주어
↳ It을 '그것'으로 해석하지 않도록 주의해야 해요.

해석 TIP 「It is+형용사+that+주어+동사 ~」의 형태는 **주어가 ~하다는 것은 …하다**라고 해석해요.
여기서 It은 뜻이 없는 가짜 주어이고, 문장 뒤쪽에 위치한 that절이 진짜 주어예요.

✅ **해석** 우리가 실수로부터 배울 수 있다는 것은 사실이다!

#접속사 # 명사절 #It(가주어) ~ that(진주어) …

1 글의 제목으로 가장 알맞은 것은?

① The Key To Growth: Avoid Mistakes

② How Playing Games Affects Attention

③ Why Children's Intelligence Can Grow

④ How Children Pay Attention to Mistakes

⑤ Making Mistakes: An Opportunity for Growth

2 글의 빈칸 (A)에 들어갈 말로 가장 알맞은 것은?

① Moreover   ② For example

③ As a result   ④ In other words

⑤ On the other hand

3 글의 빈칸 (B)에 들어갈 말로 가장 알맞은 것은?

① correct others' mistakes

② make the same mistakes

③ learn from your mistakes

④ ignore your past mistakes

⑤ pay less attention to mistakes

4 글의 내용과 일치하도록 빈칸에 알맞은 말을 본문에서 찾아 쓰세요.

Fixed Mindset Children	• They believe humans' **a** _____ can't change. • They tend to **b** _____ their mistakes.
Growth Mindset Children	• They believe humans can become smarter. • They pay more **c** _____ to their mistakes. • They correct their mistakes on their next try.

5 다음 굵게 표시된 부분에 주의하여 문장의 해석을 완성하세요.

It's true // **that** he can speak three languages.

→ (~은) 사실이다 // _____.

Words

• **pay attention to** ~에 주의를 기울이다
  cf. **attention** 몡 주의, 주목; 관심
• **actually** 본 실제로; 실은
• **psychologist** 몡 심리학자
• **certain** 혱 특정한; 어떤
• **level** 몡 수준, 단계
• **intelligence** 몡 지능
• **record** 동 기록하다; 녹음하다
• **brain** 몡 뇌
• **activity** 몡 활동
• **result** 몡 결과, 결말
• **correct** 동 바로잡다, 정정하다
• **fix** 동 고정시키다
• **tend to-v** ~하는 경향이 있다
• **ignore** 동 무시하다
• **be likely to-v** ~할 가능성이 있다, ~할 것 같다

[문제]

1 **avoid** 동 피하다
  affect 동 영향을 미치다
  (= influence)
  opportunity 몡 기회
  (= chance)

14

Body & Health

단어 수   144   140   150   160

For a long time, people have known that our feelings can affect our stomachs. For example, when we're anxious, we might have an upset stomach. 🖊 But now, researchers are discovering that our stomachs affect our feelings too: The many tiny bacteria in our *guts can influence **how** we feel.

In a study with mice, researchers removed good bacteria from their guts. This made the mice more stressed and anxious. But when they gave the stressed mice good bacteria, which are called **probiotics, the mice became less stressed and their anxiety disappeared.

Do these findings apply to humans? In fact, researchers also found that consuming ***fermented foods such as yogurt, pickles, and kimchi can reduce these anxious feelings. The tiny bacteria in these foods help with digestion and our mental health. They think that these good bacteria might work similarly to medicines that improve our mood.

*gut 소화기관, 장(腸)
**probiotics 프로바이오틱스, 활생균
***fermented food 발효 식품

1일 1문장 🖊

~: The many tiny bacteria in our guts can influence // **how** we feel.
         주어   동사   목적어
(= ~ can also influence **the way (that)** we feel.)

해석 TIP 「how+주어+동사 ~」는 '~**하는 방식[방법]**'으로 해석할 수 있어요. 이때 how는 the way로도 바꿔 쓸 수 있어요.

✔ **해석** ~: 우리 소화기관 내의 많은 아주 작은 박테리아는 우리가 느끼는 방식에 영향을 줄 수 있다.

#관계사 #관계부사 #how

1 글의 주제로 가장 알맞은 것은?

① various health benefits of eating yogurt

② why fermented foods have good bacteria

③ how we use fermented foods in our daily lives

④ why some people feel nervous all the time

⑤ emotional effect of bacteria in our guts

2 글에서 언급된 다음 세 가지 음식의 공통점으로 알맞지 <u>않은</u> 것은?

> Yogurt, Pickles, Kimchi

① They can reduce anxious feelings.

② There are tiny bacteria in them.

③ Consuming them bothers digestion.

④ They can help with mental health.

⑤ They might make us feel better like medicine.

3 글의 내용과 일치하도록 빈칸에 알맞은 말을 본문에서 찾아 쓰세요.

> Scientists found that the good ⓐ _____ called
> probiotics helped the mice become less stressed and made their
> ⓑ _____ disappear. The bacteria might work like
> ⓒ _____ and help people feel better, too!

4 다음 굵게 표시된 부분에 주의하여 문장의 해석을 완성하세요.

Teachers can influence // **how** students see the world.

→ 선생님들은 영향을 줄 수 있다 // _____.

W⦿rds

- stomach 명 위, 복부
- anxious 형 불안한
  cf. anxiety 명 불안, 염려
- upset stomach 배탈
- discover 동 발견하다
- tiny 형 아주 작은
- bacteria 명 ((복수형)) 박테리아, 세균
- remove 동 제거하다, 없애다
- stressed 형 스트레스를 받는
- disappear 동 사라지다
  (↔ appear 나타나다)
- finding 명 (연구 등의) 결과; 발견
- apply to ~에 적용되다
- consume 동 먹다; 소비하다
- reduce 동 줄이다; 낮추다
- digestion 명 소화
- mental 형 정신의
- health 명 건강
- similarly 부 비슷하게
- improve 동 향상시키다, 개선하다
- mood 명 기분, 분위기

[문제]
1 benefit 명 이득, 혜택
  all the time 항상
  emotional 형 감정적인

Many people choose to plant ⓐ <u>colorful plants and flowers</u> in and around their homes. Interestingly, when plant scientists chose what to research, colors really influenced their choice, too. ⓑ <u>White, red, and pink flowers</u> were studied more than ⓒ <u>green and brown ones</u>. ⓓ <u>Blue plants</u> received the most research attention because they're very rare.

How plants look can also affect scientists' choice of studies. However, some "ugly" plants deserve more attention for their role in nature. For instance, in Australia, *milkweed is an important food source for butterflies, and the grassy **mat rushes are homes for the rare ***sun moth. Despite their importance, ⓔ <u>these plants</u> often get less attention from scientists due to their appearance.

Scientists can truly understand how important a species is only after thorough research. Losing even one ⓕ <u>unnoticed species</u> could mean the loss of _____ _____. ✎ Therefore, it's important **for scientists to focus on** ugly plants as well, especially those in danger due to environmental threats.

*milkweed 박주가리 ((줄기를 자르면 유액을 분비하는 식물))
**mat rush 니염토 ((들의 물가나 습지에서 자라는 여러해살이풀의 일종))
***sun moth 태양 나방

1일 1문장 ✎

Therefore, / it's important / *for scientists* to focus on ugly plants as well, ~.
         가주어   의미상의 주어   진주어

해석 TIP 「it(가주어) ~ to부정사(진주어)」 문장에서 to부정사의 동작을 행하거나 상태를 나타내는 의미상 주어를 to부정사 바로 앞에 「for+목적격(A)」으로 나타내요. '주어-동사'처럼 **A가 ~하는 것은**으로 해석하면 돼요.

✔ **해석** 그러므로, 과학자들이 못생긴 식물들에도 초점을 맞추는 것은 중요하다. ~.

#to부정사 #it ~ for+A+to-v

빈칸 완성

1 글의 빈칸에 들어갈 말로 가장 알맞은 것은?

① attractive but harmful plants

② common plants around us

③ unique and beautiful plants

④ people's attention to nature

⑤ an environmentally important plant

세부 내용

2 글의 ⓐ~ⓕ를 비슷한 성격끼리 올바르게 묶은 것은?

① ⓐ, ⓑ, ⓔ   ② ⓐ, ⓒ, ⓓ

③ ⓑ, ⓒ, ⓕ   ④ ⓒ, ⓔ, ⓕ

⑤ ⓓ, ⓔ, ⓕ

세부 내용

3 글의 내용과 일치하면 T, 그렇지 않으면 F를 쓰세요.

(1) _____ 식물 과학자들의 연구 대상 선택에 영향을 미친 것은 색이었다.

(2) _____ 초록색보다는 빨간색의 꽃들이 더 많이 연구되었다.

(3) _____ 연구 대상으로 가장 인기가 많은 식물의 색깔은 흰색이다.

1일 1문장

4 다음 굵게 표시된 부분에 주의하여 문장의 해석을 완성하세요.

It's important / **for drivers to follow** traffic rules.

➔ (~은) 중요하다 / _____.

Words

- plant 동 심다
- choice 명 선택
- receive 동 받다, 얻다
- rare 형 드문, 희귀한
  (↔ common 흔한)
- deserve 동 ~을 받을 만하다
- role 명 역할
- for instance 예를 들어
- source 명 원천, 근원, 공급원
- grassy 형 풀로 덮인
- despite 전 ~에도 불구하고
- importance 명 중요성
- due to 전 ~ 때문에
- appearance 명 겉모습, 외관
- truly 부 진정으로
- species 명 ((생물)) 종
- thorough 형 철저한, 완전한
- lose 동 잃다
  cf. loss 명 상실, 손실
- unnoticed 형 눈에 띄지 않는,
  간과되는
- therefore 부 그러므로
- focus on ~에 초점을 맞추다
- especially 부 특히, 특별히
- in danger 위험에 처한
- environmental 형 환경의
  cf. environmentally 부 환경적
  으로
- threat 명 위험, 위협

[문제]
1 attractive 형 매력적인
4 traffic rule 교통 규칙

Review

영영 뜻 파악

A 다음 단어에 해당하는 알맞은 의미를 찾아 연결하세요.

1 intelligence •   • ⓐ to change something so that it is right

2 correct •   • ⓑ the ability to learn or understand things

3 anxious •   • ⓒ afraid or nervous, especially about what may happen

문장 완성

B 다음 빈칸에 알맞은 단어를 〈보기〉에서 찾아 쓰세요.

| 보기 |
| receive   stomach   choice   mental   ignore |

1 My _____ hurts after eating that spicy food.

2 Students will _____ their exam results next week.

3 We shouldn't _____ the environmental problems.

4 Many people believe that yoga is good for their _____ health.

문장 완성

C 다음 우리말과 일치하도록 빈칸에 알맞은 표현을 써보세요.

1 이 규칙은 학교의 모든 학생들에게 적용된다.

→ These rules _____ _____ all students in the school.

2 과거나 미래가 아닌 현재의 순간에 집중하세요.

→ _____ _____ the present moment, not the past or future.

3 너의 소비 습관에 주의를 기울이는 것이 중요하다.

→ It's important to _____ _____ _____ your spending habits.

A ⓑ ability 명 능력 **B 4** yoga 명 요가 **C 3** spending habit 소비 습관

문장 해석

A 다음 굵게 표시된 부분에 주의하여 문장을 해석해보세요.

1 We like // **how** our teacher explains math.

→ 우리는 좋아한다 // _____.

2 It wasn't easy / **for me to make** friends in a new city.

→ (~은) 쉽지 않았다 / _____.

3 **It** is strange // **that** the dog barks only at night.

→ (~은) 이상하다 // _____.

배열 영작

B 다음 우리말과 의미가 같도록 주어진 어구들을 올바르게 배열하세요.

1 어린이들이 충분한 수면을 취하는 것은 중요하다. (for / to / get / children / important)

→ It is _____ enough sleep.

2 그가 예술에 대해 그렇게 많이 안다는 것이 놀랍다. (surprising / is / it / knows / he / that)

→ _____ so much about art.

3 이것이 그녀가 새 언어를 빠르게 배우는 방법이다. (she / how / learns / new languages)

→ This is _____ quickly.

조건 영작

C 다음 우리말과 의미가 같도록 주어진 단어를 사용하여 문장을 완성하세요.

1 우리는 그 요리사가 새로운 레시피를 시도하는 방식이 마음에 든다. (the chef, try)

→ We like _____ new recipes.

2 우리가 오늘밤 숙제를 끝내는 것은 가능하다. (possible, finish, for)

→ It is _____ our homework tonight.

3 식물들이 음악이 있으면 더 빨리 자란다는 것은 흥미롭다. (grow, faster, plants, that)

→ It is _____ with music.

A 3 bark 통 짖다　**C 1** chef 명 요리사(특히 주방장)

Interesting World

Plants

서부 영화에 등장하지 않으면 섭섭한 텀블위드

여러분은 미국의 카우보이 영화를 본 적 있나요? 미국 서부 지역을 바탕으로 한 이 영화에는 항상 빠지지 않고 등장하는 장면이 있어요. 바로 건조한 사막의 땅 위를 데구루루 굴러가는 가시덤불이에요. 이 가시덤불은 '텀블위드(Tumbleweed)', 혹은 '회전초'라고 불려요. 이름에서 알 수 있듯이, 바람이 불면 회전하며 굴러다니는 잡초의 일종이에요. 회전초는 이미 죽은 식물처럼 보이기도 하지만, 실제로는 살아있는 상태라고 해요. 물이 부족한 사막 지역에서 살아남기 위해, 회전초는 스스로 뿌리나 줄기를 끊어 바람을 타고 이리저리 굴러다니다가 비가 오거나 물이 있는 곳에 도착하면 다시 땅에 뿌리를 내려 자라는 특이한 생존 방법을 가지고 있어요. 이 재미있는 식물은 안타깝게도 많은 미국인들의 미움을 사고 있어요. 회전초는 건조한 탓에 불이 붙기 쉽고, 굴러다니며 산불을 더 퍼트릴 수 있거든요. 또한, 회전초들끼리 서로 뭉쳐 도로를 막거나 집을 파묻기도 한대요. 보기에는 멋있어 보이지만 여러 이유로 성가신 식물이에요.

Unit 06

Cities use slogans to tell others about who they are. The best slogans tell a story in a few powerful words. Some slogans are created by the city to attract tourists, while others are created by residents who noticed something interesting about the city life. ✎ **What residents call the city** can sometimes tell more about it. Some cities have used humor to celebrate their _____(A)_____ features and attractions. Here are some of the best slogans around the U.S.

The slogan of Hershey, Pennsylvania is "The Sweetest Place On Earth." This has been Hershey's slogan since 1990. Hershey is home to the Hershey chocolate factory and the whole town smells like chocolate! People in Gravity, Iowa use the slogan "We're Down to Earth. If Gravity Goes, We All Go." They played on the words "down to earth," which actually means being practical, and the word "gravity." These city slogans show the _____(B)_____ identities and creativity of the people who live there.

1일 1문장 ✎

What residents call the city // can sometimes tell more about it.
　　　주어　　　　　　　 ┗━ 동사 ━┛　 목적어

해석 TIP 「what+주어+동사 ~」가 문장의 주어 자리에 오면 '~가 무엇을[어떻게] …하는지는'이라고 해석할 수 있어요.
「what+주어+동사 ~」를 '~하는 것은'으로 해석하는 경우도 있는데 문맥에 따라 알맞게 해석하면 돼요.

✔ 해석 주민들이 도시를 어떻게 부르는지는 때때로 그것에 대해 더 많은 것을 알려줄 수 있다.

#접속사 #간접의문문 #what

중심 생각

1 글의 제목으로 가장 알맞은 것은?

① The Link Between a City's Name and Slogan

② Various Ways to Make a Good City Slogan

③ How City Slogans Show Their True Identities

④ The Funniest City Slogans Around the World

⑤ How City Governments Make Their Own Slogans

빈칸 완성

2 글의 빈칸 (A), (B)에 공통으로 들어갈 말로 가장 알맞은 것은?

① new　　　　　② common

③ unique　　　　④ basic

⑤ popular

세부 내용

3 글의 내용과 일치하지 <u>않는</u> 것은?

① 최고의 슬로건은 몇 단어만으로 이야기를 전달한다.

② 몇몇 도시의 슬로건은 관광객을 유치하기 위해 만들어진다.

③ 허쉬의 슬로건은 1990년부터 사용되어 왔다.

④ 펜실베이니아주의 허쉬는 초콜릿 냄새로 가득한 도시이다.

⑤ 도시의 슬로건은 도시 정부의 창의성을 반영한다.

1일 1문장

4 다음 굵게 표시된 부분에 주의하여 문장의 해석을 완성하세요.

What people name their children // may follow family traditions.

→ _____ //

　가족 전통을 따를 수도 있다.

Words

- **slogan** 명 슬로건, 구호
- **powerful** 형 강력한
- **create** 동 창조하다
- *cf.* **creativity** 명 창의력
- **attract** 동 끌어들이다; 마음을 끌다
- *cf.* **attraction** 명 명소
- **tourist** 명 관광객
- **resident** 명 거주자, 주민
- **notice** 동 알아차리다, 주목하다
- **humor** 명 유머
- **celebrate** 동 기념하다, 축하하다
- **feature** 명 특색, 특징
- **on earth** 이 세상에서
- **factory** 명 공장
- **whole** 형 전체의, 전부의
- **play on words** 말장난하다
- **down to earth** 현실적인
- **practical** 형 현실적인; 실용적인
- **gravity** 명 중력
- **identity** 명 독자성

[문제]

1 **government** 명 정부

4 **name** 동 이름을 지어주다

　tradition 명 전통

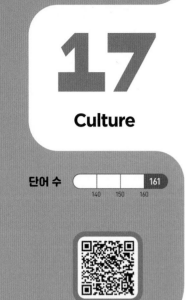

Twins Days is a festival that takes place in Twinsburg, Ohio. It ⓐ <u>gathers</u> about 3,000 pairs of twins from around the world. The town is named after twin brothers who helped make the town. ✐ The festival began in 1976 with just 36 pairs of twins and **has grown** fast since then. During the festival, twins dress the same and participate in various activities. They join contests, parades, talent shows, and group photos.

But there's more to Twins Days than fun; it's also an ⓑ <u>opportunity</u> for scientific research. In a large tent, twins ⓒ <u>volunteer</u> for studies that help scientists learn about

topics such as genetics and aging. Although they may line up for a long time to participate, twins enjoy the rewards and the chance to ⓓ <u>contribute</u> to scientific research. The scientists are also happy because this ⓔ <u>inefficient</u> process allows scientists to collect valuable data from a rare group. They may get a year's worth of information in just four hours!

1일 1문장 ✐

The festival began / in 1976 / with just 36 pairs of twins // and **has grown** fast / *since then*.
　　주어　　　동사1　　　　　　수식어1　　　　　　　　　　동사2　　　　수식어2

┗ 분명한 과거를 나타내는 표현(in 1976)이 있으므로 과거시제로 나타내요.

해석 TIP 현재완료 「have[has]+과거분사(p.p.)」가 'since+특정 시점'과 함께 쓰이면 과거의 그 시점부터 '**(지금까지) 쭉 ~해왔다**' 라는 의미를 나타내요.

✔**해석** 그 축제는 1976년에 단 36쌍의 쌍둥이로 시작하여 그 이후로 빠르게 성장해 왔다.

#시제 #현재완료 #계속

중심 생각

1 글의 주제로 가장 알맞은 것은?

① how the Twins Days festival started in Twinsburg

② the story of how Twinsburg was made by twins

③ Twins Days enjoyed both by twins and scientists

④ various activities that twins can enjoy on Twins Days

⑤ how scientists collect data during the Twins Days festival

어휘 파악

2 글의 밑줄 친 ⓐ~ⓔ 중, 단어의 쓰임이 알맞지 <u>않은</u> 것은?

① ⓐ　　　② ⓑ　　　③ ⓒ　　　④ ⓓ　　　⑤ ⓔ

세부 내용

3 글의 내용과 일치하면 T, 그렇지 않으면 F를 쓰세요.

(1) _____ 쌍둥이의 날 축제는 36쌍의 쌍둥이와 함께 시작되었다.

(2) _____ 쌍둥이는 아무런 보상 없이 연구에 참여한다.

내용 요약

4 글의 내용을 다음과 같이 요약할 때, 일치하지 <u>않는</u> 것끼리 짝지어진 것은?

> (A) Twins Days, held in Twinsburg, Ohio, is a festival for twins. (B) They come from across the U.S. to participate. (C) They volunteer for research, and scientists can gather a lot of information about twins. (D) The scientists can't join the festival, but they still enjoy it!

① (A), (B)　　　　　② (A), (D)

③ (B), (C)　　　　　④ (B), (D)

⑤ (C), (D)

1일 1문장

5 다음 굵게 표시된 부분에 주의하여 문장의 해석을 완성하세요.

He **has taken** part in cooking classes / since last year.

→ _____ / 작년부터.

W🙂rds

- twin 명 쌍둥이
- take place 개최되다 (= be held)
- gather 동 모으다
- pair 명 한 쌍, 한 짝
- be named after ~의 이름을 따라 이름 지어지다
- since 전 ~부터, ~이후로
- participate in ~에 참여[참가]하다 (= take part in)
- contest 명 대회, 시합
- parade 명 행진, 퍼레이드
- talent show 장기 자랑
- opportunity 명 기회 (= chance)
- scientific 형 과학의, 과학적인
- volunteer 동 자원하다, 자원봉사로 하다
- topic 명 주제, 화제
- genetics 명 유전학
- aging 명 노화
- although 접 (비록) ~이긴 하지만
- line up 줄을 서다
- reward 명 보상
- contribute to ~에 기여하다
- inefficient 형 비효율적인
- process 명 과정, 절차
- allow A to-v A가 ~하도록 허락하다
- valuable 형 가치 있는, 귀중한
- data 명 자료, 정보, 데이터
- rare 형 드문, 희귀한
- worth 명 ~치만큼의 양
- information 명 정보

Experts recently discovered ten crocodile *mummies near the Nile River in Egypt. They might be over 2,500 years old but were in great shape. Most mummies are wrapped in bandages, but these crocodiles weren't. This allowed the researchers to study them right away without using special technology.

✏ In ancient Egypt, **it** was common **to make** animal mummies as offerings for the gods. (a) These crocodiles could have been special offerings to Sobek, the creator of the Nile and a powerful god. (b) Sobek was often shown with a crocodile head. (c) Ancient Egyptians asked Sobek to give good soil for their crops and to keep them safe from dangerous **reptiles. (d) Animals were important not only as food and pets, but also for religious reasons. (e) They believed they had to give him something, or he might not answer their requests. So, these crocodile mummies might have been their way of asking for help from the gods. This discovery gives us a new understanding of the ancient Egyptian religion and how these animals were used as offerings.

*mummy 미라
**reptile 파충류

1일 1문장 ✎

In ancient Egypt, / **it** was common / **to make** animal mummies / as offerings for the gods.
　　　　　　　　　 가주어 동사　보어　　　　　　　　　　　　 진주어

해석 TIP to부정사가 문장의 주어로 쓰일 때는 「It(가주어) ~ to+동사원형(진주어) …」 형태로 쓰이며, '…**하는 것은 ~하다**'라고 해석해요.

✅ **해석** 고대 이집트에서는, 신에게 바치는 제물로서 동물 미라를 만드는 것이 흔했다.

#to부정사 #명사 역할 #가주어 it

1 **What is the passage mainly about?**

① kinds of animal mummies found in Egypt

② the difficulty of discovering crocodile mummies

③ the Egyptians' skill of making animal mummies

④ crocodile mummies as offerings in ancient Egypt

⑤ the importance of mummies to the ancient Egyptians

2 **Which sentence does NOT fit in the context among (a)~(e)?**

① (a)   ② (b)   ③ (c)   ④ (d)   ⑤ (e)

3 **Which CANNOT be answered based on the passage?**

① How many crocodile mummies were found?

② How old might the crocodile mummies be?

③ Why were the crocodile mummies unwrapped?

④ Who was Sobek to the ancient Egyptians?

⑤ Why did Egyptians offer mummies to Sobek?

4 **Fill in the blanks with the words from the passage.**

> Ten old crocodile mummies were recently found in Egypt. These were not **a** ＿＿＿＿＿＿＿ in bandages. These mummies could have been **b** ＿＿＿＿＿＿＿ to the god Sobek to ask for good crops and safety.

5 **Fill in the blank with the Korean translation.**

It was common / **to send** letters // before email was invented.

→ ＿＿＿＿＿＿＿＿＿＿＿＿＿＿＿＿＿ // 이메일이 발명되기 전에는.

Knowledge

이집트인들이 동물을 미라로 만든 이유

흔히 미라를 떠올리면 붕대를 칭칭 감은 사람의 모습을 떠올리기 쉽다. 하지만 이집트인들은 소, 뱀, 악어, 쥐, 고양이 등 다양한 동물들의 미라를 만들고, 정성스럽게 관까지 만들어 안치했다. 그렇다면 동물을 미라로 만든 이유는 무엇일까? 이집트인들은 동물이 인간보다 열등하다고 생각하지 않았다. 동물은 "현세와 영적 세계에서 활발하게 활동하는 영혼의 일부 그 자체이거나 그것을 포함하는 존재"로, 죽은 동물은 신이 될 수도 있다고 여겼기 때문에 이를 미라로 만들었다고 한다.

Words

- **expert** 몡 전문가
- **recently** 븐 최근에
- **discover** 동 (정보를) 찾다, 알아내다
  - *cf.* **discovery** 몡 발견
- **crocodile** 몡 악어
- **Egypt** 몡 이집트
  - *cf.* **Egyptian** 몡 이집트인
    - 혱 이집트(인)의
- **in great shape** 상태가 아주 좋은
- **wrap** 동 감싸다, 포장하다
- **bandage** 몡 붕대
- **right away** 즉시, 곧바로
- **technology** 몡 (과학) 기술
- **ancient** 혱 고대의
- **common** 혱 흔한; 공통의
  - (↔ **uncommon** 흔하지 않은, 드문)
- **offering** 몡 (신께 바치는) 제물
  - *cf.* **offer A to B** A를 B에게 제공하다
- **creator** 몡 창조자
- **soil** 몡 토양, 흙
- **crop** 몡 농산물, 농작물
- **religious** 혱 종교적인
  - *cf.* **religion** 몡 종교
- **have to-v** ~해야 한다
- **request** 몡 부탁, 요청

[문제]

5 invent 동 발명하다

영영 뜻 파악

A 다음 단어에 해당하는 알맞은 의미를 찾아 연결하세요.

1 tourist •

2 opportunity •

3 topic •

• ⓐ a chance to do something

• ⓑ a person who travels to a place for pleasure

• ⓒ someone or something that people talk or write about

문장 완성

B 다음 빈칸에 알맞은 단어를 〈보기〉에서 찾아 쓰세요.

보기				
rare	volunteer	expert	gravity	slogan

1 She wants to _____ for the school play.

2 Astronauts experience less _____ in space than on Earth.

3 He asked the _____ for advice on growing tomatoes.

4 This flower is very _____ and can only be found in the mountains.

문장 완성

C 다음 우리말과 일치하도록 빈칸에 알맞은 표현을 써보세요.

1 그 레스토랑은 그곳의 주인의 이름을 따서 지어졌다.

→ The restaurant is _____ _____ its owner.

2 많은 학생이 과학 박람회에 참여할 것이다.

→ Many students will _____ _____ the science fair.

3 그의 노력이 팀의 성공에 기여했다.

→ His hard work _____ _____ the team's success.

A ⓐ layer 명 층, 막 earth 명 땅, 지면   ⓑ pleasure 명 기쁨, 즐거움   **B 2** astronaut 명 우주 비행사   **3** advice 명 조언, 충고   **C 1** owner 명 주인, 소유주
2 fair 명 박람회

문장 해석

A 다음 굵게 표시된 부분에 주의하여 문장을 해석해보세요.

1 He **has been** on a diet / since January.

→ 그는 _____ / 1월부터.

2 It's important / **to keep** the environment clean.

→ _____ .

3 **What** they found in the old box // is still a mystery.

→ _____ // 아직도 수수께끼이다.

배열 영작

B 다음 우리말과 의미가 같도록 주어진 어구들을 올바르게 배열하세요.

1 그녀는 2010년부터 뉴욕에 살고 있다. (has / she / lived / in / New York)

→ _____ since 2010.

2 그가 아침으로 무엇을 먹는지가 하루 동안의 에너지 수준을 결정한다. (eats / what / he / breakfast / for)

→ _____ decides his energy level for the day.

3 시험 중에 집중하는 것은 필요하다. (to / necessary / focused / it's / stay)

→ _____ during the exam.

조건 영작

C 다음 우리말과 의미가 같도록 주어진 단어를 사용하여 문장을 완성하세요.

1 나는 작년부터 이 동아리의 회원이다. (a member)

→ _____ of this club since last year.

2 모두를 항상 행복하게 만드는 것은 어렵다. (difficult, make, happy, everyone)

→ _____ all the time.

3 그녀가 파티에 무엇을 입는지가 그녀의 스타일 감각을 보여준다. (wear)

→ _____ to the party shows her sense of style.

A **1** be on a diet 다이어트를 하다 **3** behavior 몡 행동 differ 통 다르다 B **3** focused 혱 집중한, 집중적인 C **1** club 몡 동아리 **2** all the time 항상
3 a sense of ~의 감각

DID YOU KNOW …?

이 묘비 위에 스티커가 붙어 있는 이유를 아시나요? `Society`

　미국 뉴욕의 한 특별한 묘비는 매년 선거일이면 투표 인증 스티커들로 다닥다닥 뒤덮여요. 이는 묘비의 주인인 수잔 앤터니(Susan B. Anthony)에게 경의를 나타내는 행위예요! 수잔은 미국의 여성 사회개혁가로, 투표할 수 있는 권리인 참정권을 여성이 획득하는 데 큰 역할을 했어요. 1800년대 후반에 미국에서 여성이 투표하는 것은 상상도 하지 못할 일이었고, 수잔은 1872년 11월에 실시된 대통령 선거의 투표에 참여했다는 이유로 체포되었어요. 이 사건으로 수잔은 참정권에 대한 많은 여성들의 관심을 이끌어내는 데 성공했고, 여성 참정권 쟁취를 위해 많은 노력을 했어요. 그 덕분에, 1920년에 미국의 여성들은 마침내 투표할 수 있게 되었어요. 미국의 여성 투표자들은 수잔의 노력과 헌신에 존경을 표하기 위해, 투표 인증 스티커를 그녀의 묘비에 붙이기 시작했어요.

이름으로 휘파람이 주어지는 마을에 대해 아시나요? `Culture`

　말레이시아의 북동쪽, 한 아주 작은 산골 마을인 콩송(Kongthong)에 가면 끊이지 않는 휘파람 소리를 들을 수 있어요. 이 마을 주민들은 모두 총 세 개의 이름을 갖고 있어요. 하나는 정부의 공문서에 쓰이는 이름이고, 나머지 두 개는 놀랍게도 휘파람 소리예요! 일상생활에서 공문서용 이름은 거의 쓰이지 않아요. 이 마을의 어머니들은 자식들을 위해 특별한 멜로디를 만들어 내고, 이는 곧 이름이 되어요. 이 멜로디의 짧은 버전은 별명으로 쓰이기도 해요. 휘파람 이름은 어머니의 자식에 대한 무한한 사랑을 표현하는 것이며, 무려 500년이 넘는 역사를 가진 것으로 추정된대요. 여러분에게 휘파람 이름이 있었더라면 어떤 음이 여러분을 잘 표현했을까요?

Unit
07

19

Environment

단어 수 ⟨　140　150　160　165⟩

*Coral reefs, home to many sea creatures, are struggling because of climate change. Coral is extremely sensitive to water temperature, but the water is getting warmer. So, many of them around the world are dying.

Fortunately, scientists have discovered new techniques to help keep corals alive. They're trying a new method using environmental DNA (eDNA). They collect water or soil near the reefs to learn about the sea life there, without harming the corals. This method gives a clear view of a reef's condition.

With the help of eDNA, scientists can better understand which corals are in danger and the effects of climate change on them. They're creating a large DNA library from various coral reefs. This DNA library will help the scientists to monitor them easily in the future. ✏️ **It will let the scientists know** where various coral species live and which species are most threatened. This means they can fix damaged reefs and protect the many types of life depending on them.

*coral reef 산호초

1일 1문장 ✏️

It will **let** / the scientists **know** ~.
　주어　동사　　　A　　　동사원형

해석 TIP 동사 let 뒤에 「A(목적어)+동사원형」이 오면, 'A가 ~하게 하다[~하도록 허락하다]'라고 해석해요.

✅ **해석** 그것은 과학자들이 ~을 알게 해줄 것이다.

#문장의 구조 #주+동+목+보(동사원형)

1 중심 생각

글의 제목으로 가장 알맞은 것은?

① A Variety of DNA in Sea Creatures

② How to Collect eDNA from Corals

③ The New Form of Protecting Corals: eDNA

④ Why Coral Reefs Are Important to Sea Life

⑤ How Climate Change Is Affecting Coral Reefs

2 세부 내용

글의 내용과 일치하면 T, 그렇지 않으면 F를 쓰세요.

(1) _____ 산호초는 수온 변화의 영향을 크게 받지 않는다.

(2) _____ eDNA를 수집하는 과정에서 산호초가 손상되는 경우가 많다.

3 내용 요약

글의 내용과 일치하도록 빈칸에 알맞은 말을 〈보기〉에서 찾아 쓰세요.

| 보기 |
| soil   struggling   library   temperatures |

Problem	Coral reefs are ⓐ _____ due to climate change.
Cause	Warmer ocean ⓑ _____ are affecting corals around the world.
Solution	Scientists are using environmental DNA (eDNA) to study and protect corals.
Method	• Scientists are collecting water or ⓒ _____ near reefs for eDNA. • They are building a large DNA ⓓ _____ of various ocean species.

4 1일 1문장

다음 굵게 표시된 부분에 주의하여 문장의 해석을 완성하세요.

The library **lets** / people **use** computers for free.

→ 그 도서관은 _____.

Words

- creature 명 생물
- struggle 동 고군분투하다
- because of 전 ~ 때문에 (= due to)
- climate 명 기후
- extremely 부 극도로
- sensitive to ~에 민감한, 예민한
- temperature 명 기온, 온도
- fortunately 부 다행스럽게도
- technique 명 기술
- alive 형 살아 있는
- method 명 방법, 방식
- environmental 형 환경의
- harm 동 해치다
- view 명 봄, 보기
- condition 명 상태
- effect 명 영향, 효과 (= impact)
- various 형 다양한, 여러 가지의 (= a variety of)
- species 명 ((생물)) 종(種)
- monitor 동 추적 관찰하다
- threaten 동 위협하다
- damaged 형 손상된
- depend on ~에 의존하다, 의지하다

[문제]

1 affect 동 영향을 미치다

3 ocean 명 바다, 대양

4 for free 무료로

20

Animals

단어 수 [158] 140 150 160

Slow lorises are small, night-active animals from Asia. They look cute but they are one of the world's few poisonous *mammals. Strangely, to produce the poison, they raise their arms above their head and quickly lick poisonous oil-producing **glands on their arms. The poison then goes into their sharp teeth.

Researchers studied 82 slow lorises in Indonesia. They found something surprising: these animals often use their poison on each other, which is unusual. They noticed that 20% of them had new bite wounds, sometimes very serious. Males suffered more frequent bites than females. These bite wounds showed that slow lorises are very protective of their own area and use their poison to fight over things like mates or territory.

This study is important because it's rare to see animals use poison _____. 🖊 It helps us understand that animals use poison **not only** for hunting or protecting themselves **but also** for fighting within a species.

*mammal 포유동물
**gland 분비샘 ((몸 안의 분비물을 내는 곳))

1일 1문장 🖊

It helps us understand // that animals use poison / not only *for* hunting or protecting themselves /
A
but also *for* fighting within a species.
B

해석 TIP 「not only A but also B」는 'A뿐만 아니라 B도'라고 해석하는데, 이때 A와 B 자리에는 문법적인 성격이 같은 어구가 쓰여요.

✔**해석** 그것은 동물들이 사냥이나 자기방어뿐 아니라 같은 종족 내에서 싸우는 데에도 독을 사용한다는 것을 우리가 이해하도록 도와준다.

#접속사 #not only A but also B

중심 생각

1 글의 주제로 가장 알맞은 것은?

① the dangers of the slow loris' poison

② how slow lorises stay safe from danger

③ what slow lorises eat and how they find food

④ different types of slow lorises around the world

⑤ slow lorises' surprising use of poison on each other

세부 내용

2 slow loris에 관한 글의 내용과 일치하지 <u>않는</u> 것은?

① 아시아에 서식하는 작은 야행성 동물이다.

② 독성을 가진 포유류 중 하나이다.

③ 팔에 있는 분비샘에서 독이 생성된다.

④ 자기 영역에 대해 매우 방어적이다.

⑤ 주로 먹이를 사냥하는 데 독을 사용한다.

빈칸 완성

3 글의 빈칸에 들어갈 말로 가장 알맞은 것은?

① for fighting over food

② to keep their babies safe

③ against their own species

④ as a warning to other animals

⑤ to communicate with other members

1일 1문장

4 다음 굵게 표시된 부분에 주의하여 문장의 해석을 완성하세요.

We were busy / **not only** cleaning up the park / **but also** planting new trees.

→ 우리는 _____

바빴다.

Words

- **night-active** 야행성의
- **poisonous** [형] 독성의, 독이 있는
  cf. poison [명] 독
- **strangely** [부] 이상하게
- **produce** [동] 생산하다, 만들어내다
- **raise** [동] 들어 올리다
- **lick** [동] 핥다
- **surprising** [형] 놀라운
- **unusual** [형] 흔치 않은, 드문
  (= uncommon)
- **notice** [동] 알아차리다, 주목하다
- **wound** [명] 상처, 부상
- **serious** [형] 심각한
- **male** [명] 수컷, 남성
  (↔ female 암컷, 여성)
- **suffer** [동] (고통 등을) 경험하다, 겪다
- **frequent** [형] 자주 있는, 빈번한
- **protective** [형] 보호하려고 하는, 방어적인
- **fight over** ~을 두고 싸우다
- **mate** [명] 짝
- **territory** [명] 영역
- **rare** [형] 드문, 희귀한
- **within** [전] ~내에, ~안에

[문제]

3 against [전] ~에 대해
  warning [명] 경고
  communicate [동] 의사소통하다

4 plant [동] 심다

단어 수 [140 150 160 | 163]

In the hot summer, people often use air conditioners more, which consume a lot of electricity. But in Iran's desert cities, many houses still use a traditional, electricity-free cooling device known as a windcatcher. This invention looks simple but is very technical. The windcatcher has been one of the impressive symbols of Iran for a very long time.

A windcatcher is located on the roof or the tallest part of the house. It looks like a tall chimney with open sides around. It catches the wind from high above and sends cool air down into the house below. This pushes out the warm air through the opposite side of the windcatcher. Studies show that this can reduce the temperature inside a building by 8°C to 12°C.

The exact origin of windcatchers is not clear, though they appear in ancient Egyptian art over 3,000 years old. 🖉 Some scholars insist that structures **found** on the *remains of a Persian temple** may be the oldest windcatchers.

*remains 유적

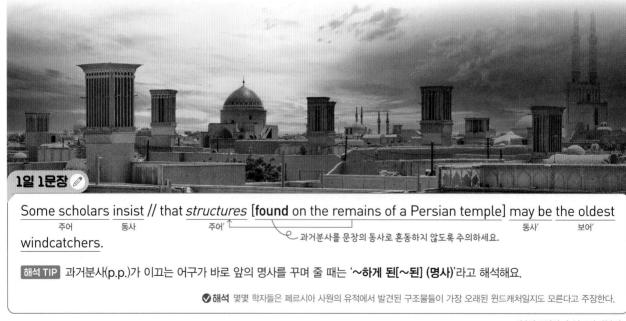

1일 1문장 🖉

Some scholars insist // that *structures* [**found** on the remains of a Persian temple] may be the oldest
　　　주어　　　　동사　　　　　　주어´　　└─ 과거분사를 문장의 동사로 혼동하지 않도록 주의하세요.　　동사´　보어´
windcatchers.

해석 TIP 과거분사(p.p.)가 이끄는 어구가 바로 앞의 명사를 꾸며 줄 때는 '~하게 된[~된] (명사)'라고 해석해요.

✔ **해석** 몇몇 학자들은 페르시아 사원의 유적에서 발견된 구조물들이 가장 오래된 윈드캐처일지도 모른다고 주장한다.

#분사 #명사 수식 #과거분사

중심 생각

1 글의 제목으로 가장 알맞은 것은?

① Useful Windcatchers in Desert Cities

② The Origin of Windcatchers in Egypt

③ Cultural Importance of the Windcatcher

④ Windcatcher: Better Than an Air Conditioner

⑤ Iran's Windcatchers: Traditional Cooling Technology

세부 내용

2 글에서 windcatcher에 관해 언급되지 <u>않은</u> 것은?

① 사용 국가   ② 설치 위치

③ 외관의 특징   ④ 실내 온도에 미치는 영향

⑤ 발명가

세부 내용

3 글의 내용과 일치하도록 windcatcher가 작동하는 원리를 순서에 맞게 배열한 것은?

> ⓐ The inside of the building becomes cooler.
> ⓑ The wind then moves down into the house.
> ⓒ The windcatcher catches the wind from high above the ground through open sides around.
> ⓓ The incoming air pushes the warmer air out through the opposite side of the windcatcher.

① ⓐ - ⓒ - ⓑ - ⓓ   ② ⓑ - ⓒ - ⓐ - ⓓ

③ ⓑ - ⓓ - ⓐ - ⓒ   ④ ⓒ - ⓐ - ⓑ - ⓓ

⑤ ⓒ - ⓑ - ⓓ - ⓐ

1일 1문장

4 다음 굵게 표시된 부분에 주의하여 문장의 해석을 완성하세요.

Clothes **washed** yesterday / are not dry yet.

➜ _____ / 아직 마르지 않았다.

W⦿rds

- **air conditioner** 명 에어컨
- **consume** 동 소비하다
- **electricity** 명 전기, 전력
- *cf.* **electricity-free** 전기를 사용하지 않는
- **desert** 명 사막
- **traditional** 형 전통적인
- **device** 명 장치, 기기
- **invention** 명 발명; 발명품
- **technical** 형 과학 기술의, 기술적인
- *cf.* **technology** 명 (과학) 기술
- **impressive** 형 인상적인, 감명 깊은
- **symbol** 명 상징
- **be located on** ~에 위치하다
- **chimney** 명 굴뚝
- **push out** ~을 밀어내다
- **through** 전 ~을 통해
- **opposite** 형 반대편의, 맞은편의; 정반대의
- **reduce** 동 낮추다; 줄이다
- **exact** 형 정확한
- **origin** 명 기원, 근원
- **though** 접 (비록) ~이긴 하지만
- **appear** 동 나타나다
- **ancient** 형 고대의
- **scholar** 명 학자
- **insist** 동 주장하다
- **structure** 명 구조물, 건축물
- **Persian** 형 페르시아의
- **temple** 명 사원, 절

[문제]

1 **useful** 형 유용한, 도움이 되는

3 **incoming** 형 들어오는

단어 Review

정답과 해설 p.48

문맥 파악

A 다음 괄호 안에서 알맞은 단어를 고르세요.

1 The mountain view was so (sensitive / impressive).

2 My sister and I have the (exact / opposite) taste in music.

3 The long road trip will (consume / insist) most of my energy.

4 Many stores are trying to (reduce / threaten) the use of plastic bags.

유의어 찾기

B 다음 밑줄 친 단어와 비슷한 의미의 단어를 고르세요.

1

The medicine had a positive <u>effect</u> on his health.

① symbol   ② impact   ③ origin   ④ view   ⑤ method

2

The store was full of <u>unusual</u> and rare items.

① various   ② damaged   ③ uncommon   ④ serious   ⑤ protective

문장 완성

C 다음 빈칸에 알맞은 단어를 〈보기〉에서 찾아 쓰세요.

보기				
appear	device	wound	frequent	alive

1 He had a deep _____ on his arm from the accident.

2 A smartphone is an important _____ for communication.

3 New leaves _____ on trees in spring.

4 The fish in the tank need clean water to stay _____.

A 2 taste 명 취향, 기호   4 plastic bag 비닐봉지   B 1 positive 형 긍정적인   2 be full of ~로 가득 차다   item 명 물품, 항목
C 2 communication 명 의사소통   4 tank 명 (액체·가스 등의) 탱크, 수조

문장 해석

A 다음 굵게 표시된 부분에 주의하여 문장을 해석해보세요.

1 The book **published** last year / became a bestseller.

→ _____ / 베스트셀러가 되었다.

2 My mom **let** / us **choose** the restaurant for dinner.

→ 엄마는 _____ .

3 This program is **not only** for adults, / **but also** for children.

→ 이 프로그램은 _____ .

배열 영작

B 다음 우리말과 의미가 같도록 주어진 어구들을 올바르게 배열하세요.

1 선생님은 학생들이 휴식 시간을 갖도록 허락하셨다. (a break / the students / let / have)

→ The teacher _____ .

2 이 팀은 경기에서 승리했을 뿐만 아니라 신기록도 세웠다. (won / but also / set / not only / the game)

→ This team _____ a new record.

3 19세기에 지어진 그 건물은 인기 있는 곳이다. (in / built / the 19th century / the building)

→ _____ is a popular place.

조건 영작

C 다음 우리말과 의미가 같도록 주어진 단어를 사용하여 문장을 완성하세요.

1 Brian은 그의 개가 뒷마당에서 자유롭게 달릴 수 있게 했다. (run, dog, let)

→ Brian _____ freely in the backyard.

2 신선한 채소로 준비된 그 요리는 맛있었다. (prepare, the dish, with, fresh, vegetables)

→ _____ was delicious.

3 그는 역사뿐만 아니라 과학에도 관심이 있다. (but, in, science, history)

→ He is interested _____ .

A 1 publish 〔동〕 출판하다 **3** adult 〔명〕 어른, 성인 **B 1** break 〔명〕 휴식 시간 **2** set a record 기록을 세우다 **C 1** freely 〔부〕 자유롭게

POP QUIZ

Quiz #1

Q1 이산화탄소 같은 온실기체 때문에 지구 ☐☐☐가 일어나고 있어요.

Q2 지구의 온도를 낮추기 위해서는 석탄이나 석유 같은 ☐☐ 연료의 사용을 줄여야 해요.

Q3 과학자들은 대신 바람, 전기, 태양열 등을 이용한 ☐☐ 에너지를 개발하고 있어요.

Animals

Quiz #2

Q4 잠을 자거나 휴식을 취할 때 혈관의 혈액을 투명하게 만들어, 자신의 몸을 투명하게 위장하는 이 특별한 개구리의 이름은 무엇일까요?

ㅇ ㄹ ㄱ ㄱ ㄹ

Inventions

Quiz #3

Q5 통조림 따개는 통조림이 발명되고 40여 년 후에 ·········· O X 발명되었어요.

Q6 성냥은 라이터보다 먼저 발명되었어요. ·········· O X

Q7 건전지는 18세기 말 이탈리아의 한 해부학자에 ·········· O X 의해 우연히 발명되었어요.

정답 Q1 온난화 **Q2** 화석 **Q3** 대체 **Q4** 유리 개구리 **Q5** ○ **Q6** × **Q7** ○

Unit

08

✎ Data centers are places **where** computers and machines store lots of information. (a) Even small ones produce a lot of *waste heat. (b) In the U.K., a **start-up named Deep Green is using the waste heat from its data center to warm a pool in Devon. (c) In Europe, data centers use around 3% of all electricity. (d) This center, about the size of a washing machine, has been installed underneath the pool. (e) It has computers surrounded by oil that captures their heat. This heat is then transferred into a heat exchanger and warms the pool's water.

This smart setup helps both the pool and the data center. The pool gets free heat, cutting its gas consumption by 62%. Deep Green saves money too, by cutting expenses on cooling its computers. The CEO of Deep Green sees it as a win-win situation. This idea is so good that Deep Green plans to do this for more pools, which will help both itself and the environment.

*waste heat 폐열 ((사용되지 못하고 버려지는 열))
**start-up 스타트업 ((신생 창업기업))

1일 1문장 ✎

Data centers are **places** [**where** computers and machines store lots of information].
　주어　　　동사　　보어　　　　　 └ where는 선행사가 장소를 나타낼 때 쓰여요.

해석 TIP where가 관계부사로 쓰일 때는 「where+주어+동사 ~」가 이끄는 절이 앞의 명사(선행사)를 꾸며 줘요.
'~하는[~한] … (명사)'라고 해석하면 돼요.

✔해석 데이터 센터는 컴퓨터들과 기계들이 많은 정보를 저장하는 장소이다.

#관계부사 #where

1 글의 내용과 가장 잘 어울리는 속담은?

① Easy come, easy go.

② Look before you leap.

③ Practice makes perfect.

④ Kill two birds with one stone.

⑤ Actions speak louder than words.

글의 흐름

2 글의 (a)~(e) 중, 전체 흐름과 관계없는 문장은?

① (a)　　② (b)　　③ (c)　　④ (d)　　⑤ (e)

밑줄 추론

3 글의 밑줄 친 This smart setup이 의미하는 것을 우리말로 쓰세요.

_____

내용 요약

4 글의 내용과 일치하도록 빈칸에 알맞은 말을 본문에서 찾아 쓰세요.

> A small data center **a** _____ underneath a pool

Benefits for the Pool	Benefits for Deep Green
The pool gets **b** _____ heating, reducing gas use by 62%.	It can cut **c** _____ on cooling computers.

1일 1문장

5 다음 굵게 표시된 부분에 주의하여 문장의 해석을 완성하세요.

This is **a building** // **where** scientists do research.

➜ 이것은 _____ 이다.

Words

- **data** 명 데이터, 정보
- **machine** 명 기계
- **store** 동 저장하다
- **information** 명 정보
- **produce** 동 생산하다
- **waste** 명 쓰레기, 폐기물
- **heat** 명 열기 동 뜨겁게 하다
- *cf.* **heating** 명 난방 (장치)
- **U.K.** 명 영국
  (= United Kingdom)
- **warm** 동 데우다
  (↔ cool 식히다)
- **electricity** 명 전기, 전력
- **install** 동 설치하다
- **underneath** 전 ~의 밑에
- **surround** 동 둘러싸다
- **capture** 동 붙잡다
- **transfer** 동 옮기다, 이동하다
- **exchanger** 명 교환해 주는 장치
  [사람]
- **setup** 명 장치, 설치
- **free** 형 무료의; 자유로운
- **cut** 동 줄이다 (= reduce)
- **consumption** 명 소비, 소모
- **expense** 명 비용
- **CEO** 명 최고 경영자
- **see A as B** A를 B로 여기다
- **win-win** 형 양쪽이 다 유리한
- **situation** 명 상황, 상태
- **environment** 명 환경

[문제]
1 **leap** 동 뛰어오르다
4 **benefit** 명 혜택, 이득

The European Space Agency (ESA) wants to make a special *time zone for the moon. They think ⓐ it will help people from different countries work together on moon missions. Right now, each mission's time zone is _____. That's because the country that launches the spaceship decides ⓑ it. A new system for time on the moon would make things easier for everyone.

But finding the best way to make this happen is not easy. One of the problems is that clocks work differently on the moon and in space around the moon. Clocks on the moon go 56 **microseconds faster than on Earth each day. Another problem is that a day on the moon is the same as 29.5 Earth days. These problems make it hard to know the correct time on the moon. ✎ But once they set up a standard time system for the moon, they can quickly make and manage the same system for other planets too.

*time zone 표준 시간대 ((지구의 시간을 표준화하기 위해 정해진 시간대))
**microsecond 마이크로초 ((100만분의 1초))

1일 1문장 ✎

But **once** they set up a standard time system for the moon, // ~.
　　　　　주어　　동사　　　　　　　　　　목적어

해석 TIP once가 접속사로 쓰여 「주어+동사 ~」의 절을 이끌 때는 '**일단 ~가 …하면, ~가 …하자마자**'라고 해석할 수 있어요.

✅ **해석** 그러나 일단 그들이 달의 표준 시간 체계를 마련하면, ~.

#접속사 #부사절 #once

중심 생각

1 글의 주제로 가장 알맞은 것은?

① how time zones are influenced by the moon

② the steps for launching a spaceship into space

③ why changing a time zone in space is dangerous

④ the difference between the Earth's and the moon's time

⑤ why making a moon time zone is important and difficult

빈칸 완성

2 글의 빈칸에 들어갈 말로 가장 알맞은 것은?

① large   ② long

③ single   ④ clear

⑤ different

세부 내용

3 글의 내용과 일치하면 T, 그렇지 않으면 F를 쓰세요.

(1) _____ 달에서의 새로운 시간 체계는 임무 수행을 어렵게 만들 수도 있다.

(2) _____ 달에서의 하루는 지구의 29.5일에 해당한다.

지칭 파악

4 밑줄 친 ⓐ it과 ⓑ it이 각각 가리키는 것을 글에서 찾아 영어로 쓰세요.

ⓐ _____ (9 단어)

ⓑ _____ (4 단어)

1일 1문장

5 다음 굵게 표시된 부분에 주의하여 문장의 해석을 완성하세요.

Once you learn to ride a bike, // you'll never forget.

→ _____, // 너는 절대 잊지 않을 거야.

Words

- **different** 형 다른
  cf. **difference** 명 차이, 다름
- **each** 형 각각의 대 각각
- **mission** 명 임무; 사명
- **launch** 동 발사하다
- **spaceship** 명 우주선
- **system** 명 체계, 제도
- **correct** 형 맞는, 정확한
- **set up** 마련하다
- **standard** 형 표준의
- **manage** 동 관리하다
- **planet** 명 행성

[문제]
1 **influence** 동 영향을 주다
  step 명 단계; (발)걸음
2 **single** 형 하나의, 한 개의

A university professor did an experiment with his students to see if deadlines for their reports would make them work better. He created three groups. One group was given strict deadlines, while another could turn in their reports anytime. In the third group, he allowed students to choose their own deadlines. Interestingly, most of the third group knew they might be lazy, so they set specific deadlines for each report to work harder.

This strategy for controlling oneself is called a "Ulysses contract." (A) Ulysses really wanted to hear *Sirens' songs, but Sirens were believed to use their songs to attract sailors and make their ships sink. (B) Ulysses didn't want his people to be in danger. (C) It's similar to what the Greek hero Ulysses did. So, Ulysses **had** himself **tied** to his ship and **had** his sailors' ears **filled** with wax. The "present Ulysses" was in control and made plans for the "future Ulysses." Ulysses contracts are a great way to improve self-control and achieve our goals.

*Siren 세이렌 ((고대 그리스 신화 속 존재))

1일 1문장 ✏️

So, / Ulysses **had** / himself **tied** to his ship // and **had** / his sailors' ears **filled** with wax.
    주어   동사1   목적어1   보어1(p.p.)   동사2   목적어2   보어2(p.p.)

해석 TIP 「have+A(목적어)+과거분사(p.p.)」는 '(누군가를 시켜) A가 ~되도록 하다[당하다]'라는 의미로 쓰여요.

✅해석 그래서, 율리시스는 자신을 자기 배에 묶이도록 하고 그의 선원들의 귀가 밀랍으로 채워지도록 했다.

#문장의 구조 #주+동+목+보(p.p.)

1 What is the best order of the sentences (A)~(C)?

① (A) - (C) - (B)　　　　　② (B) - (A) - (C)

③ (B) - (C) - (A)　　　　　④ (C) - (A) - (B)

⑤ (C) - (B) - (A)

2 According to the passage, which action is NOT related to a Ulysses contract?

① to set alarms to exercise every day

② to save money by avoiding shopping

③ to reduce drinking soda to once a week

④ to study all at once the day before an exam

⑤ to play online games only during specific hours

3 Fill in the blanks with the words from the box.

miss	allow	present	future	specific

Ulysses Contract

a _____ Self's Challenge

Ulysses	He and his sailors might be in danger because of the Sirens' songs.
Students	They might be lazy and b _____ report deadlines.

c _____ Self's Solution

Ulysses	He had himself tied to his ship and had his sailors' ears filled with wax.
Students	They set d _____ deadlines for each report.

4 Fill in the blank with the Korean translation.

We **had** / our house **painted** / last summer.

→ 우리는 _____ / 지난여름에.

정답과 해설 p.55

문맥 파악

A 다음 괄호 안에서 알맞은 단어를 고르세요.

1 His behavior made the (situation / benefit) worse.

2 Astronauts are trained for their space (waste / mission).

3 She needs to (sink / transfer) the files to a different folder.

4 Paul will give you a (specific / strict) address where we can meet.

유의어 찾기

B 다음 밑줄 친 단어와 비슷한 의미의 단어를 고르세요.

1
> The athlete <u>achieved</u> her goal of winning the gold medal.

① influenced   ② heated   ③ installed   ④ reached   ⑤ surrounded

2
> The company decided to <u>cut</u> prices on clothing for the sale.

① store   ② reduce   ③ produce   ④ warm   ⑤ launch

문장 완성

C 다음 빈칸에 알맞은 단어를 〈보기〉에서 찾아 쓰세요.

보기				
correct	capture	strategy	tie	attract

1 His effective _____ helped him win the game.

2 She will _____ the balloons to the chairs for the party.

3 He always double-checks his work for _____ spelling.

4 Sally wanted to _____ the moment with her dog on her phone.

A 1 behavior 명 행동   **3** folder 명 (컴퓨터) 폴더   **B 1** athlete 명 (운동) 선수   **2** clothing 명 옷, 의류   **C 1** effective 형 효과적인   **3** spelling 명 철자, 스펠링

문장 해석

A 다음 굵게 표시된 부분에 주의하여 문장을 해석해보세요.

1 I want to visit **the city** // **where** I was born.

→ 나는 _____ 방문하고 싶다.

2 **Once** I receive the email, // I will let you know.

→ _____, // 너에게 알려줄게.

3 She **had** her favorite shirt **washed** / before her birthday party.

→ 그녀는 _____ / 그녀의 생일파티 전에.

배열 영작

B 다음 우리말과 의미가 같도록 주어진 어구들을 올바르게 배열하세요.

1 일단 영화가 시작되면, 조용히 해주세요. (the movie / begins / once)

→ _____, please be quiet.

2 이곳은 우리가 수영하기 좋아하는 해변이다. (swim / the beach / where / like / to / we)

→ This is _____.

3 그는 그의 오래된 휴대전화를 새 것으로 교체되도록 했다. (his / old phone / had / replaced)

→ He _____ with a new one.

조건 영작

C 다음 우리말과 의미가 같도록 주어진 단어를 사용하여 문장을 완성하세요.

1 일단 손님들이 도착하면, 우리는 파티를 시작할 수 있다. (arrive, the guests, once)

→ _____, we can start the party.

2 그녀는 회의에 필요한 문서가 인쇄되도록 했다. (have, print, the document)

→ She _____ for the meeting.

3 그곳은 우리가 기념일 저녁 식사를 했던 레스토랑이다. (the restaurant, have, where)

→ That's _____ our anniversary dinner.

A 2 receive 〔동〕받다, 얻다   **B 3** replace 〔동〕바꾸다, 교체하다   **C 2** document 〔명〕서류, 문서   **3** anniversary 〔명〕기념일

Interesting World

달에서 발견된 두 개의 골프공

1971년에 달에 가는 아폴로 14호에 탑승한 우주비행사 앨런 셰퍼드(Alan Shepard)는 달에서 골프를 해보고 싶었어요. 그는 우주선에 탑승하기 전에, 양말에 골프채의 머리 부분을 숨겼어요. 그리고 이것을 우주비행사들이 달의 암석을 채취하기 위해 사용하는 막대기에 붙여서 골프채를 만들었죠. 실제로 그는 달에 가서 두 개의 골프공을 쳤는데요. 하나는 달의 분화구로 들어갔고, 나머지 하나의 공은 사라졌어요. 앨런은 그 공이 멀리멀리 날아갔다고 생각했죠. 하지만 50년이 지난 후 아폴로 14호가 보낸 사진에서 앨런이 친 골프공들이 우연히 발견되었어요. 앨런이 생각했던 것보다 골프공들은 멀리 날아가지는 못했어요. 고작 36m를 날아간 것에 그쳤답니다. 그렇지만 달의 중력이 지구의 중력의 6분의 1에 불과하고, 앨런이 입었던 우주복이 100kg에 달했던 것을 생각했을 때, 지구에서 앨런이 공을 쳤다면 4.2km를 날아갔을 거라고 해요!

Unit 09

Astronomers in Arizona found a giant planet that's as light as a marshmallow! (a) This planet, named TOI-3757 b, is floating in space far away, about 580 light years from us. ✏ (b) **It's so big that it's a little larger than Jupiter.** (c) In other words, this "marshmallow" is so huge that it could fit more than 1,300 Earths inside! (d) Even though this planet is as big as Jupiter, it's much lighter. (e) You can sometimes see Jupiter at night without a telescope. It's so light that it would float in a huge bathtub of water!

To discover TOI-3757 b is a surprise to astronomers. That's because they thought it was hard for giant planets to form around red *dwarf stars. Until now, astronomers have only been able to find giant Jupiter-sized planets far away from red dwarf stars. Finding more such systems with giant planets is part of their goal to understand how planets form.

*dwarf star 왜성 ((비교적 온도가 낮고 크기가 작은 별))

1일 1문장 ✏

It's so big // that it's a little larger / than Jupiter.
주어 동사 보어 　　주어'동사' 　보어'
　〈원인〉 　　　〈결과〉

해석 TIP 「so+형용사/부사+that+주어'+동사'」는 '**너무[정말] ~해서 …하다**'라고 해석해요. that절의 내용이 주절의 결과를 나타내요.

✔**해석** 그것은 정말 커서 목성보다도 약간 더 크다.

#접속사 #결과 #so ~ that …

1 글의 제목으로 가장 알맞은 것은?

① How Giant Planets Form in Space

② Different Types of Stars in the Universe

③ Discovery of a Giant Marshmallow Planet

④ Astronomers Find a New Red Dwarf Star

⑤ Facts and Information about Planet Jupiter

글의 흐름

2 글의 (a)~(e) 중, 전체 흐름과 <u>관계없는</u> 문장은?

① (a) ② (b) ③ (c) ④ (d) ⑤ (e)

세부 내용

3 글의 내용과 일치하면 T, 그렇지 않으면 F를 쓰세요.

(1) _____ TOI-3757 b 행성의 무게는 목성보다 약간 더 무겁다.

(2) _____ 거대 행성은 적색 왜성 주변에서 자주 발견된다.

내용 요약

4 글의 내용과 일치하도록 빈칸에 알맞은 말을 본문에서 찾아 쓰세요.

Name	TOI-3757 b
Discovery	found by astronomers in Arizona
Location	about 580 light years away from Earth
Size	a little larger than Jupiter; could **ⓐ** _____ over 1,300 Earths inside
Weight	very light; could **ⓑ** _____ in a huge bathtub of water

1일 1문장

5 다음 굵게 표시된 부분에 주의하여 문장의 해석을 완성하세요.

The movie was **so** funny // **that** we all laughed.

→ 그 영화는 _____.

Words

- **astronomer** 몡 천문학자
- **giant** 혱 거대한 (= huge)
- **planet** 몡 행성
- **marshmallow** 몡 마시멜로
- **float** 동 (물 위에) 뜨다
- **far away** 멀리 떨어져
- **light year** 몡 광년 ((빛이 1년간 나아가는 거리))
- **Jupiter** 몡 목성
- **in other words** 다시 말해서
- **fit** 동 끼우다[맞춰 넣다]; 맞추다
- **even though** 젭 비록 ~일지라도
- **telescope** 몡 망원경
- **bathtub** 몡 욕조
- **discover** 동 발견하다
  cf. **discovery** 몡 발견
- **surprise** 몡 놀라운 일
- **form** 동 형성되다; 형성하다
- **until** 전 ~까지
- **be able to-v** ~할 수 있다
- **system** 몡 (천체의) 계; 제도, 체제

[문제]
1 **universe** 몡 우주
4 **location** 몡 위치, 장소

Several studies have shown that the levels of vitamins and minerals in fruits and vegetables have reduced since the early 20th century. ✏️ If you compare a carrot from 70 years ago with one that is grown today, you'll find that today's carrot has lower nutrient levels than its ancestor. But why did this happen?

The major reason is that farmers now focus on growing lots of food quickly. It means plants can't get enough nutrients from the soil or make their own nutrients. Another reason is that when farmers grow too much food in the same soil, it can damage the soil. This makes it difficult for the plants to grow healthy.

To fix this problem, the first thing to do is to let the soil rest. Also, farmers should avoid a farming method that takes away minerals. Instead, changing the types of plants to grow can make the soil better for the next crops.

1일 1문장 ✏️

~, you'll find // that today's carrot has **lower** *nutrient levels* / **than** its ancestor.
　　　　　　　　　주어　　　동사　　　　목적어

해석 TIP 「형용사의 비교급＋명사＋than ~」은 '**~보다 더 …한 (명사)**'라고 해석할 수 있어요.

✅ **해석** ~. 당신은 오늘날의 당근이 그것의 조상보다 더 낮은 영양소 수준을 가지고 있다는 것을 알게 될 것이다.

#비교 표현 #비교급

1 중심 생각

글의 주제로 가장 알맞은 것은?

① why soil has been damaged today

② how farmers can produce more food

③ the importance of healthy soil for farming

④ ways to get enough nutrients from vegetables

⑤ why today's fruits and vegetables are less nutritious

Knowledge ➕

토양 속 수많은 생명체

한 티스푼 양의 건강한 토양 안에는 지구의 인구보다 더 많은 수의 미생물이 살고 있다고 한다. 이 미생물들에는 박테리아, 곰팡이, 바이러스 등이 포함된다. 미생물들은 토양의 영양분 순환, 유기물 분해 등 다양한 과정에 참여해 토양을 건강하고 생기 가득하도록 유지한다.

2 내용 추론

글을 읽고 추론한 내용으로 알맞지 <u>않은</u> 것은?

① 오늘날 재배되는 당근은 과거보다 영양소가 적다.

② 농작물은 짧은 시간 안에도 충분한 영양분을 만들어 낼 수 있다.

③ 같은 토양에서 너무 많은 작물을 재배하면 토양이 손상된다.

④ 토양을 쉬게 하면 미래 작물을 위한 토양의 질을 개선할 수 있다.

⑤ 재배하는 식물의 종류를 바꾸면 토양이 회복될 수 있다.

3 내용 요약

글의 내용과 일치하도록 빈칸에 공통으로 들어갈 알맞은 단어를 본문에서 찾아 쓰세요.

> Fruits and vegetables have less _____ now compared to the past. This is because farmers grow lots of food fast and use the same soil too much. Quick farming and damaged soil make plants get less _____.

_____

4 1일 1문장

다음 굵게 표시된 부분에 주의하여 문장의 해석을 완성하세요.

Taller trees provide **more** shade / **than** shorter trees.

➡ 키가 더 큰 나무들은 _____.

Words

- several 형 몇몇의, 여러
- level 명 정도, 수준
- **vitamin** 명 비타민
- **mineral** 명 미네랄
- reduce 동 줄어들다
- since 전 ~부터, ~이래로
- century 명 세기, 100년
- compare A with B A를 B와 비교하다
  - *cf.* compared to ~와 비교하여
- **nutrient** 명 영양소, 영양분
- ancestor 명 조상
- major 형 주요한, 중대한
- **focus on** ~에 초점을 맞추다, ~에 주력하다
- soil 명 토양, 흙
- damage 동 손상을 주다, 피해를 입히다
- let 동 (~하게) 놓아두다, ~하게 하다
- rest 동 쉬다
- avoid 동 피하다
- **farming** 명 농사, 농작
- method 명 방법, 방식
- **take away** 없애다, 제거하다
- crop 명 농산물, 농작물

[문제]

1 importance 명 중요성

4 provide 동 제공하다
  shade 명 그늘

27

Body & Health

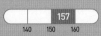

단어 수 | 140 | 150 | **157** | 160

Can you believe that scientists in Australia are testing "poo" to help people with blood cancer? It might sound strange, but it's true! (①) This unusual method involves taking healthy bacteria from a healthy person's poo and putting them into a sick person's *gut. (②) This can improve a person's immune system and help fight diseases. (③)

The treatment is particularly aimed at patients who have had **bone marrow transplants. (④) Although a bone marrow transplant is common for some cancers, it can sometimes cause a serious side effect. (⑤) Many patients with this side effect end up in the hospital for a long time.

If this new treatment works, it could make these patients better in a safer way, without weakening their immune system. ✎ The scientists have been working hard **so that** they can make the treatment safe and effective.

*gut 소화기관, 장(腸)
**bone marrow transplant 골수 이식

1일 1문장 ✏

The scientists have been working hard // **so that** they can make the treatment safe and effective.
　　주어　　　　　　동사　　　　　수식어　　　주어'　동사'　　　목적어'　　　　　보어'

해석 TIP 「so that+주어+동사」 ~는 '~**하기 위해서, ~하도록**'이라고 해석할 수 있어요. 목적을 나타내는 so that 뒤에는 조동사 can, will 등이 함께 자주 쓰여요.

✅ **해석** 과학자들은 그 치료법을 안전하고 효과적으로 만들기 위해서 열심히 일하고 있다.

#접속사 #목적 #so that

글의 흐름

1 다음 문장이 들어갈 위치로 가장 알맞은 곳은?

> After a bone marrow transplant, the new cells can see the person's own tissue as unfamiliar and attack the healthy cells.

①   ②   ③   ④   ⑤

세부 내용

2 Poo Transplant에 관한 글의 내용과 일치하지 <u>않는</u> 것은?

① Aim	To improve the immune system and fight diseases
② Method	Uses healthy bacteria from a healthy person's poo
③ Target Patients	Blood cancer patients, especially after bone marrow transplants
④ Side Effects	Can cause new cells to attack the patient's own body
⑤ Hope	Safer treatment without weakening the immune system

1일 1문장

3 다음 굵게 표시된 부분에 주의하여 문장의 해석을 완성하세요.

I will practice the guitar every day // **so that** I can play my favorite songs.

→ 나는 매일 기타를 연습할 것이다 // _____.

W🍀rds

- **poo** 몡 똥[응가] ((아동어))
- **cancer** 몡 암
- **unusual** 톙 특이한
- **involve** 톱 포함하다
- **bacteria** 몡 ((복수형)) 박테리아, 세균
- **improve** 톱 향상시키다, 개선하다
- **immune system** 몡 면역 체계
- **disease** 몡 병, 질병
- **treatment** 몡 치료
- **particularly** 튀 특히, 특별히 (= especially)
- **aim** 톱 ~을 대상으로 하다, 겨냥하다 몡 목적, 목표
- **patient** 몡 환자
- **transplant** 몡 이식
- **although** 쩝 비록 ~이지만
- **common** 톙 흔한 (↔ uncommon 흔치 않은; 공통의)
- **cause** 톱 ~의 원인이 되다
- **serious** 톙 심각한
- **side effect** 몡 부작용
- **end up** 결국 (어떤 처지에) 처하게 되다
- **weaken** 톱 약화시키다
- **effective** 톙 효과적인

[문제]
1 **cell** 몡 세포
  see A as B A를 B로 여기다
  tissue 몡 (세포) 조직
  unfamiliar 톙 낯선 (↔ familiar 익숙한)
  attack 톱 공격하다
2 **target** 몡 목표, 대상

영영 뜻 파악

A 다음 단어에 해당하는 알맞은 의미를 찾아 연결하세요.

1 attack •

• ⓐ a large, round object in space that travels around a star

2 patient •

• ⓑ to begin to harm or destroy something

3 planet •

• ⓒ a person who receives medical care or treatment

문장 완성

B 다음 빈칸에 알맞은 단어를 〈보기〉에서 찾아 쓰세요.

보기
rest   major   involve   surprise   vitamin

1 Her _____ goal in life is to help others.

2 He decided to _____ for a while on the couch.

3 Teaching young children can _____ a lot of patience.

4 Milk is rich in _____ D, which is essential for strong bones.

문장 완성

C 다음 우리말과 일치하도록 빈칸에 알맞은 표현을 써보세요.

1 고양이를 개와 비교하면 고양이는 더 독립적이다.

→ When you _____ cats _____ dogs, cats are more independent.

2 그 로봇은 바닥에서 물건을 들어 올릴 수 있다.

→ The robot _____ _____ _____ pick up objects from the floor.

3 많은 사람들이 웃음을 스트레스 해소에 가장 좋은 약으로 여긴다.

→ Many _____ laughter _____ the best medicine for reducing stress.

A ⓐ object 몡 물건, 물체   ⓒ treatment 몡 치료   **B 2** for a while 잠깐, 잠시 동안   **3** patience 몡 인내심   **4** rich 혱 ~이 풍부한   essential 혱 필수적인
C 1 independent 혱 독립적인   **2** pick up ~을 들어[집어] 올리다   object 몡 물건, 물체   **3** reduce 동 (규모 · 양 등을) 줄이다

문장 해석

A 다음 굵게 표시된 부분에 주의하여 문장을 해석해보세요.

1 The food was **so** delicious // **that** I ate it all.

→ 음식이 _____.

2 She studied hard // **so that** she could pass the exam.

→ 그녀는 _____ 열심히 공부했다.

3 Traveling can give **more** experiences / **than** reading.

→ 여행은 _____.

배열 영작

B 다음 우리말과 의미가 같도록 주어진 어구들을 올바르게 배열하세요.

1 그는 새 차를 사기 위해 돈을 저축했다. (that / he / so / buy / could / a new car)

→ He saved money _____.

2 소음이 너무 성가셔서 나는 집중할 수 없었다. (that / concentrate / I / couldn't / so / annoying)

→ The noise was _____.

3 우리 새집은 예전 집보다 더 큰 뒷마당을 가지고 있다. (than / larger / the old one / backyard / a)

→ Our new house has _____.

조건 영작

C 다음 우리말과 의미가 같도록 주어진 단어를 사용하여 문장을 완성하세요.

1 그는 감기에 걸리지 않도록 코트를 입었다. (catch a cold, so, would)

→ He wore a coat _____.

2 오래된 책은 대개 새 책보다 더 많은 지혜를 담고 있다. (wisdom, newer books, contain)

→ Older books often _____.

3 퍼즐이 너무 어려워서 그것을 푸는 데 몇 시간이 걸렸다. (take, hours, hard, it)

→ The puzzle was _____ to solve.

B 2 concentrate 동 집중하다 annoying 형 짜증스러운   **C 2** wisdom 명 지혜 contain 동 ~이 들어[함유되어] 있다

TRUTHS & WONDERS

Nature

거름을 재활용해 에너지를 만들 수 있어요!

"메탄 양을 줄이는 데 효과적이에요."

소는 우리에게 우유와 고기를 주는 없어서는 안 되는 동물이지만, 동시에 지구온난화를 악화시키는 범인이기도 해요! 소의 트림과 방귀에서 엄청난 양의 메탄이 발생하고, 소의 거름이 모이면 그 안에 사는 미생물들이 계속 메탄가스를 생산해 내거든요. 이런 문제를 해결하기 위해, 사람들은 소가 만드는 메탄가스를 재활용하는 방법을 찾아냈어요. 바로 소의 거름으로부터 발생하는 메탄가스를 에너지로 전환하는 발전소를 만드는 것이었어요. 미국 내 우유 생산지 1위 주(州)로, 소를 많이 기르는 캘리포니아주는 거름 에너지 발전소를 경제적으로 지원하기 시작했으며, 이로 인해 매년 약 50만 대의 승용차가 발생시키는 메탄 양을 줄일 수 있다고 해요.

Body & Health

당뇨 치료법은 곰에서 찾을 수 있어요!

"곰은 당뇨에 걸리지 않는다고요?"

비만인 사람은 상대적으로 당뇨에 걸리기 쉬운 반면, 뚱뚱해도 당뇨에 걸리지 않는 동물이 있어요. 바로 겨울잠을 자는 곰이에요! 곰은 겨울잠에 들어가기 전에, 매일 수천 칼로리를 섭취하고 온몸에 지방을 저장하지만 당뇨에 걸리는 일은 거의 없다고 해요. 이에 미국 워싱턴주립대 과학자들은 의문을 품고 그 이유를 연구하기 시작했어요. 연구 결과, 곰의 지방세포는 사람의 지방세포와 달리, 인슐린의 기능을 떨어뜨리지 않는다고 해요. 지방세포가 인슐린의 기능을 떨어뜨릴 때는 'PTEN'이라는 단백질이 활성화되는데, 곰의 지방세포에서는 이 단백질의 활성이 나타나지 않아요. 연구자들은 이 연구 결과를 바탕으로 인간의 당뇨 문제를 해결하고자 해요.

Unit
10

28

Environment

단어 수 [140 150 **151** 160]

There are few places on Earth as ⓐ <u>remote</u> as Trindade island, needing a three- or four-day boat trip off the coast of Brazil. The island is home to rare animals and a place with almost no humans. _____, in 2019, *geologist Fernanda Avelar Santos found something ⓑ <u>unusual</u> there: strange blue-green rocks! She was curious about them and took some back to her lab.

After analysis, she realized these weren't ⓒ <u>ordinary</u> rocks, but a mix of natural rock material and plastic trash. 🖊 Santos found that ocean currents **had carried and piled** plastic trash like fishing nets and bottles to the island. Under the hot sun, this plastic melted and stuck to the beach, forming these unique rocks.

Santos's discovery shows human impact on even ⓓ <u>near</u> areas. She said, "These plastic rocks are evidence of how human actions are changing natural processes. They will leave a lasting ⓔ <u>mark</u> in Earth's **geological record."

*geologist 지질학자
**geological 지질학의

1일 1문장 🖉

Santos found // that ocean currents **had carried** [and] **(had) piled** plastic trash ~.
　주어　　동사　　　　　　주어′　　　　　　　　　　동사′　　　　　　　목적어′

해석 TIP 과거완료 「had+과거분사(p.p.)」는 과거(found)보다 더 이전에 일어난 일을 나타낼 때 쓰여요.
'~했다'라고 해석할 수 있어요.

✔ **해석** Santos는 해류가 ~ 플라스틱 쓰레기를 실어 나르고 쌓았다는 것을 알아냈다.

#시제 #과거완료 #had p.p.

1 **연결어**
글의 빈칸에 들어갈 말로 가장 알맞은 것은?

① Likewise
② Furthermore
③ However
④ Therefore
⑤ In other words

2 **어휘 파악**
글의 밑줄 친 ⓐ~ⓔ 중, 단어의 쓰임이 알맞지 <u>않은</u> 것은?

① ⓐ   ② ⓑ   ③ ⓒ   ④ ⓓ   ⑤ ⓔ

3 **내용 요약**
글의 내용과 일치하도록 빈칸에 알맞은 말을 본문에서 찾아 쓰세요.

> Rocks made from ⓐ _____ trash show the serious human
> ⓑ _____ on even the most remote natural environments.

4 **1일 1문장**
다음 굵게 표시된 부분에 주의하여 문장의 해석을 완성하세요.

I was shocked // that somebody **had stolen** my bike / during the
night.

→ 나는 충격받았다 // _____ / 밤 동안.

Knowledge ✚

새로운 지질시대, 인류세 (Anthropocene)

네덜란드의 화학자 폴 크뤼천 (Paul Crutzen)은 지구의 새로운 지질시대로서 인류세를 제안했다. 이것은 인류가 지질학과 생태계에 영향력을 미치기 시작한 이후의 시대를 가리킨다. 주요 특징으로는 산업화로 인한 대기, 물, 토양의 오염, 생물 다양성의 감소와 같은 환경 변화, 대규모의 농업 활동과 도시화로 인한 자연 생태계 변화 등이 있다. 인류세는 공식적인 지질시대는 아니지만, 많은 과학자들이 환경을 보호하고 지속 가능한 발전을 해야 하는 이유를 강조하는 데 사용하고 있다.

W◉rds

- **remote** 형 외진, 외딴
- **coast** 명 해안
- **curious** 형 궁금한, 호기심이 많은
- **lab** 명 실험실 (= laboratory)
- **analysis** 명 분석
- **realize** 동 깨닫다
- **ordinary** 형 평범한, 보통의 (= usual)
- **mix** 명 혼합물, 섞인 것
- **natural** 형 자연의
- **material** 명 물질
- **trash** 명 쓰레기 (= waste)
- **current** 명 (물의) 흐름, 해류
- **pile** 동 쌓다
- **fishing net** 어망, 그물
- **melt** 동 녹다, 녹이다
- **stick** 동 달라붙다, 붙이다 (stick-stuck-stuck)
- **form** 동 형성하다
- **unique** 형 독특한
- **impact on** ~에 미치는 영향
- **evidence** 명 증거
- **process** 명 과정
- **lasting** 형 지속적인
- **mark** 명 자국, 흔적
- **record** 명 기록

[문제]
4 **steal** 동 훔치다 (steal-stole-stolen)

29

Universe

단어 수 ▭▭▭▭ 160
140   150   160

NASA's space robot called the Perseverance rover has recorded sounds on Mars since its landing in February 2021. Scientists analyzed some of these recordings. For the first time, humans could hear sounds from another planet!

Scientists found that the speed of sound on Mars is slower than on Earth. On Earth, sound travels at a speed of 343 meters per second. On Mars, it travels

at around 240 meters per second. This is because Mars' thin atmosphere of mostly *carbon dioxide doesn't carry sound very well. ✏ **If** someone **spoke** next to you, their voice **would sound** so quiet.

They also found that higher-pitched sounds can be heard slightly faster on Mars. If an orchestra played on Mars, you would hear the violins first and the **double bass later. This means they wouldn't be able to create _____ as they do on Earth.

Measuring the speed of sound can give scientists a better way to learn about Mars' atmosphere and environment.

*carbon dioxide 이산화탄소
**double bass 더블 베이스 ((현악기 가운데 가장 크면서, 가장 낮은 음역의 악기))

1일 1문장 ✏

If someone **spoke** next to you, // their voice **would sound** so quiet.
접속사 주어′   동사′   수식어′   주어   동사   보어

해석 TIP 「If+주어′+동사의 과거형/were ~, 주어+would/could+동사원형 ....」은 '(만약) ~라면 …할 텐데'라고 해석해요.
'현재'나 '미래'에 일어날 가능성이 거의 없는 일을 가정하거나 상상할 때 쓰여요.

✅ **해석** 만약 누군가가 여러분 옆에서 말을 한다면, 그들의 목소리는 매우 작게 들릴 것이다.

#가정법 #if 가정법 과거

1 글의 주제로 가장 알맞은 것은?

① how robots record sounds on Mars
② how sounds travel from Mars to Earth
③ pitches of sound that are heard on Mars
④ why Earth's atmosphere is thicker than Mars
⑤ how and why sound travels differently on Mars

2 글의 내용을 **잘못** 이해한 사람은?

① 혜진: 화성의 소리는 지구보다 느리게 이동해.
② 은우: 화성의 대기는 대부분 이산화탄소로 이루어져 있어.
③ 지훈: 화성에서는 가까이서 말해도 매우 작게 들려.
④ 다빈: 화성에서 높은 음은 낮은 음보다 속도가 느려.
⑤ 예서: 화성에서는 더블 베이스보다 바이올린 소리가 먼저 들려.

3 글의 빈칸에 들어갈 말로 가장 알맞은 것은?

① speeds   ② noise
③ harmony   ④ peace
⑤ recordings

4 글의 내용과 일치하도록 빈칸에 알맞은 말을 본문에서 찾아 쓰세요.

> Scientists are **ⓐ** _____ the speed of sound on Mars.
> Because of Mars' thin **ⓑ** _____, the speed of sound
> there is slower than on Earth.

5 다음 굵게 표시된 부분에 주의하여 문장의 해석을 완성하세요.

If I **spoke** English well, // I **would help** the foreign tourists.

→ _____, // 외국인 관광객들을 도와줄 텐데.

W⦿rds

- record 통 녹음하다
  cf. **recording** 명 녹음(된 것)
- **Mars** 명 화성
- **landing** 명 상륙; 착륙
- **analyze** 통 분석하다
- planet 명 행성
- travel 통 이동하다; 여행하다
- per 전 ~마다
- thin 형 (기체 등이) 엷은, 희박한
  (↔ thick 두꺼운)
- atmosphere 명 대기
- mostly 부 대부분
- pitch 통 (음을 특정 높이로) 내다
  명 음의 높이
- slightly 부 약간, 조금
- orchestra 명 관현악단, 오케스트라
- be able to-v ~할 수 있다
- measure 통 측정하다, 재다

[문제]
5 foreign 형 외국의

An elderly lady named Oseola McCarty had spent her whole life doing laundry for others and saved more than $250,000. (A) McCarty distributed one coin to her church, three coins to her cousins, and the remaining six to the University of Southern Mississippi. 📎 (B) The banker gave her 10 coins, **each worth 10 percent of her savings**, and asked her to divide the coins. (C) One day, she wanted to donate her money, so she asked for help from a small-town banker.

She donated $150,000 to the university for African American students who couldn't afford college fees. "I want them to have an education. I had to work hard all my life. They can have the chance that I didn't have," said McCarty.

Today, those who donate to the university are part of a group known as the McCarty *Legacy Society. The group's symbol is a tree with six coins at the end of its branches. It symbolizes McCarty's generous contribution to the university.

*legacy 유산, 이어받은 것

1일 1문장 🖋

The banker gave her *10 coins*, / **each worth 10 percent of her savings**, // ~.

해석 TIP 명사나 대명사 뒤에 보충 설명이 콤마로 이어지는 「A+콤마(,)+B」는 'A는 B인데, B인 A'로 해석할 수 있어요. A와 B가 같은 대상을 가리켜요.

✅ **해석** 그 은행가는 그녀에게 각 동전이 그녀의 저축액의 10퍼센트만큼 가치가 있는 동전 10개를 주었고, ~.

#특수 구문 #동격

1 **What is the best order of the sentences (A)~(C)?**

① (A) - (C) - (B)   ② (B) - (A) - (C)

③ (B) - (C) - (A)   ④ (C) - (A) - (B)

⑤ (C) - (B) - (A)

2 **Which is NOT true about "Oseola McCarty" according to the passage?**

① She did laundry for others during her life.

② She donated 10 percent of her savings to the church.

③ She got 10 coins from the banker.

④ She once had the chance to go to college.

⑤ She donated $150,000 to a university.

3 **What does the underlined <u>They</u> refer to in the passage? Write it in Korean.**

_____

4 **Fill in the blanks with the words from the passage.**

> The McCarty Legacy Society's **a** _____ is a tree with six coins. It represents the six coins that McCarty donated for students who couldn't **b** _____ college fees.

5 **Fill in the blank with the Korean translation.**

The book, / **a gift from my grandfather**, / is very special to me.

➜ _____ / 내게 매우 특별하다.

Words

- **elderly** [형] 연세가 드신
- **spend A v-ing** A를 ~하는 데 쓰다[보내다] (spend-spent-spent)
- **whole** [형] 전체의, 전부의
- **do laundry** 빨래하다
- **distribute A to B** A를 B에게 분배하다[나누어 주다]
- **remaining** [형] 남아 있는
- **university** [명] 대학교
  cf. **college** [명] 대학
- **southern** [형] 남쪽에 위치한
- **banker** [명] 은행가
- **worth** [형] ~의 가치가 있는
- **saving** [명] 저축한 돈, 저금
- **divide** [동] 나누다
- **donate** [동] 기부하다, 기증하다
- **ask for** ~을 요청하다
- **African American** 아프리카계 미국인
- **afford** [동] ~할 여유가 되다
- **fee** [명] 요금, 납부금
- **education** [명] 교육
- **have to-v** ~해야 한다
- **society** [명] 협회, 단체
- **symbol** [명] 상징; 기호
  cf. **symbolize** [동] 상징하다
- **branch** [명] 나뭇가지
- **generous** [형] 후한, 너그러운
- **contribution** [명] 기여, 공헌

[문제]
2 once [부] (과거) 한때, 언젠가
4 represent [동] 나타내다, 상징하다

Review

문맥 파악

A 다음 괄호 안에서 알맞은 단어를 고르세요.

1 The kids are always (curious / thin) about new things.

2 There's no admission (fee / lab) for the park on weekdays.

3 We had to (record / measure) the room before buying furniture.

4 His (remote / generous) tip made the taxi driver smile.

유의어 찾기

B 다음 밑줄 친 단어와 비슷한 의미의 단어를 고르세요.

1

> The weather was <u>ordinary</u> for this time of year.

① remaining   ② usual   ③ unique   ④ lasting   ⑤ whole

2

> Don't forget to recycle your plastic <u>trash</u>.

① mark   ② symbol   ③ material   ④ evidence   ⑤ waste

문장 완성

C 다음 빈칸에 알맞은 단어를 〈보기〉에서 찾아 쓰세요.

보기				
branch	mix	analysis	current	atmosphere

1 I used a long stick to reach the high tree _____.

2 The _____ of the experiment's results was surprising.

3 The boat was carried away by the powerful ocean _____.

4 The spacecraft entered the Earth's _____.

A **2** admission 명 입장 weekday 명 평일 **3** furniture 명 가구 **C 1** reach 동 ~에 이르다, 닿다 **2** experiment 명 실험 **3** carry away ~을 휩쓸어 가다 **4** spacecraft 명 우주선

문장 해석

A 다음 굵게 표시된 부분에 주의하여 문장을 해석해보세요.

1 John was sad // that he **had missed** the concert.

→ John은 슬펐다 // _____.

2 If they **studied** harder, // they **would pass** the exam.

→ _____, // 시험에 합격할 텐데.

3 The cafe, **my favorite place**, / is located near my house.

→ _____, / 우리 집 근처에 위치해 있다.

배열 영작

B 다음 우리말과 의미가 같도록 주어진 어구들을 올바르게 배열하세요.

1 내 친구는 재능 있는 음악가인데, 오늘 밤 콘서트에서 공연할 것이다. (musician / my friend / a / talented)

→ _____, _____, will perform at the concert tonight.

2 만약 내가 진실을 안다면, 다르게 행동할 텐데. (the truth / I / knew / if)

→ _____, I would act differently.

3 우리는 케이크가 부엌에서 없어진 것을 발견했다. (disappeared / the cake / had)

→ We found that _____ from the kitchen.

조건 영작

C 다음 우리말과 의미가 같도록 주어진 단어를 사용하여 문장을 완성하세요.

1 만약 내가 슈퍼히어로로라면, 나는 사람들을 위험에서 구해줄 텐데. (people, will, save)

→ If I were a superhero, _____ from danger.

2 나는 집에 가는 길에 나의 새 이웃인 Harry를 봤다. (neighbor, new)

→ I saw _____, _____, on my way home.

3 그녀는 친구들이 자신의 생일을 기억해 줘서 기뻤다. (remember, birthday, her friends, had)

→ She was pleased that _____.

A 3 located 형 ~에 위치한   **B 1** musician 명 음악가 talented 형 재능이 있는 perform 동 연주[공연]하다   **2** differently 부 다르게   **C 3** pleased 형 기쁜

Questions & Answers

Q **기후변화가 실제로 지구의 식량 위기를 일으킬 수 있나요?**

A 환경오염이 점점 심해짐에 따라, 지구의 기후는 변하고 있어요. 보통 지구의 온도가 1도씩 높아질 때마다 식량 생산량은 3~7%가량 낮아진다고 해요. 최근에 식량 가격은 전 세계적으로 30% 이상 올랐고, 앞으로 가격이 더 오른다면 지금보다 훨씬 더 많은 사람이 기아 문제를 겪게 될지도 몰라요. 세계 식량의 날인 10월 16일에는 우리가 이 식량 위기를 해결하기 위해 어떤 노력을 하면 좋을지 생각해 보는 것은 어떨까요?

Q **지구의 온도가 1.5도 이상 더 오르면 안 된다고요?**

A 현재 지구의 온도는 급속도로 오르고 있어요.

27차 유엔 기후변화 협약 회의에서 유엔(UN) 사무총장은 "우리는 가속 페달을 밟으면서 기후 지옥으로 향하는 고속도로를 달리고 있습니다."라고 말하기도 했어요. 지구 온도가 1.5도 이상 더 오르면, 폭염, 폭우, 가뭄, 홍수, 해수면 상승 등과 같은 문제로 우리는 더 이상 지구에서 살 수 없을 거라고 해요! 돌이킬 수 없는 강을 건너기 전에, 하루빨리 전 세계가 힘을 합쳐 지구온난화를 막아야 해요.

Q **지구온난화가 오히려 겨울을 더 춥게 만들 수 있나요?**

A 매년 기록적인 한파와 폭설이 전 세계적으로 발생하고 있어요. 2022년에 미국 중부 지역에서는 '폭탄 사이클론'이라는 겨울 폭풍이 몰아쳐, 일부 주(州)에서 영하 50도의 기온을 기록하기도 했어요. 이로 인해 도로가 막히고 5천편 이상의 비행기가 결항되었어요. 이 현상은 북극 주변을 돌고 있는 차가운 공기 덩어리인 '극소용돌이'가 아래쪽으로 내려왔기 때문에 일어났어요. 지구온난화는 '극소용돌이'를 막아주는 제트기류를 약하게 만들어서, 많은 나라들이 이례적인 강추위를 겪고 있어요. 지구온난화가 심해지면 우리의 겨울은 앞으로 더 추워질지도 몰라요!

Unit
11

Do you think we can build structures on Mars? Surprisingly, sending just one brick there could cost $2 million! That's why scientists in the U.K. invented "StarCrete." It's concrete made from a special combination of space dust, salt, and potato *starch. Imagine making houses on Mars from potatoes — it sounds like a funny science fiction story, but it could happen!

StarCrete is unique because it uses starch as a glue. (①) This "space concrete" is twice as strong as the concrete we use on Earth. (②) Everything we send to space, like satellites or building materials, needs to be light. (③) 🖉 **The heavier it is, the more** it costs to send up there. (④) That's why StarCrete is great for space missions. (⑤) Just 25 kilograms of dried potatoes could be used to produce about 500 kilograms of StarCrete! Since StarCrete won't need any additional technology or equipment, astronauts' missions could be simpler and cheaper.

*starch 녹말가루, 전분

1일 1문장 🖉

The heavier it is, // **the more** it costs / to send up there.
　　보어1　　주어1 동사1　　수식어2　주어2 동사2

해석 TIP 「the 비교급+주어+동사 ~, the 비교급+주어+동사 …」는 '~하면 할수록, 더 …하다'라고 해석해요.

　　　　　　　✅ **해석** 그것이 무거우면 무거울수록, 그곳으로 올려 보내는 데 비용이 더 많이 든다.

#비교 표현 #the+비교급 ~, the+비교급 …

1 글의 흐름

다음 문장이 들어갈 위치로 가장 알맞은 곳은?

> But the best thing about StarCrete isn't just its strength.

①   ②   ③   ④   ⑤

2 세부 내용

StarCrete에 관한 글의 내용과 일치하면 T, 그렇지 않으면 F를 쓰세요.

(1) _____ 우주 먼지, 소금, 감자 전분을 재료로 하여 만들어진다.

(2) _____ 지구에서 사용하는 일반 콘크리트보다는 덜 단단하다.

(3) _____ 건조된 감자 25kg으로 약 500kg을 만들 수 있다.

3 내용 요약

글의 내용과 일치하도록 빈칸에 알맞은 말을 본문에서 찾아 쓰세요.

> StarCrete, a ⓐ _____ and lightweight concrete made from potatoes, could make building on Mars easier and ⓑ _____ .

4 1일 1문장

다음 굵게 표시된 부분에 주의하여 문장의 해석을 완성하세요.

The more exercise you do, // **the stronger** your muscles become.

→ 네가 _____, // 너의 근육은

_____ .

Words

- **structure** 명 구조(물)
- **surprisingly** 부 놀랍게도
- **brick** 명 벽돌
- **cost** 동 (값·비용이) 들다
- **invent** 동 발명하다
- **concrete** 명 콘크리트
- **combination** 명 조합, 결합
- **dust** 명 (흙)먼지
- **imagine v-ing** ~하는 것을 상상하다
- **science fiction** 명 공상 과학 소설[영화]
- **glue** 명 접착제
- **satellite** 명 (인공)위성
- **material** 명 재료, 물질
- **mission** 명 임무
- **produce** 동 생산하다, 만들어내다
- **since** 접 ~ 때문에
- **additional** 형 추가의 (= extra)
- **technology** 명 (과학) 기술
- **equipment** 명 장비
- **astronaut** 명 우주 비행사

[문제]

1 **strength** 명 내구력, 견고성; 힘
3 **lightweight** 형 가벼운, 경량의
4 **muscle** 명 근육

Australia will replace the image of Queen Elizabeth II from its 5-dollar *note, said the country's central bank. The new design will better represent Australia's history and heritage.

But why was the Queen of England's image on Australian money? A long time ago, countries such as Canada, Australia, and New Zealand were ruled by Britain. So, these countries have honored the British **monarchy by putting their image on money.

However, there's a movement in Australia to change this tradition, especially after Queen Elizabeth II passed away in 2022. Following her death, her son, King Charles III, became the British king. Despite this change, Australia has decided  not to replace the Queen's image with King Charles III's on its 5-dollar note.

Queen Elizabeth's image has been on Australian money since 1953, so a new money design will be a big change. 🖉 But it could be a chance **for Australia to be** more independent and **show** its own identity.

*note 지폐
**monarchy 군주 일가, 왕가

1일 1문장 🖉

But / it could be *a chance* [*for* Australia to be more independent / and (to) show its own identity].
= a new money design ╰ 의미상의 주어
╰ 의미상의 주어가 명사일 때는 for 뒤에 그대로 쓰면 돼요.

해석 TIP 「for+A+to-v」는 'A가 ~하다'로 해석할 수 있어요. to부정사 앞에 오는 「for+A(목적격)」는 to부정사의 동작을 행하거나 상태를 나타내는 의미상의 주어예요. 문장의 주어(it)와는 다르므로 해석에 주의하세요.

✅**해석** 하지만 그것은 호주가 더 독립적으로 되고 그것만의 독자성을 보여주는 기회일 수도 있다.

#to부정사 #의미상의 주어 #for+목적격

1 〔중심 생각〕

글의 주제로 가장 알맞은 것은?

① various designs of Australian money

② history of the British monarchy

③ challenges in creating new money designs

④ history of Australia's relationship with England

⑤ replacing Queen Elizabeth on Australian money

2 〔세부 내용〕

글을 읽고 대답할 수 <u>없는</u> 질문은?

① Why was the Queen on Australian money?

② How many countries were ruled by Britain?

③ When did Queen Elizabeth II pass away?

④ Who became the British king after Queen Elizabeth II?

⑤ How might the new note design affect Australia?

3 〔밑줄 추론〕

글의 밑줄 친 this tradition이 의미하는 것을 우리말로 쓰세요.

_____

4 〔1일 1문장〕

다음 굵게 표시된 부분에 주의하여 문장의 해석을 완성하세요.

Summer vacation is a time / **for her to relax** and **enjoy** her hobbies

→ 여름방학은 _____ 시간이다.

Knowledge ➕

영국 연방이란 무엇일까?
- 호주와 영국과의 관계

영국 연방(Commonwealth)은 영국을 비롯한 캐나다, 오스트레일리아, 뉴질랜드, 인도 등 과거 영국의 식민지였던 52개의 국가로 구성된 국제기구를 일컫는다. 이 기구는 과거 수많은 식민지를 거느리던 대영제국에 속하던 각 국가가 자치권을 갖게 되며 연방의 형식으로 발전한 것이다. 영국 연방에 소속된 대부분 국가는 과거 영국 영토였지만 지금은 독립국이며 영국을 포함한 16개국은 한때 엘리자베스 2세 영국 여왕을 국가 원수로 인정했었다.

33

Environment

단어 수 ▭▭▭ 165
140 150 160

The ozone layer is a blanket of gas high above the Earth's surface. It protects us from the sun's harmful rays, which can cause skin cancer and damage crops. This layer was destroyed by pollution, but now it's healing slowly. According to a new UN report, it will fully recover the big hole over *Antarctica in about 50 years.

In 1987, countries around the world signed the **Montreal Protocol. 🖉 It's **an agreement whose terms include** stopping the use of chemicals damaging the ozone layer. Because of that, the ozone layer is getting healthier, but it takes time. It is expected to be as healthy as it was in 1980 by the year 2066.

Scientists say this agreement is one of the biggest environmental victories for humans. Healing the ozone layer shows what's possible when everyone works together to help our planet. The director of the UN Environment Program said that healing the ozone hole has been saving two million people from skin cancer every year.

*Antarctica 남극 대륙
**Montreal Protocol 몬트리올 의정서 ((오존층 보호를 위한 국제협약))

1일 1문장 🖉

It's *an agreement* [whose *terms* include stopping the use of chemicals ~].
주어동사　　보어

해석 TIP 명사가 「whose+명사 ~」의 꾸밈을 받을 때는 '~한 (명사)'라고 해석해요.
관계대명사 whose는 절을 이끄는 접속사 역할과 his, its, their 등의 소유격 대명사를 대신하는 역할을 해요.

✔해석 그것은 ~ 화학물질의 사용을 중단하는 것을 포함하는 조건들이 있는 협약이다.

#관계대명사 #소유격 #whose

Knowledge ➕

중심 생각

1 글의 제목으로 가장 알맞은 것은?

① Ozone Hole Grows Large Again

② The Biggest Environmental Victory

③ The Slow Healing of the Ozone Layer

④ The Best Way to Heal the Ozone Layer

⑤ How the Ozone Layer Affects Skin Cancer

지역마다 다른 오존층의 두께

오존층은 많은 사람들의 생각과는 달리 두께가 균일한 층이 아니다. 위도에 따라서 오존층의 두께 및 밀도에 차이가 있는데, 적도에 가까울수록 밀도가 높고 두께가 두꺼우며, 극에 가까울수록 밀도가 낮고 두께가 얇다고 한다. 이는 오존이 태양의 자외선과 산소가 반응하며 주로 생산되기 때문인데, 내리쬐는 태양 자외선의 양이 위도에 따라 다르기 때문에 일어나는 현상이다.

세부 내용

2 글의 내용과 일치하지 <u>않는</u> 것은?

① 오존층은 태양이 작물에 피해를 주는 것을 막아준다.

② 1987년에 전 세계 국가들이 몬트리올 의정서에 서명했다.

③ 오존층은 2066년 이전에 완전히 복구될 것이다.

④ 과학자들은 몬트리올 의정서를 환경적 승리로 여긴다.

⑤ 오존층의 치유는 매년 피부암을 예방하고 있다.

내용 요약

3 글의 내용과 일치하도록 빈칸에 알맞은 말을 본문에서 찾아 쓰세요.

> • The ozone layer was destroyed by **a** _____ .

⬇

> • To heal the ozone layer, countries around the world made an **b** _____ .
> • They agreed to stop using chemicals that were **c** _____ to the ozone layer.

⬇

> • The ozone layer is getting healthier, although it takes time.

1일 1문장

4 다음 굵게 표시된 부분에 주의하여 문장의 해석을 완성하세요.

She's the singer // **whose voice** is very unique.

➔ 그녀는 _____ .

Words

문맥 파악

A 다음 괄호 안에서 알맞은 단어를 고르세요.

1 The old house had a wooden (structure / mission).

2 The old train station (recovers / represents) the city's long history.

3 Please (sign / rule) your name at the bottom of the page.

4 The artist expresses his (director / identity) through his work.

유의어 찾기

B 다음 밑줄 친 단어와 비슷한 의미의 단어를 고르세요.

1
> Please provide <u>additional</u> details about the event.

① central   ② simple   ③ possible   ④ extra   ⑤ special

2
> They plan to <u>honor</u> the best student with an award.

① heal   ② respect   ③ affect   ④ include   ⑤ replace

문장 완성

C 다음 빈칸에 알맞은 단어를 〈보기〉에서 찾아 쓰세요.

| 보기 |
| imagine   chemicals   surface   equipment   destroy |

1 They rented camping _____ for their trip.

2 The sun's rays warmed the _____ of the road.

3 Can you _____ living on another planet?

4 Sunscreen contains _____ that protect your skin.

A 1 wooden 형 나무로 된   **3** at the bottom of ~의 바닥에, ~의 맨 아래에   **4** express 동 표현하다   **B 1** detail 명 세부 사항   **2** award 명 상
C 1 rent 동 빌리다   **4** sunscreen 명 자외선 차단제   contain 동 ~이 들어 있다

문장 해석

A 다음 굵게 표시된 부분에 주의하여 문장을 해석해보세요.

1 She prepared snacks / **for the kids to eat** / during the trip.

→ 그녀는 _____ 준비했다 / 여행 동안.

2 This is the book // **whose author** is well-known.

→ 이것은 _____.

3 **The longer** the shadow is, // **the lower** the sun is in the sky.

→ _____, // 해는 하늘에서 더 낮게 있다.

배열 영작

B 다음 우리말과 의미가 같도록 주어진 어구들을 올바르게 배열하세요.

1 나는 가사가 의미 있는 노래를 좋아한다. (meaningful / whose / are / lyrics)

→ I like the song _____.

2 네가 더 자주 웃으면 웃을수록, 너는 더 행복해질 것이다. (smile / the / often / you / more)

→ _____, the happier you'll be.

3 그는 신선한 공기가 들어오도록 창문을 열었다. (for / come in / to / fresh air)

→ He opened a window _____.

조건 영작

C 다음 우리말과 의미가 같도록 주어진 단어를 사용하여 문장을 완성하세요.

1 Cathy는 그녀의 아들이 핼러윈에 입을 의상을 만들었다. (son, wear)

→ Cathy made a costume _____ on Halloween.

2 우리는 감독이 상을 받은 영화를 보았다. (the movie, win, director, an award)

→ We watched _____.

3 방이 깨끗하면 깨끗할수록, 너는 더 편안하게 느낀다. (comfortable, clean, feel)

→ _____ the room is, _____.

A 2 author 몡 저자, 작가 well-known 혱 잘 알려진, 유명한 **3** shadow 몡 그림자 **B 1** meaningful 혱 의미 있는 lyric 몡 (노래의) 가사
C 1 costume 몡 의상, 복장 **3** comfortable 혱 편안한

Interesting World

행복한 스웨덴을 만드는 피카(Fika)와 라곰(Lagom)

스웨덴은 전 세계에서 행복지수가 높은 나라로 알려져 있어요. 스웨덴에는 그들만의 독특한 문화가 있는데요. 먼저 피카(Fika) 라고 불리는 커피 타임이 있어요. 피카는 스웨덴 사람들이 매일 가족, 친구, 또는 직장 동료들과 함께 커피와 디저트를 즐기는 시간이에요. 주로 오전에 한 번 그리고 오후에 한 번, 짧게는 10분에서 길게는 30분까지 이루어져요. 피카는 단순히 커피를 마시는 것이 아니라, 주위 사람들과 대화를 나누고 소통하는 시간을 갖는다는 것에 중점이 있어요.

또한, 스웨덴에는 라곰(Lagom)이라는 또 하나의 독특한 문화가 있는데요. 라곰은 스웨덴어로 '적당한', '충분한', 그리고 '딱 알맞은'을 뜻하는 말로 일과 생활의 균형을 추구하는 스웨덴의 라이프 스타일을 나타내요. 더 많은 돈을 벌기 위해 개인의 삶을 희생하거나, 일에 치중하기보다는 삶의 작은 성취에 만족하고, 소박하지만 여유롭고 행복하게 살자는 의미예요! 스웨덴 사람들처럼 피카와 라곰을 즐기며 여유로운 시간을 가져 본다면, 우리도 조금은 더 행복해지지 않을까요?

Unit 12

34

Nature

  145

You've heard of black holes, but what about blue holes? Blue holes are underwater caves that look like deep, dark circles in the sea. The deepest one is about 300 meters deep!

Scientists are really interested in blue holes because they are full of different kinds of sea life. Scientists once discovered two dead *smalltooth

sawfish there, which are an endangered species. _____(A)_____, the holes show how the sea and marine life have changed over time. It is believed that blue holes were formed thousands of years ago when sea levels were much lower.

✎ **Since submarines cannot be sent down**, explorers must enter the blue holes. That can be extremely dangerous. For example, in one of the blue holes, more than 100 divers have died. _____(B)_____, proper training and equipment are necessary to carry out research in a blue hole. The unique environment makes these underwater caves one of the least studied natural wonders today.

*smalltooth sawfish 작은 이빨 톱상어

1일 1문장 ✎

Since <u>submarines</u> <u>cannot be sent down</u>, // <u>explorers</u> <u>must enter</u> <u>the blue holes</u>.
　　주어′　　　　동사′　　　수식어′　　주어　　　동사　　　목적어
　　　　　〈이유〉　　　　　　　　　　　　　　　　〈결과〉

해석 TIP 「since+주어+동사 ~」에서 접속사 since는 이유를 나타내는 절을 이끌어 '~ **때문에, ~여서**'라고 해석할 수 있어요. since는 '~한 이후로'라는 뜻으로도 자주 쓰이기 때문에 문맥상 알맞은 의미로 해석해야 해요.

✔**해석** 잠수함이 내려보내질 수 없기 때문에, 반드시 탐험가들이 블루 홀로 들어가야 한다.

#접속사 #부사절 #이유

124 | LEVEL 4

1 글의 주제로 가장 알맞은 것은?

① endangered species living in blue holes

② how divers can survive inside blue holes

③ how blue holes were formed in the past

④ why many scientists want to study blue holes

⑤ what makes blue holes mysterious and dangerous

연결어

2 글의 빈칸 (A), (B)에 들어갈 말로 가장 알맞은 것은?

	(A)		(B)
①	However	⋯	Therefore
②	However	⋯	Moreover
③	In addition	⋯	Otherwise
④	In addition	⋯	Therefore
⑤	In other words	⋯	Moreover

세부 내용

3 blue hole에 관한 글의 내용과 일치하지 <u>않는</u> 것은?

① 바다 아래 동굴로 깊고 어두운 원형으로 보인다.

② 가장 깊은 것의 깊이는 약 300미터이다.

③ 다양한 해양 생물로 가득하여 과학자들의 관심을 받는다.

④ 수천 년 전, 해수면이 더 높았을 때 형성됐다고 여겨진다.

⑤ 탐험을 위해서는 적절한 훈련과 장비가 필요하다.

1일 1문장

4 다음 굵게 표시된 부분에 주의하여 문장의 해석을 완성하세요.

Since the soccer game was canceled, // we took a rest at home.

→ _____, // 우리는 집에서 쉬었다.

Words

- **underwater** 〔형〕 물속의
- **cave** 〔명〕 동굴
- **be full of** ~로 가득하다
- **once** 〔부〕 (과거) 언젠가, 한때
- **endangered** 〔형〕 멸종 위기에 처한
- **species** 〔명〕 ((생물)) 종(種)
- **marine** 〔형〕 해양의, 바다의
- **over time** 시간이 지나면서
- **it is believed that** ~인 것으로 여겨지다
- **thousands of** 수천의; 무수한
- **sea level** 〔명〕 해수면 ((바닷물의 표면))
- **submarine** 〔명〕 잠수함
- **explorer** 〔명〕 탐험가
- **extremely** 〔부〕 극도로
- **diver** 〔명〕 잠수부
- **proper** 〔형〕 적절한
- **equipment** 〔명〕 장비
- **necessary** 〔형〕 필요한, 필수의
- **carry out** 수행하다
- **natural wonder** 경이로운 자연 경관
  cf. **wonder** 〔명〕 경이(로운 것), 불가사의

[문제]

1 **survive** 〔동〕 살아남다, 생존하다
  mysterious 〔형〕 불가사의한, 신비한

4 **cancel** 〔동〕 취소하다

35
Technology

단어 수 | 158 |
140 150 160

Lidar technology — short for *Light Detection and Ranging* — is changing how we explore history. Lidar works by sending *laser beams from a helicopter down to the ground. Then, it measures how long it takes for the beams to bounce back to a sensor. This creates detailed 3D maps fast. ✎ Lidar is really helpful because it can see through trees and make clear pictures of what's below. This way, scientists and explorers can discover new things about our world and history (A) with / without digging up everything.

In archaeology, Lidar helps to find ancient buildings and roads (B) exposed / hidden under forests or deep in the jungle. Before Lidar, ancient sites took years to dig up. But now, 3D maps for the places can be made in less than a day. In the U.K., an archaeologist used Lidar data to find Roman roads hidden for centuries. Lidar just might be the best way to find new stories from the human (C) future / past.

*laser beam 레이저 광선

1일 1문장 ✎

~ // because it can see through trees / and make clear *pictures* [of **what**'s below].
　　　주어' 동사'1　　　수식어'1　　　동사'2　　목적어'2　　= of **the thing that** is below

해석 TIP 관계대명사 what이 이끄는 절은 명사처럼 쓰여 문장의 주어, 목적어, 보어 역할을 하는데, 전치사의 목적어로도 쓰일 수 있어요. '~하는 것(들)'로 해석하면 돼요.

✔**해석** 그것은 나무들을 관통해서 볼 수 있고 아래에 있는 것의 선명한 그림들을 만들어 낼 수 있기 때문에 ~.

#관계대명사 #what

1 (A), (B), (C)의 각 네모 안에 들어갈 말이 알맞게 짝지어진 것은?

	(A)		(B)		(C)
①	with	⋯	exposed	⋯	future
②	with	⋯	hidden	⋯	future
③	without	⋯	exposed	⋯	past
④	without	⋯	hidden	⋯	future
⑤	without	⋯	hidden	⋯	past

세부 내용

2 글의 내용과 일치하면 T, 그렇지 않으면 F를 쓰세요.

(1) _____ 라이다는 상세한 3D 지도를 빠르게 만들 수 있다.

(2) _____ 라이다는 장애물이 없는 지역에서만 사용할 수 있다.

(3) _____ 영국의 한 고고학자가 라이다 데이터를 사용하여 고대 로마의 도로를 발견했다.

내용 요약

3 글의 내용과 일치하도록 빈칸에 알맞은 말을 본문에서 찾아 쓰세요.

What is Lidar?	Lidar is a **a**＿＿＿＿＿＿＿ that makes detailed 3D maps by using laser beams.
How is Lidar used?	Archaeologists use it to find **b**＿＿＿＿＿＿＿ buildings and roads hidden under forests or deep in jungles.

1일 1문장

4 다음 굵게 표시된 부분에 주의하여 문장의 해석을 완성하세요.

He took photos // of **what** the street artist painted.

→ 그는 사진들을 찍었다 // ＿＿＿＿＿＿＿＿＿＿＿＿＿＿＿＿＿＿＿.

Words

- technology 몡 (과학) 기술
- **short for** ~을 줄인 형태의, 축약형의
- detection 몡 탐지, 발견
- range 동 범위에 이르다
- explore 동 탐험하다, 탐구하다
- measure 동 측정하다, 재다
- bounce 동 (빛·소리 등이) 반사하다; (공이) 튀다
- sensor 몡 센서, 감지기
- detailed 혱 상세한
- 3D 혱 3차원의 (= three-dimensional)
- helpful 혱 도움이 되는, 유용한
- dig up ~을 땅에서 파내다
- archaeology 몡 고고학
  cf. archaeologist 몡 고고학자
- ancient 혱 고대의
- expose 동 드러내다 (↔ hide 숨기다; 숨다)
- jungle 몡 밀림, 정글
- site 몡 현장, 장소
- **take 시간 to-v** ~하는 데 …의 시간이 걸리다
- Roman 혱 고대 로마의, 로마 제국의
- century 몡 세기, 100년

36

Life

단어 수 ▭▭▭ 165
140 150 160

You might have heard of *zombies, which seem dead but never die. (A) Instead, they stop dividing but don't die. (B) Our bodies have something similar called aging cells. (C) Normal cells are supposed to grow, divide, and eventually die, but aging cells, like zombies, don't follow this rule. They move around in our bodies. As we get older, these zombie cells increase and might become one of the reasons why we age.

Scientists in a U.S. clinic did an experiment with elderly people and discovered that we can actually remove these aging cells with medicine. ✎ Before, this method was only tested on mice, but now they know it **does work** on humans, too.

Recently, researchers are mapping these zombie cells throughout the body, including in the brain. They want to find out exactly where these cells

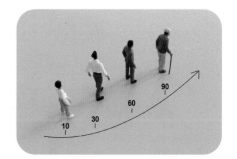

are, what they're doing, and how they can remove them effectively. Their goal is to help us stay healthier as we get older by understanding and managing these zombie cells better.

*zombie 좀비 ((종교와 공포 이야기들에 나오는 되살아난 시체))

1일 1문장 ✎

~, // but now / they know / it **does** *work* on humans, too.
　　　　　주어　동사　주어′　동사′　　수식어′　수식어′

해석 TIP 동사원형 앞에 조동사 do[does, did]가 있다면 '**정말 ~하다**'라고 해석할 수 있어요. 이때 조동사 do는 문장의 동사를 강조해 주는 역할을 해요.

✔ **해석** ~, 하지만 이제 그들은 그것이 인간에게도 정말 효과가 있다는 것을 안다.

#특수 구문 #동사 강조 do

1 **What is the best title for the passage?**

① How to Slow Aging Effectively

② Side Effects of Stopping Aging

③ Dangers of the Increase in Zombie Cells

④ Amazing Cells that Slow Down Aging

⑤ Understanding Zombie Cells in Human Aging

2 **What is the best order of the sentences (A)~(C)?**

① (A) - (C) - (B)　　　② (B) - (A) - (C)

③ (B) - (C) - (A)　　　④ (C) - (A) - (B)

⑤ (C) - (B) - (A)

3 **Fill in the blanks with the words from the box.**

remove	dividing	manage	increase

Aging Cells Research

Definition	Aging cells are like zombies.
Characteristics	They stop **a** _____ and move around in the body.
Effect on Aging	Their **b** _____ might cause aging.
Research	Medicine can **c** _____ them, and this has been shown to work in both rats and humans.
Goal	Researchers are mapping them to understand and **d** _____ aging better.

4 **Fill in the blank with the Korean translation.**

She **does love** reading books / in her free time.

→ 그녀는 _____ / 그녀의 자유 시간에.

영영 뜻 파악

A 다음 단어에 해당하는 알맞은 의미를 찾아 연결하세요.

1 marine •   • ⓐ in or to every part of something

2 expose •   • ⓑ to leave something without covering or protection

3 throughout •   • ⓒ relating to the sea or the plants and animals that live in the sea

문장 완성

B 다음 빈칸에 알맞은 단어를 〈보기〉에서 찾아 쓰세요.

| 보기 |
| wonders   proper   equipment   detection   detailed |

1 We need a _____ plan for the project.

2 It's important to wear _____ shoes for hiking.

3 The Grand Canyon is one of the natural _____ of the world.

4 She developed a new method for the _____ of plant diseases.

문장 완성

C 다음 우리말과 일치하도록 빈칸에 알맞은 표현을 써보세요.

1 그 손님들은 저녁 7시에 도착하기로 되어 있다.

→ The guests _____ _____ _____ arrive at 7 p.m.

2 숲은 다양한 종류의 나무와 동물로 가득하다.

→ Forests _____ _____ _____ different types of trees and animals.

3 돌고래들은 그것들만의 언어를 가지고 있다고 여겨진다.

→ It _____ _____ _____ dolphins have their own language.

A 1 ⓒ relate to ~와 관련된   **B 2** hiking 명 하이킹, 도보 여행   **4** develop 통 개발하다 disease 명 병, 질병

문장 해석

A 다음 굵게 표시된 부분에 주의하여 문장을 해석해보세요.

1 She was happy // with **what** she received.

→ 그녀는 행복했다 // _____ .

2 He saved his money // **since** he wanted to buy a bike.

→ 그는 돈을 저축했다 // _____ .

3 I **do want** to go to the movies / with you.

→ 나는 _____ / 너와 함께.

배열 영작

B 다음 우리말과 의미가 같도록 주어진 어구들을 올바르게 배열하세요.

1 그녀는 대회에서 정말 최선을 다했다. (her / she / try / best / did)

→ _____ in the competition.

2 그는 여기서 일어나는 일에 책임이 있다. (occurs / for / here / what)

→ He is responsible _____ .

3 표가 매진되어서, 우리는 콘서트에 갈 수 없다. (are / the tickets / since / sold out)

→ _____ , we can't go to the concert.

조건 영작

C 다음 우리말과 의미가 같도록 주어진 단어를 사용하여 문장을 완성하세요.

1 밖이 너무 추워서 우리는 실내에 머물 것이다. (too cold, it, outside, since)

→ We'll stay indoors _____ .

2 이 요리의 맛은 내가 기억했던 것과 다르다. (different, remember, from)

→ The taste of this dish is _____ .

3 그녀는 네 질문에 대한 답을 정말 알고 있어. (the answer, know, do)

→ _____ to your question.

A 1 receive 동 받다　**B 1** try one's best 최선을 다하다　competition 명 대회; 경쟁　**2** be responsible for ~에 책임이 있다　**3** sold out 표가 매진된; 다 팔린
C 1 indoors 부 실내에서

DID YOU KNOW …?

화산에서도 번개가 쳐요!

    날씨가 흐린 날에 종종 번개를 볼 수 있어요. 하지만 화산에서도 번개가 친다는 사실을 알고 있었나요? 화산이 폭발할 때 화산재와 연기 사이로 내리치는 번개를 '화산 번개'라고 불러요. 화산이 폭발할 때, 0.25~2㎜ 크기의 화산재 알갱이들이 서로 부딪치며 정전기가 발생하게 되는데요. 이 정전기가 쌓이면 화산 번개가 발생하게 된다고 해요. 하지만, 화산 번개는 매우 드물게 나타나기 때문에 사진으로 담기 어려울 뿐만 아니라 연구하기도 어려워요. 특히 화산 폭발 초기에 가장 자주 발생하며, 작은 화산 분출에서 발생하는 작은 번개들은 화산재 사이에서 일어나기 때문에 관찰하기 어려운 경우가 많아요.

지구의 변화를 기록하는 인공위성, 랜드샛(Landsat)

    기후 변화, 삼림의 파괴와 같은 세계 곳곳에서 일어나는 변화를 우리는 어떻게 관찰할 수 있을까요? 이런 대규모 변화를 알아채기 위해서는 오랜 시간 같은 지역을 촬영한 데이터가 있어야 해요. 바로 이 역할을 랜드샛(Landsat)이라는 인공위성이 해주고 있어요! 1972년에 첫 번째 모델이 발사되었으며, 현재는 랜드샛 8호와 9호가 활발하게 활동 중이에요. 50년이 넘는 기간 동안 랜드샛은 기후 변화와 인간의 행동으로 인해 지구에 어떤 변화가 발생하는지 추적해왔어요. 예를 들어, 카자흐스탄과 우즈베키스탄 사이의 큰 호수였던, 아랄해(Aral Sea)가 점차 축소되는 것을 입증하는 데 필요한 데이터들을 모아주었죠. 앞으로도 랜드샛은 지구에 일어나는 변화를 파악하는 데 큰 역할을 할 것으로 보여요.

Reading Graphy Online Resources

Level 4

01. Animals	02. Places	03. People
이젠 벌도 예방접종이 필요한 시대!	태어나 처음으로 본 단풍	풍선 개는 모두를 행복하게 해

04. Fun Facts	05. Fashion	06. Art
호주 '쓰레기통 닭'의 색다른 모습!	중세 유럽 여성들의 외출 시 필수품	모네는 어디서 영감을 얻었을까?

07. Life	08. Body & Health	09. Origins
나이가 들수록 좋아지는 이것	우주여행 하다 암 걸릴라!	행운을 가져다주는 쿠키

10. Places	11. Myth	12. Science
거대한 바위 아래의 집	밤이면 찾아오는 악몽 속 존재들	몸속을 누비는 배터리

13. Psychology	14. Body & Health	15. Plants
실수해도 낙담하지 말아요	긴장될 땐 요구르트를 마셔봐!	보이는 게 다가 아니야

16. Society	17. Culture	18. History
도시들은 왜 슬로건을 만들까?	거리를 행진하는 쌍둥이들	조금은 특별한 악어 미라

19. Environment	20. Animals	21. Inventions
바다 생물의 미래가 보여요	귀여운 외모에 그렇지 못한 독성	사막 도시의 친환경 에어컨

22. Society	23. Universe	24. Psychology
뜨끈한 컴퓨터가 이것도 데워요	달에서의 임무를 위해 이것이 필수!	현재의 나 vs. 미래의 나

25. Universe	26. Nature	27. Body & Health
우주를 떠다니는 마시멜로?	농작물에도 시간이 필요해	대변의 새로운 발견

28. Environment	29. Universe	30. People
지구와 하나가 되어가는 플라스틱	화성의 소리는 지구와 달라요	한 세탁부의 따뜻한 마음

31. Science	32. Culture	33. Environment
감자는 먹기만 하는 게 아니에요	호주의 지폐에 무슨 일이?	현재 오존층의 상태는요?

34. Nature	35. Technology	36. Life
우주에는 블랙홀, 바다에는 블루 홀	땅을 파지 않아도 유적지가 보인다고요?	우리 몸속의 좀비?

1 구문 — 판매 1위 '천일문' 콘텐츠를 활용하여 정확하고 다양한 구문 학습

끊어읽기　해석하기　문장 구조 분석　해설·해석 제공　단어 스크램블링　영작하기

2 문법·서술형 — 쎄듀의 모든 문법 문항을 활용하여 내신까지 해결하는 정교한 문법 유형 제공

객관식과 주관식의 결합　문법 포인트별 학습　보기를 활용한 집합 문항　내신대비 서술형　어법+서술형 문제

3 어휘 — 초·중·고·공무원까지 방대한 어휘량을 제공하며 오프라인 TEST 인쇄도 가능

영단어 카드 학습　단어 ↔ 뜻 유형　예문 활용 유형　단어 매칭 게임

4 선생님 보유 문항 이용

 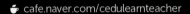

Online Test　OMR Test

cafe.naver.com/cedulearnteacher

쎄듀런 학습 정보가 궁금하다면?

쎄듀런 Cafe

· 쎄듀런 사용법 안내 & 학습법 공유
· 공지 및 문의사항 QA
· 할인 쿠폰 증정 등 이벤트 진행

쎄듀

Reading 리딩그라피
Graphy

Lexile® 800L-1000L

WORKBOOK

| Level |

4

쎄듀

독해를 바라보는 재미있는 시각

리딩그라피

Reading
Graphy

| Level |

4

WORKBOOK

01 이젠 별도 예방접종이 필요한 시대!

정답과 해설 p.85

직독직해가 쉬워지는 **구문**

☑ Reading의 필수 구문 3개를 확인한 후, 각 문장의 해석을 완성하세요.

1일 1문장 구문 「**help＋A(목적어)＋동사원형**」: A가 ～하도록[～하는 것을] 돕다

TIP 동사가 help일 때, 목적어 뒤의 목적격보어 자리에는 동사원형과 to부정사(to-v) 모두 쓰일 수 있어요.

She **helped** her little brother **learn** to ride a bike.

그녀는 _____.

구문 Plus 1 수동태 「**am/are/is＋과거분사(p.p.)**」: ～되다[～당하다, ～받다]

TIP 수동태 문장의 주어는 동작을 당하는 대상이에요.

This book **is divided** into three parts.

이 책은 _____.

구문 Plus 2 「**전치사＋동명사(v-ing) and 동명사(v-ing)**」

TIP 접속사 and로 연결되는 어구는 문법적인 성격이 같아야 하며, 전치사의 목적어로는 (대)명사 또는 동명사 (v-ing)가 올 수 있어요.

She enjoys the hobby **of painting** landscapes **and creating** art.

그녀는 _____ 취미를 즐긴다.

직독직해 Practice

☑ 각 문장의 주어에는 밑줄을, 동사에는 동그라미 해보세요.
☑ 그다음 끊어 읽기한 부분에 주의하여 빈칸에 해석을 써보세요.

1 Honeybees are important insects // because they help / plants produce fruits and seeds.

Hint 주어 2개, 동사 2개

→ _____ // _____ / _____

_____.

2 Instead of giving the bees a shot, / the medicine is mixed / into the queen bee's food.

→ _____, / _____ / _____.

3 Thanks to the vaccine, / more bees can continue their important work / of spreading pollen and producing honey.

*pollen 꽃가루

→ _____, / _____ / _____

_____.

 내신 맛보기

어휘 Practice

1 다음 단어의 의미에 해당하는 것을 찾아 연결하세요.

(1) continue ・　　　　　・ⓐ to exist no longer

(2) disappear ・　　　　　・ⓑ to bring something for the first time

(3) introduce ・　　　　　・ⓒ to do something without stopping

2 다음 밑줄 친 단어와 비슷한 의미의 단어는?

> Thousands of people die of heart <u>disease</u> each year.

① seed　　　　② insect　　　　③ illness　　　　④ climate　　　　⑤ vaccine

3 다음 밑줄 친 부분의 쓰임이 자연스러우면 ○, 그렇지 않으면 ✕로 표시하세요.

(1) <u>Spreading</u> seeds is the first step in growing plants.　　　　_____

(2) When you <u>suffer from</u> food allergies, you can eat anything.　　　　_____

(3) This is not a good <u>moment</u> to ask him questions.　　　　_____

서술형 Practice

[4-5] 배열 영작 다음 우리말과 의미가 같도록 주어진 단어를 올바르게 배열하세요.

4 이 약은 도와줄 것이다 / 네가 기침을 멈추도록.

↳ 이 약은 네가 기침하는 것을 멈추게 도와줄 것이다.

(coughing / help / will / stop / this medicine / you)

→ _____.

5 그는 ~에 대해 이야기했다 / 돈을 저축하는 것 / 그리고 그것을 쓰는 것 / 현명하게.

↳ 그는 돈을 저축하는 것과 현명하게 돈을 쓰는 것에 대해 이야기했다.

(spending / money / about / it / saving / wisely / and)

→ He talked _____.

6 조건 영작 다음 우리말과 의미가 같도록 주어진 단어를 사용하여 문장을 완성하세요.

> 매년 수천 대의 차가 그 공장에서 생산된다. (produce)

→ Thousands of cars _____ _____ at the factory every year.

O2 태어나 처음으로 본 단풍

정답과 해설 p.85

직독직해가 쉬워지는 구문

✓ Reading의 필수 구문 3개를 확인한 후, 각 문장의 해석을 완성하세요.

1일 1문장 구문 「~ 명사(선행사), who+동사 ...」: ~하다, 그리고[그런데, 하지만] 그 사람은 …

TIP 콤마(,)로 이어지는 관계대명사절은 문맥상 알맞은 '접속사+(대)명사'로 바꿔 해석하면 돼요.

Anna, **who** writes novels, published her latest book.

Anna는 _____, 그녀의 최신 책을 출판했다.

구문 Plus 1 「the+형용사의 최상급+명사(+that)+주어+have/has ever+과거분사(p.p.)」:

지금까지 …한 중에 가장 ~한/~하게

TIP 자주 쓰이는 최상급 표현으로, 명사 뒤에 오는 that은 자주 생략되는 목적격 관계대명사예요.

This is **the most interesting book I've ever read** in my life.

이것은 지금까지 내 인생에서 _____.

구문 Plus 2 수동태 「was/were+과거분사(p.p.)」: ~되었다[~당했다, ~받았다]

TIP 수동태의 과거는 be동사의 과거형 was/were를 사용해서 나타내요.

The building **was destroyed** by a fire last night.

그 건물은 어젯밤 화재로 _____.

직독직해 Practice

✓ 각 문장의 주어에는 밑줄을, 동사에는 동그라미 해보세요.

✓ 그다음 끊어 읽기한 부분에 주의하여 빈칸에 해석을 써보세요.

1 Van Lew, // who has been colorblind her whole life, / looked through one of these special viewfinders. **Hint** 주어 1개, 동사 2개   *viewfinder 뷰파인더

→ _____, // _____, / _____

_____.

2 She said, // "It's the most beautiful thing // I've ever seen in my life." **Hint** 주어 3개, 동사 3개

→ _____, // " _____ // _____

_____."

3 ~, / a viewfinder was also installed / at a park in Virginia.

→ ~, / _____ / _____.

어휘 Practice

1 다음 짝지어진 단어끼리 같은 관계가 되도록 빈칸에 알맞은 단어를 쓰세요.

colorblind : color blindness = different : _____

2 다음 빈칸에 공통으로 들어갈 단어로 가장 알맞은 것은?

- He made a _____ spelling mistake.
- The team worked hard to achieve the _____ goal.

① state ② clearly ③ whole ④ common ⑤ through

3 다음 우리말과 의미가 같도록 빈칸에 주어진 철자로 시작하는 단어를 쓰세요.

(1) 눈을 감고 네가 숲에 있다고 상상해 봐.

→ Close your eyes and i_____ you're in a forest.

(2) 많은 사람들은 일상에서 스트레스를 경험한다.

→ Many people e_____ stress in their daily lives.

서술형 Practice

[4-5] 배열 영작 다음 우리말과 의미가 같도록 주어진 단어를 올바르게 배열하세요.

4 그 도로는 설계되었다 / 마을을 연결하기 위해 / 도시로.
   ↳ 그 도로는 마을과 도시를 연결하기 위해 설계되었다.

(to the city / the village / was / to connect / the road / designed)

→ _____.

5 그 선생님은, / 30년 동안 가르쳐 오셨다, / 그런데 그분은 은퇴하실 것이다 / 다음 달에.
   ↳ 그 선생님은 30년간 가르쳐 오셨는데, 그분은 다음 달에 은퇴하실 것이다.

(taught / the teacher / will retire / who / for 30 years / has)

→ _____, _____, _____ next month.

6 조건 영작 다음 우리말과 의미가 같도록 주어진 단어를 사용하여 문장을 완성하세요.

그는 내 인생에서 만난 가장 친절한 사람이다. (meet, person, kind)

→ He's _____ _____ _____ I've ever _____ in my life.

○3 풍선 개는 모두를 행복하게 해

직독직해가 쉬워지는 구문

✓ Reading의 필수 구문 3개를 확인한 후, 각 문장의 해석을 완성하세요.

1일 1문장 구문 「one of the＋형용사의 최상급＋복수명사」: 가장 ～한 …중 하나

This is **one of the most beautiful parks** in the city.

이곳은 도시에서 _____.

구문 Plus 1 「～ 명사(선행사), who＋동사 …」: ～하다, 그리고[그런데] 그 사람은 …

TIP 계속적 용법으로 쓰인 관계대명사는 문맥상 알맞은 '접속사＋대명사'로 바꿔 쓸 수 있어요.

This is Sarah, **who** works in the library.

이 사람은 Sarah인데, _____.

구문 Plus 2 「～ 명사(선행사), which＋동사 …」: ～하다, 그리고[그런데] 그것은 …

TIP 관계대명사 that은 콤마(,) 뒤에 올 수 없는 것에 주의하세요.

I bought a new tablet PC, **which** is perfect for my online classes.

나는 새 태블릿 PC를 샀는데, _____.

직독직해 Practice

✓ 각 문장의 주어에는 밑줄을, 동사에는 동그라미 해보세요.

✓ 그다음 끊어 읽기한 부분에 주의하여 빈칸에 해석을 써보세요.

1 It has become one / of the most famous works / of 20th-century art, / and was sold / for $91.1 million! Hint 주어 1개, 동사 2개

→ _____ / _____ / _____, /

_____ / _____!

2 The artist behind this sculpture / is Jeff Koons, // who has inspired / many young artists.

Hint 주어 1개, 동사 2개

→ _____ / _____, // _____ /

_____.

3 Koons also made a stainless steel rabbit, // which is one / of his most famous sculptures / from the 1980s. Hint 주어 1개, 동사 2개

→ _____, // _____ /

_____ / _____.

 내신 맛보기

어휘 Practice

1 다음 단어의 우리말 뜻이 <u>잘못된</u> 것은?

① real: 실제의   ② title: 제목을 붙이다   ③ inspire: 영감을 주다

④ modern: 고대의   ⑤ accidentally: 우연히

2 다음 우리말과 의미가 같도록 빈칸에 주어진 철자로 시작하는 단어를 쓰세요.

(1) 그 상점은 컵과 같은 일상적인 물건들을 판매한다.

→ The shop sells e＿＿＿＿＿＿ items like cups.

(2) 우리는 보드게임 할 평평한 표면이 필요하다.

→ We need a flat s＿＿＿＿＿＿ to play the board game.

3 다음 우리말과 의미가 같도록 빈칸에 알맞은 표현을 쓰세요.

> 그 행사는 다양한 문화 출신의 사람들을 모으게 할 것이다.

→ The event will ＿＿＿＿＿ people from different cultures ＿＿＿＿＿.

서술형 Practice

[4-5] 배열영작 다음 우리말과 의미가 같도록 주어진 단어를 올바르게 배열하세요.

4 나는 가지고 있다 / 자전거를, / 그런데 그것은 가지고 있다 / 부러진 안장을.

  ↳ 나는 자전거가 하나 있는데, 그것은 안장이 부러졌다.

(a broken seat / has / have / a bicycle / I / which)

→ ＿＿＿＿＿＿＿＿＿, ＿＿＿＿＿＿＿＿＿.

5 이 소설은 ~이다 / 가장 훌륭한 문학 작품 중 하나.

  ↳ 이 소설은 가장 훌륭한 문학 작품 중 하나이다.

(the greatest / of / is / works of literature / this novel / one)

→ ＿＿＿＿＿＿＿＿＿＿＿＿.

6 조건영작 다음 우리말과 의미가 같도록 주어진 단어를 사용하여 문장을 완성하세요.

> 나는 친한 친구를 만났는데, 그녀는 최근에 다른 도시로 이사했다. (friend)

→ I met a close ＿＿＿＿＿, ＿＿＿＿＿ recently moved to another city.

○4 호주 '쓰레기통 닭'의 색다른 모습!

직독직해가 쉬워지는 구문

✅ Reading의 필수 구문 3개를 확인한 후, 각 문장의 해석을 완성하세요.

1일 1문장 구문 분사구문 「주어+동사 ~, 현재분사(v-ing) ...」: ~하고 (나서), …하다

TIP 분사구문은 '~하면서, ~할 때, ~하는 동안, ~이기 때문에' 등과 같이 다양한 의미를 나타낼 수 있으므로 문맥에 맞게 해석하는 것이 중요해요.

He opened the windows, **letting** the fresh air in.

그는 창문을 열고 나서, 상쾌한 공기를 안으로 _____.

구문 Plus ① 「명사+현재분사(v-ing) ~」: ~하는, ~하고 있는 (명사)

TIP 명사를 꾸며 주는 현재분사(v-ing) 뒤에 다른 어구가 올 때는 명사 뒤에 쓰여요.

The beach was full of children **playing** in the sand.

해변은 모래에서 _____ 로 가득 차 있었다.

구문 Plus ② 「명사(선행사)+[that+주어+동사+●]」: ~하는[~한] (명사)

TIP 목적격 관계대명사가 이끄는 절 안에는 목적어가 빠져 있는데, 선행사가 관계대명사절 안에서 동사의 목적어 역할을 해요.

The hotel **that** we visited last summer had an excellent view.

우리가 _____ 멋진 전망을 갖고 있었다.

직독직해 Practice

✅ 각 문장의 주어에는 밑줄을, 동사에는 동그라미 해보세요.

✅ 그다음 끊어 읽기한 부분에 주의하여 빈칸에 해석을 써보세요.

1 The ibises flip the toads / into the air, / causing the toads / to release their poison.　*(white) ibis 흰따오기

→ _____ / _____, / _____ /

_____.

2 Farmers thought // they would help control beetles / damaging their crops. **Hint** 주어 2개, 동사 2개

→ _____ // _____ /

_____.

3 In fact, / each cane toad // that a white ibis eats / prevents the birth / of about 70,000 new toads / in

a year! **Hint** 주어 2개, 동사 2개　　　*cane toad 수수두꺼비

→ _____, / _____ // _____ /

_____ / _____ / _____!

어휘 Practice

1 다음 영영 풀이가 설명하는 단어를 〈보기〉에서 찾아 쓰세요.

> | 보기 |
> prevent   snatch   spread   release   introduce

(1) to set free: _____

(2) to stop from happening: _____

(3) to cause something to be in more places: _____

2 다음 빈칸에 공통으로 들어갈 단어로 가장 알맞은 것은?

> • The snake is the natural _____ of the frog.
> • The soldiers were prepared to attack the _____ .

① bin   ② crop   ③ poison   ④ enemy   ⑤ wildlife

3 다음 우리말과 의미가 같도록 빈칸에 주어진 철자로 시작하는 단어를 쓰세요.

> 너무 과한 햇볕은 네 피부가 거칠어지게 할 수 있다.

→ Too much sunlight can c_____ your skin to become rough.

서술형 Practice

[4-5] 배열 영작 다음 우리말과 의미가 같도록 주어진 단어를 올바르게 배열하세요.

4 (~이) 있었다 / 기다리는 많은 승객들이 / 버스 정류장에서.
  ↳ 버스 정류장에서 기다리는 승객들이 많았다.

(waiting / were / there / many passengers / at the bus stop)

→ _____ .

5 그 케이크는 / 엄마가 구워 주신 / 내 생일을 위해 / 맛이 있었다.
  ↳ 엄마가 내 생일에 구워주신 케이크는 맛있었다.

(the cake / baked / that / for my birthday / Mom)

→ _____ was delicious.

6 조건 영작 다음 우리말과 의미가 같도록 주어진 단어를 사용하여 문장을 완성하세요.

> 지진이 그 도시를 강타하여, 큰 피해를 일으켰다. (cause)

→ The earthquake hit the city, _____ great damage.

05 중세 유럽 여성들의 외출 시 필수품

직독직해가 쉬워지는 구문

✓ Reading의 필수 구문 3개를 확인한 후, 각 문장의 해석을 완성하세요.

1일 1문장 구문 「**might have p.p.(과거분사)**」: (어쩌면) ~했을 수도 있다, ~했을지도 모른다

I **might have hurt** her feelings.
나는 어쩌면 그녀의 감정을 _____.

구문 Plus 1 「**allow+A(목적어)+to부정사**」: A가 ~하도록 허락하다[~하게 두다]
TIP 이때 'A(목적어)-to부정사'는 의미상 '주어-동사'의 관계가 돼요.

My parents **allowed** me **to stay** out late last weekend.
부모님은 지난 주말에 내가 _____.

구문 Plus 2 「**not only A but (also) B**」: A뿐만 아니라 B도
TIP A와 B에는 문법적으로 같은 성격의 어구가 와야 하며, 동사가 올 경우 동사의 수와 시제가 일치해야 해요.

He **not only** completed the marathon **but also** set a new record.
그는 마라톤을 _____ 신기록도 세웠다.

직독직해 Practice

✓ 각 문장의 주어에는 밑줄을, 동사에는 동그라미 해보세요.

✓ 그다음 끊어 읽기한 부분에 주의하여 빈칸에 해석을 써보세요.

1 Without a mask, / a woman going out alone / might have caused rumors.

→ _____ , / _____ / _____ .

2 Masks also allowed women to visit places / like the market or church / without a man.

→ _____ / _____ /

_____ .

3 Masks not only gave women more freedom / but also made them mysterious / by hiding their faces. (**Hint** 주어 1개, 동사 2개)

→ _____ / _____ /

_____ .

어휘 Practice

1 다음 단어의 우리말 뜻이 <u>잘못된</u> 것은?

① hide: 숨기다, 감추다   ② whole: 전체의, 전부의   ③ various: 다양한, 여러 가지의

④ century: 1,000년   ⑤ wealthy: 부유한

2 다음 빈칸에 공통으로 들어갈 단어로 가장 알맞은 것은?

> • There was a short _____ of silence.
>
> • We will be on vacation for a _____ of two weeks.

① status   ② space   ③ reason   ④ freedom   ⑤ period

3 다음 우리말과 의미가 같도록 빈칸에 알맞은 표현을 쓰세요.

> 그 오래된 성의 벽은 두꺼운 돌로 만들어졌다.

→ The walls of the old castle are _____ _____ thick stones.

서술형 Practice

[4-5] 배열 영작 다음 우리말과 의미가 같도록 주어진 단어를 올바르게 배열하세요.

4 시간표를 확인해 봐. 그 기차는 / 어쩌면 떠났을지도 몰라 / 이미.

↳ 시간표를 확인해 봐. 그 기차는 어쩌면 이미 떠났을지도 몰라.

(left / might / the train / have)

→ Check the schedule. _____ already.

5 그 앱은 허락한다 / 사용자들이 사진들을 공유할 수 있도록 / 그들의 친구들과.

↳ 그 앱은 사용자들이 친구들과 사진을 공유할 수 있도록 해준다.

(users / allows / to share / the app / with their friends / photos)

→ _____ .

6 조건 영작 다음 우리말과 의미가 같도록 주어진 단어를 사용하여 문장을 완성하세요.

> 폭우는 소풍을 취소시켰을 뿐만 아니라 교통체증도 일으켰다. (cancel, cause)

→ The heavy rain _____ _____ _____ the picnic

_____ _____ _____ a traffic jam.

O6 모네는 어디서 영감을 얻었을까?

정답과 해설 p.87

☑ Reading의 필수 구문 3개를 확인한 후, 각 문장의 해석을 완성하세요.

1일 1문장 구문 「if+주어+동사 ~ (or not)]」: …가 ~인지 (아닌지)

TIP 접속사 if는 부사절을 이끌어 '(만약) ~한다면'의 의미로도 쓰이므로 해석에 주의하세요.

He turned the handle to check **if** the door was locked.

그는 _____ 확인하기 위해 손잡이를 돌렸다.

구문 Plus 1 「**might have p.p.(과거분사)**」: (어쩌면) ~했을 수도 있다, ~했을지도 모른다

TIP 과거의 일에 대한 가능성 또는 추측을 나타낼 때 사용해요.

It **might have rained** while we were away.

우리가 떠나 있던 동안 _____ .

구문 Plus 2 「**look+형용사**」: ~하게 보이다, ~인 것 같다

TIP 동사 look의 보어 자리에 쓰인 형용사를 부사처럼 '~하게'로 해석해야 자연스러운 경우가 많지만, 보어 자리에 부사는 쓰일 수 없는 것에 주의하세요.

The garden **looks beautiful** with the colorful flowers.

정원은 다채로운 꽃들로 _____ .

직독직해 Practice

☑ 각 문장의 주어에는 밑줄을, 동사에는 동그라미 해보세요.

☑ 그다음 끊어 읽기한 부분에 주의하여 빈칸에 해석을 써보세요.

1 The researchers looked at other sources / to check // if Monet was inspired / by air pollution.

Hint 주어 2개, 동사 2개

→ _____ / _____ // _____ / _____ .

2 A new study says // that air pollution might have inspired famous painters / like Claude Monet / to make their beautiful, dreamy paintings. Hint 주어 2개, 동사 2개

→ _____ // _____ / _____ / _____ .

3 Researchers thought // that the dirty air inspired their paintings / to look foggy and dreamy.

Hint 주어 2개, 동사 2개

→ _____ // _____ / _____ _____ .

어휘 Practice

1 다음 짝지어진 단어끼리 같은 관계가 되도록 빈칸에 알맞은 단어를 쓰세요.

> introduce : introduction = pollute : _____ .

2 다음 빈칸에 들어갈 단어로 가장 알맞은 것은?

> Art has the power to _____ people to be more creative.

① release   ② continue   ③ inspire   ④ mention   ⑤ match

3 다음 빈칸에 들어갈 수 <u>없는</u> 것을 <u>모두</u> 고르세요.

> • What is the _____ of this class?
> • The _____ produces parts for airplanes.
> • His letters _____ that he misses home.

① fog   ② level   ③ affect   ④ factory   ⑤ suggest

서술형 Practice

[4-5] 배열 영작 다음 우리말과 의미가 같도록 주어진 단어를 올바르게 배열하세요.

4 나는 어쩌면 두고 왔을지도 모른다 / 내 휴대전화를 / 식당에 / 어젯밤에.
  ↳ 나는 어젯밤에 내 휴대전화를 식당에 어쩌면 두고 왔을지도 모른다.

(at the restaurant / I / left / have / my cell phone / might)

➔ _____ last night.

5 그 조리법은 쉬워 보인다 / 따라 하기 / 초보자들에게는.
  ↳ 그 조리법은 초보자들이 따라 하기 쉬워 보인다.

(easy / the recipe / looks / to follow)

➔ _____ for beginners.

6 조건 영작 다음 우리말과 의미가 같도록 주어진 단어를 사용하여 문장을 완성하세요.

> 나는 네가 이번 주말에 계획이 있는지 확인하려고 전화했다. (have)

➔ I'm calling to see _____ _____ _____ any plans this weekend.

●7 나이가 들수록 좋아지는 이것

직독직해가 쉬워지는 **구문**

✅ Reading의 필수 구문 3개를 확인한 후, 각 문장의 해석을 완성하세요.

1일 1문장 구문 「**have/has been＋동사의 -ing형**」: ~해 오고 있다, ~해 오고 있는 중이다

TIP 현재완료진행형은 과거에서 시작한 동작이 현재에도 계속 진행 중임을 나타내요.

The scientists **have been studying** giant pandas for ten years.

그 과학자들은 자이언트 판다를 10년 동안 _____ .

구문 Plus ① 「**get＋형용사의 비교급**」: 점점 더 ~ 해지다

TIP 동사 get 뒤에 오는 형용사는 주어의 상태를 나타내는데, 형용사의 비교급 형태로 자주 쓰여요.

The plants **will get taller** when they get enough sunlight.

식물은 충분한 햇빛을 받으면 _____ .

구문 Plus ② 「**make＋A(목적어)＋동사원형**」: A가 ~하게 하다

TIP 이때 'A(목적어)-동사원형'은 의미상 '주어-동사'의 관계가 돼요.

The teacher **makes** her students **keep** a diary every day.

그 선생님은 _____ .

직독직해 Practice

✅ 각 문장의 주어에는 밑줄을, 동사에는 동그라미 해보세요.

✅ 그다음 끊어 읽기한 부분에 주의하여 빈칸에 해석을 써보세요.

1 For the past 20 years, / Susan Turk Charles, a psychologist, / has been studying emotions / in people of all ages.

→ _____, / _____ , / _____

_____ / _____ .

2 But as we get older, // we may feel / like we stop getting better.   **Hint** 주어 3개, 동사 3개

→ _____ , // _____ / _____

_____ .

3 As we get older, // our brain makes / us think more / before we act, / instead of reacting quickly.

Hint 주어 3개, 동사 3개

→ _____ , // _____ / _____ /

_____ , / _____ .

14 | LEVEL 4 WORKBOOK

어휘 Practice

1 다음 단어의 우리말 뜻이 <u>잘못된</u> 것은?

① skill: 기술   ② calm: 차분한   ③ social: 사회의

④ emotion: 태도   ⑤ satisfying: 만족스러운

2 다음 우리말과 의미가 같도록 빈칸에 알맞은 단어를 〈보기〉에서 찾아 쓰세요.

> ┤ 보기 ├
>
> improve   focus   experience   past   control

(1) 특별한 경험: a special _____

(2) 통제를 잃다: lose _____

(3) 공부에 집중하다: _____ on studying

3 다음 우리말과 의미가 같도록 빈칸에 알맞은 표현을 쓰세요.

> 나는 긴장했을 때 빨리 말하는 경향이 있다.

➔ I _____ _____ speak fast when I'm nervous.

서술형 Practice

[4-5] 배열 영작 다음 우리말과 의미가 같도록 주어진 단어를 올바르게 배열하세요.

4 너는 점점 더 건강해질 수 있다 / 규칙적인 운동으로.
    ↳ 너는 규칙적인 운동으로 더 건강해질 수 있다.

(regular exercise / healthier / can / you / with / get)

➔ _____ .

5 우리는 기다리고 있는 중이다 / 버스를 / 한 시간 동안.
    ↳ 우리는 한 시간 동안 버스를 기다리고 있는 중이다.

(been / we / waiting for / the bus / have)

➔ _____ for an hour.

6 조건 영작 다음 우리말과 의미가 같도록 주어진 단어를 사용하여 문장을 완성하세요.

> 그녀는 주말마다 아이들이 자신의 방을 청소하게 한다. (her children, clean, make)

➔ She _____ _____ _____ _____ their room every

weekend.

○8 우주여행 하다 암 걸릴라!

직독직해가 쉬워지는 구문

✓ Reading의 필수 구문 3개를 확인한 후, 각 문장의 해석을 완성하세요.

1일 1문장 구문 목적격 관계대명사 who(m)의 생략

TIP 사람을 나타내는 명사 바로 뒤에 목적어가 빠진 「주어＋동사＋●」 절이 이어질 때, 그 명사(선행사) 뒤에는 목적격 관계대명사 who나 whom이 생략된 경우가 많아요.

He is the artist **everyone wants to meet**.

그는 _____ 예술가이다.

구문 Plus 1 「사람을 나타내는 명사(선행사)＋[who＋동사 ~]」: ~하는[~한] (명사)

TIP 이때 관계대명사 who는 관계대명사절 안에서 주어 역할을 하므로 바로 뒤에 동사가 와요.

The boy **who won** the race is my classmate.

경주에서 이긴 그 남자아이는 _____.

구문 Plus 2 '목적'을 나타내는 「to＋동사원형」: ~하기 위해

TIP to부정사 바로 앞에 형용사가 있다고 해서 반드시 형용사를 꾸며 주는 것은 아니므로 해석에 주의해야 해요.

A balanced diet is important **to stay** healthy.

균형 잡힌 식단은 건강을 _____ 중요하다.

직독직해 Practice

✓ 각 문장의 주어에는 밑줄을, 동사에는 동그라미 해보세요.

✓ 그다음 끊어 읽기한 부분에 주의하여 빈칸에 해석을 써보세요.

1 The researchers found changes / in all 14 astronauts // they studied. (Hint) 주어 2개, 동사 2개

→ _____ / _____ // _____.

2 To study this, / researchers examined the blood of 14 astronauts // who traveled to space / between 1998 and 2001. (Hint) 주어 1개, 동사 2개

→ _____, / _____ // _____ / _____.

3 Goukassian said // that more research is necessary / to study the harmful effects of space travel / on the body. (Hint) 주어 2개, 동사 2개

→ _____ // _____ / _____ / _____.

어휘 Practice

1 다음 단어의 의미에 해당하는 것을 찾아 연결하세요.

(1) several   •   • ⓐ causing damage or harm

(2) harmful   •   • ⓑ more than a few, not very many

(3) necessary •   • ⓒ so important that you must have it

2 다음 빈칸에 공통으로 들어갈 단어로 가장 알맞은 것은?

> • Give me a _____ to explain.
> • There is a _____ of winning the first prize.

① base   ② chance   ③ mission   ④ sample   ⑤ condition

3 다음 우리말과 의미가 같도록 빈칸에 주어진 철자로 시작하는 단어를 쓰세요.

> 그녀는 번지 점프와 스카이다이빙 같은 극한 스포츠를 즐긴다.

→ She enjoys e_____ sports such as bungee jumping and sky diving.

서술형 Practice

[4-5] 배열 영작 다음 우리말과 의미가 같도록 주어진 단어를 올바르게 배열하세요.

4 그는 노력한다 / 긍정적으로 생각하려고 / 그의 목표를 달성하기 위해.
  ↳ 그는 자신의 목표를 이루기 위해 긍정적으로 생각하려고 노력한다.

(to think / tries / his goals / positively / he / to achieve)

→ _____ .

5 그 작가는 / 내가 존경하는 / TV쇼에 출현할 것이다 / 오늘 밤에.
  ↳ 내가 존경하는 작가는 오늘 밤 TV쇼에 출현할 것이다.

(on the TV show / the writer / will / I / be / admire)

→ _____ tonight.

6 조건 영작 다음 우리말과 의미가 같도록 주어진 단어를 사용하여 문장을 완성하세요.

> 나를 치료했던 의사는 매우 친절했다. (treated)

→ The doctor _____ _____ _____ was very kind.

09 행운을 가져다주는 쿠키

정답과 해설 p.88

직독직해가 쉬워지는 구문

✓ Reading의 필수 구문 3개를 확인한 후, 각 문장의 해석을 완성하세요.

1일 1문장 구문 「**while＋주어＋동사 ~**」: ~이긴 하지만

TIP 접속사 while은 '~하는 동안, ~인 반면에'라는 의미로도 쓰이므로 문맥에 맞게 해석해야 해요.

While she fears deep water, she enjoys swimming.

그녀는 _____, 수영하는 것을 즐긴다.

구문 Plus 1 「**명사＋과거분사(p.p.) ~**」: ~하게 된, ~된 (명사)

TIP 과거분사가 이끄는 어구가 명사를 뒤에서 꾸며 줄 때, 문장의 동사로 착각해서 해석하지 않도록 주의하세요.

Many cars have batteries **produced** in this factory.

많은 차가 이 공장에서 _____ 가지고 있다.

구문 Plus 2 「**remain＋형용사**」: ~인 채로 있다

TIP 주어를 보충 설명해 주는 형용사 보어가 필요한 상태를 나타내는 동사로는 be, remain, keep, stay 등이 있어요.

He felt upset and **remained quiet** all afternoon.

그는 속상해서 오후 내내 _____.

직독직해 Practice

✓ 각 문장의 주어에는 밑줄을, 동사에는 동그라미 해보세요.

✓ 그다음 끊어 읽기한 부분에 주의하여 빈칸에 해석을 써보세요.

1 While many Americans link / these cookies to Chinese culture, // they are actually from Japan.

Hint 주어 2개, 동사 2개

➔ _____ / _____, // _____

_____.

2 In the 1870s, / a similar cookie known as "tsujiura senbei" or "fortune cracker" / was made near Kyoto, Japan.

➔ _____, / _____ /

_____.

3 The cookie remains important / in American culture.

➔ _____ / _____.

어휘 Practice

1 다음 단어의 의미에 해당하는 것을 찾아 연결하세요.

(1) suit   •   • ⓐ to get or be given

(2) receive   •   • ⓑ to make something by using machines

(3) produce   •   • ⓒ to be right for

2 다음 밑줄 친 단어와 반대 의미의 단어는?

> There are five different kinds of cake to choose from.

① raw   ② similar   ③ hidden   ④ popular   ⑤ important

3 다음 빈칸에 알맞은 단어를 〈보기〉에서 찾아 쓰세요.

┌─ 보기 ┬───┐
           taste   remain   offer   certain   fortune
└───┘

(1) The hotel plans to _____ free breakfast to its guests.

(2) I believe that the number seven brings good _____.

서술형 Practice

[4-5] 배열 영작 다음 우리말과 의미가 같도록 주어진 단어를 올바르게 배열하세요.

4 그녀는 재능 있는 음악가이긴 하지만, / 그녀는 긴장한다 / 무대에서.
   ↳ 그녀는 재능 있는 음악가이긴 하지만, 무대에서 긴장한다.

(is / she / gets / a talented musician / while / nervous / she)

→ _____ , _____ on stage.

5 그녀는 노력한다 / 침착한 채로 있는 것을 / 어려운 상황에서.
   ↳ 그녀는 어려운 상황에서도 침착하려 노력한다.

(a difficult situation / to remain / tries / she / calm / in)

→ _____ .

6 조건 영작 다음 우리말과 의미가 같도록 주어진 단어를 사용하여 문장을 완성하세요.

> 19세기에 지어진 그 주택은 풍부한 역사가 있다. (build, the house)

→ _____ _____ _____ in the 19th century has a rich history.

10 거대한 바위 아래의 집

직독직해가 쉬워지는 구문

✔ Reading의 필수 구문 3개를 확인한 후, 각 문장의 해석을 완성하세요.

1일 1문장 구문 간접의문문 「what(주어)+동사 ~」: 무엇이 ~인지(를)

TIP 간접의문문의 의문사가 주어 역할을 하는 경우, 그 바로 뒤에 동사가 와요.

The police are trying to find out **what** caused the fire.

경찰은 _____ 알아내려고 노력하고 있다.

구문 Plus 1 「~ 명사(선행사), who+동사 ...」: ~하다, 그리고[그런데] 그 사람은 …

TIP 콤마(,)로 이어지는 관계대명사절은 콤마 앞에 있는 명사(선행사)에 대한 설명을 덧붙이는 역할을 해요.

This book was recommended by my neighbor, **who** works at a library.

이 책은 내 이웃에 의해 _____ 도서관에서 일한다.

구문 Plus 2 「make+A(목적어)+형용사」: A를 ~한 상태로[~하게] 만들다

TIP A(목적어) 뒤에 오는 형용사 보어는 A의 성질, 상태 등이 어떠한지를 설명해요.

The teacher **made** the lesson **interesting** with fun games.

선생님은 재미있는 게임으로 _____.

직독직해 Practice

✔ 각 문장의 주어에는 밑줄을, 동사에는 동그라미 해보세요.

✔ 그다음 끊어 읽기한 부분에 주의하여 빈칸에 해석을 써보세요.

1 ~, // it means / you don't know / what is happening / around you. (Hint) 주어 3개, 동사 3개

➔ ~, // _____ / _____ / _____ /

_____.

2 These special houses were made / by the Moors, // who invaded Spain / and founded the town / in the 12th century. (Hint) 주어 1개, 동사 3개

➔ _____ / _____, // _____ /

_____ / _____.

3 Instead of building new houses, / they made / the natural caves bigger / to stay cool / during the hot summer months.

➔ _____, / _____ / _____ /

_____ / _____.

20 | LEVEL 4 WORKBOOK

 내신 맛보기

어휘 Practice

1 다음 영영 풀이가 설명하는 단어로 가장 알맞은 것은?

> to cause something to end or exist no longer

① try   ② mean   ③ build   ④ happen   ⑤ destroy

2 다음 우리말과 의미가 같도록 빈칸에 주어진 철자로 시작하는 단어를 쓰세요.

(1) 적은 도시 중심지를 침입하려고 했다.

→ The enemy tried to i_____ the center of the city.

(2) 벌은 식물이 씨앗을 만드는 것을 돕는 중요한 곤충이다.

→ Bees are important i_____s for helping plants produce seeds.

(3) 우리는 버스를 타는 대신 집으로 걸어가기로 했다.

→ We decided to walk home i_____ o_____ taking the bus.

서술형 Practice

[3-4] 배열 영작 다음 우리말과 의미가 같도록 주어진 단어를 올바르게 배열하세요.

3 너는 만들 수 있니 / 그 요리를 / 더 맵게?

↳ 그 요리를 더 맵게 만들어 주실래요?

(you / the dish / can / make / spicier)

→ _____?

4 나는 계획한다 / 내 가장 친한 친구를 방문할 것을, / 그런데 그는 파리에서 산다.

↳ 나는 내 가장 친한 친구를 방문할 계획인데, 그는 파리에서 산다.

(in Paris / to visit / I / lives / plan / my best friend / who)

→ _____, _____.

5 조건 영작 다음 우리말과 의미가 같도록 주어진 단어를 사용하여 문장을 완성하세요.

> 이 일에 대해서 무엇이 당신을 가장 흥미롭게 하는지 말씀해 주실래요? (interest)

→ Can you tell us _____ _____ you the most about this job?

11 밤이면 찾아오는 악몽 속 존재들

직독직해가 쉬워지는 구문

✅ Reading의 필수 구문 3개를 확인한 후, 각 문장의 해석을 완성하세요.

1일 1문장 구문 「find+it(가목적어)+형용사+to부정사(진목적어) ...」: …하는 것이 ~라고 여기다[생각하다]

TIP 여기서 it은 뜻이 없는 가짜 목적어로 '그것'이라고 해석하지 않아요.

He **found it** interesting **to learn** about new cultures.
그는 새로운 문화에 대해 _____.

구문 Plus 1 수동태 과거 「was/were+과거분사(p.p.)」: ~되었다[~당했다, ~받았다]

TIP 동작의 주체를 나타내는 「by+행위자」는 생략되는 경우가 많아요.

The message **was written** in bold letters.
그 메시지는 굵은 글씨로 _____.

구문 Plus 2 「명사+과거분사(p.p.) ~」: ~하게 된 (명사)

TIP 한 문장에 명사를 꾸며 주는 과거분사와 과거형 동사가 같이 나올 때, 문장의 동사를 혼동하지 않도록 주의하세요.

I used to live in a small village **surrounded** by mountains.
나는 한때 산으로 _____ 작은 마을에서 살았다.

직독직해 Practice

✅ 각 문장의 주어에는 밑줄을, 동사에는 동그라미 해보세요.

✅ 그다음 끊어 읽기한 부분에 주의하여 빈칸에 해석을 써보세요.

1 This creature used to sit / on the chests of people / who were sleeping, // so they found it hard / to breathe. **Hint** 주어 2개, 동사 3개

→ _____ / _____ / _____, //
_____ / _____.

2 The word "night" was added later / to show that these spirits visited / at night. **Hint** 주어 2개, 동사 2개

→ _____ / _____ /
_____.

3 To keep them away, / some people put shoes near the door, / cover the keyhole, / or put something made of steel / in their bed. **Hint** 주어 1개, 동사 3개

→ _____, / _____, / _____
_____, / _____ / _____.

 맛보기

어휘 Practice

1 다음 단어의 우리말 뜻이 <u>잘못된</u> 것은?

① spirit: 혼령, 유령　　② chest: 가슴, 흉부　　③ suck: 내뱉다

④ tradition: 전통　　⑤ nowadays: 요즘에는

2 다음 밑줄 친 부분의 쓰임이 자연스러우면 ○, 그렇지 않으면 ×로 표시하세요.

(1) This shirt comes in <u>various</u> sizes and colors.　　_____

(2) Please <u>bother</u> me when I'm very busy.　　_____

(3) The patient suddenly stopped <u>breathing</u>.　　_____

3 다음 우리말과 의미가 같도록 빈칸에 알맞은 표현을 쓰세요.

> 나는 어렸을 때 만화책을 읽곤 했다.

➜ I _____ _____ read comic books when I was young.

서술형 Practice

[4-5] 배열 영작 다음 우리말과 의미가 같도록 주어진 단어를 올바르게 배열하세요.

4 그녀는 여긴다 / 표현하는 것이 어렵다고 / 그녀의 감정을.
　↳ 그녀는 자신의 감정을 표현하는 것을 어려워한다.

(it / finds / she / her emotions / to express / difficult)

➜ _____ .

5 눈으로 뒤덮인 산은 / 아름답고 신비로워 보인다.
　↳ 눈으로 덮인 산은 아름답고 신비로워 보인다.

(in snow / beautiful and mysterious / looks / the mountain / covered)

➜ _____ .

6 조건 영작 다음 우리말과 의미가 같도록 주어진 단어를 사용하여 문장을 완성하세요.

> 분실한 열쇠들은 소파 아래에서 발견되었다. (find)

➜ The missing keys _____ _____ under the sofa.

12 몸속을 누비는 배터리

직독직해가 쉬워지는 구문

✅ Reading의 필수 구문 3개를 확인한 후, 각 문장의 해석을 완성하세요.

1일 1문장 구문 「**have/has been + 과거분사(p.p.)**」: ~되어 왔다, ~되었다

TIP 부정형: have/has not been p.p. = haven't/hasn't been p.p.

The contract **hasn't been signed** by him yet.

그 계약서는 아직 그에 의해 _____.

구문 Plus 1 「**명사(선행사) + [which + 동사 ~]**」: ~하는[~한] (명사)

TIP 관계대명사 which는 주어 역할을 하므로 바로 뒤에 동사가 와요.

She bought a car **which** runs on electricity.

그녀는 전기로 _____ 구매했다.

구문 Plus 2 「**can be + 과거분사(p.p.)**」: ~될 수 있다

TIP 조동사가 있는 수동태는 조동사 뒤에 항상 동사원형 be가 와요.

A forest **can be destroyed** by a spark.

숲은 불꽃 하나로 인해 _____.

직독직해 Practice

✅ 각 문장의 주어에는 밑줄을, 동사에는 동그라미 해보세요.

✅ 그다음 끊어 읽기한 부분에 주의하여 빈칸에 해석을 써보세요.

1 This method hasn't been tested / on humans / yet.

→ _____ / _____ / _____.

2 Cancer patients get strong medicine // which can make them feel sick / or cause various side effects.

Hint 주어 1개, 동사 3개

→ _____ // _____ /

_____.

3 They have developed a battery system // that can be put inside the body. **Hint** 주어 1개, 동사 2개

→ _____ // _____.

내신 맛보기

어휘 Practice

1 다음 단어의 의미에 해당하는 것을 찾아 연결하세요.

(1) prepare   •   • ⓐ very important

(2) method   •   • ⓑ a way of doing something

(3) significant •   • ⓒ to make ready

2 다음 빈칸에 알맞은 단어를 〈보기〉에서 찾아 쓰세요.

| 보기 |

growth   result   successful   develop

(1) The book became a _____ bestseller.

(2) You can check the test _____ s the day after tomorrow.

3 다음 우리말과 의미가 같도록 빈칸에 알맞은 표현을 쓰세요.

> 그 새로운 모델은 다른 모델들에 비해 더 비싸다.

→ The new model is more expensive _____ _____ other models.

서술형 Practice

[4-5] 배열 영작 다음 우리말과 의미가 같도록 주어진 단어를 올바르게 배열하세요.

4 그 문제는 / 해결될 수 있다 / 다양한 방법으로.

  ↳ 그 문제는 다양한 방법으로 해결될 수 있다.

(ways / solved / can be / in / the problem / various)

→ _____.

5 나는 종종 방문한다 / 그 식당을 / 훌륭한 해산물 요리를 제공하는.

  ↳ 나는 훌륭한 해산물 요리를 제공하는 그 식당을 종종 방문한다.

(which / seafood dishes / the restaurant / serves / great)

→ I often visit _____.

6 조건 영작 다음 우리말과 의미가 같도록 주어진 단어를 사용하여 문장을 완성하세요.

> 우승자에 대한 결정은 아직 내려지지 않았다. (make)

→ The decision _____ _____ _____ _____

  on the winner yet.

13 실수해도 낙담하지 말아요

정답과 해설 p.90

직독직해가 쉬워지는 구문

☑ Reading의 필수 구문 3개를 확인한 후, 각 문장의 해석을 완성하세요.

1일 1문장 구문 「It(가주어) ~ that＋주어＋동사 ....」: …하다는 것은 ~하다

TIP that절이 주어 역할을 할 때 가짜 주어 It을 맨 앞에 쓰고, 진짜 주어인 that절은 문장의 뒤로 보낸 형태예요.

It is clear **that** she is hiding something.

_____ 분명하다.

구문 Plus 1 「A 형용사/부사의 비교급 than B」: A는 B보다 더 ~한/~하게

TIP 형용사/부사의 비교급은 뒤에 '-er'을 붙이거나 앞에 more를 붙여요.

Dad drives **more carefully than** my uncle.

아빠는 우리 삼촌보다 _____ 운전하신다.

구문 Plus 2 「if＋주어＋동사 ~」: (만약) ~한다면

TIP if가 이끄는 부사절은 '조건'을 나타내며, 주절은 그 조건에 대한 '결과'를 나타내요.

If it rains tomorrow, we won't go on a picnic.

_____ , 우리는 소풍 가지 않을 것이다.

직독직해 Practice

☑ 각 문장의 주어에는 밑줄을, 동사에는 동그라미 해보세요.

☑ 그다음 끊어 읽기한 부분에 주의하여 빈칸에 해석을 써보세요.

1 It's true // that we can learn from our mistakes! **Hint** 주어 2개, 동사 2개

→ _____ // _____ !

2 A new study shows // that kids who pay attention to their mistakes / actually learn faster / than those who don't. **Hint** 주어 3개, 동사 4개

→ _____ // _____ / _____

_____ / _____ .

3 This study shows // that if you believe you can get smarter, / you will be more likely to learn / from your mistakes. **Hint** 주어 4개, 동사 4개

→ _____ // _____ , /

_____ / _____ .

어휘 Practice

1 다음 영영 풀이가 설명하는 단어로 가장 알맞은 것은?

to stay away from something or someone

① fix   ② avoid   ③ affect   ④ correct   ⑤ record

2 다음 우리말과 의미가 같도록 빈칸에 주어진 철자로 시작하는 단어를 쓰세요.

(1) 그녀는 특정 음식에 알레르기가 있다.

→ She is allergic to c_____ foods.

(2) 부모는 키와 몸무게를 통해 아이의 성장을 확인한다.

→ Parents check their child's g_____ through height and weight.

3 다음 우리말과 의미가 같도록 빈칸에 알맞은 표현을 쓰세요.

곧 비가 올 것 같다.

→ It _____ _____ to rain soon.

서술형 Practice

[4-5] 배열 영작 다음 우리말과 의미가 같도록 주어진 단어를 올바르게 배열하세요.

4 그녀는 항상 일어난다 / 더 일찍 / 그녀의 남동생보다.

↳ 그녀는 남동생보다 항상 더 일찍 일어난다.

(always / her brother / she / earlier / wakes up / than)

→ _____.

5 만약 네가 / 돌보지 않는다면 / 네 건강을, / 너는 그것을 후회할 것이다.

↳ 만약 네가 건강을 돌보지 않는다면, 그것을 후회할 것이다.

(your health / don't / you / take care of / if)

→ _____, you will regret it.

6 조건 영작 다음 우리말과 의미가 같도록 주어진 단어를 사용하여 문장을 완성하세요.

모두가 서로의 의견을 존중하는 것은 중요하다. (important)

→ _____ _____ _____ _____ everyone respects

each other's opinion.

14 긴장될 땐 요구르트를 마셔봐!

정답과 해설 p.91

직독직해가 쉬워지는 구문

✓ Reading의 필수 구문 3개를 확인한 후, 각 문장의 해석을 완성하세요.

1일 1문장 구문 「관계부사 how+주어+동사 ~」: ~하는 방식[방법]

TIP how는 the way로 바꿔 쓸 수 있는데, 이때 the way나 how 둘 중 하나만 써야 해요. (the way how (×))

That's **how** I remember important dates.

그것이 _____ .

구문 Plus 1 '계속'의 「have/has+과거분사(p.p)」: (지금까지) 쭉 ~해왔다

TIP 과거에 일어난 일이 현재까지도 '계속'되고 있다는 의미를 나타내며, 〈for+기간〉 등의 표현과 함께 잘 쓰여요.

They **have owned** this house for ten years.

그들은 10년간 이 집을 _____ .

구문 Plus 2 주어 역할을 하는 「동사원형+-ing」: ~하는 것은, ~하기는

TIP 동명사가 주어일 때, 동명사가 이끄는 어구가 어디까지인지 파악해야 문장의 동사를 올바르게 찾을 수 있어요.

Going out alone at night can be dangerous.

밤에 혼자 _____ 위험할 수 있다.

직독직해 Practice

✓ 각 문장의 주어에는 밑줄을, 동사에는 동그라미 해보세요.

✓ 그다음 끊어 읽기한 부분에 주의하여 빈칸에 해석을 써보세요.

1 But now, / researchers are discovering / that our stomachs affect our feelings too: // The many tiny bacteria in our guts can influence / how we feel. Hint 주어 4개, 동사 4개   *gut 소화기관

→ _____ , / _____ / _____

_____ : // _____ /

_____ .

2 For a long time, / people have known // that our feelings can affect our stomachs. Hint 주어 2개, 동사 2개

→ _____ , / _____ // _____

_____ .

3 In fact, / researchers also found // that consuming fermented foods / such as yogurt, pickles, and kimchi / can reduce these anxious feelings. Hint 주어 2개, 동사 2개   *fermented food 발효 식품

→ _____ , / _____ // _____ /

_____ / _____ .

어휘 Practice

1 다음 단어의 우리말 뜻이 <u>잘못된</u> 것은?

① tiny: 아주 작은 ② mood: 기분, 분위기 ③ similarly: 비슷하게

④ benefit: 손해, 손상 ⑤ stomach: 위, 복부

2 다음 빈칸에 공통으로 들어갈 단어로 가장 알맞은 것은?

> • He can _____ enough food for three people.
>
> • I'm trying to _____ less to save money.

① reduce ② discover ③ disappear ④ consume ⑤ influence

3 다음 밑줄 친 부분의 쓰임이 자연스러우면 ○, 그렇지 않으면 ✕로 표시하세요.

(1) Air pollution doesn't <u>affect</u> our health at all. _____

(2) You don't need to practice to <u>improve</u> your skills. _____

(3) <u>Remove</u> the dead leaves, and new ones will grow. _____

서술형 Practice

[4-5] 〔배열 영작〕 다음 우리말과 의미가 같도록 주어진 단어를 올바르게 배열하세요.

4 달리기는 도울 수 있다 / 네가 스트레스를 줄이도록.
  ↳ 달리기는 네가 스트레스를 줄이는 데 도움이 될 수 있다.

(can / stress / running / help / reduce / you)

→ _____ .

5 아빠는 일해왔다 / 같은 회사에서 / 20년 동안.
  ↳ 아빠는 20년 동안 같은 회사에서 일해왔다.

(Dad / for 20 years / worked / at the same company / has)

→ _____ .

6 〔조건 영작〕 다음 우리말과 의미가 같도록 주어진 단어를 사용하여 문장을 완성하세요.

> 나는 내 친구들이 서로 생일을 축하해주는 방식을 좋아한다. (friends, celebrate)

→ I like _____ _____ _____ _____ birthdays with

each other.

15 보이는 게 다가 아니야

정답과 해설 p.91

직독직해가 쉬워지는 구문

✔ Reading의 필수 구문 3개를 확인한 후, 각 문장의 해석을 완성하세요.

1일 1문장 구문 「It(가주어) ~ for+A(목적격)+to부정사(진주어) ...」: A가 …하는 것은 ~하다

TIP to부정사의 의미상의 주어(A)가 명사일 때는 for 뒤에 그대로 써주면 돼요.

It is necessary **for parents to teach** children manners.

_____ 아이에게 예절을 _____.

구문 Plus ① 「what+to부정사」: 무엇을 ~해야 할지

TIP 「의문사+to부정사」는 문장에서 주어, 목적어, 보어가 될 수 있어요.

I don't know **what to wear** for Halloween.

나는 핼러윈에 _____ 모르겠다.

구문 Plus ② 간접의문문 「how+형용사+주어+동사」: …가 얼마나 ~하는지(를)

TIP how 뒤에 형용사 또는 부사가 오면 '얼마나 ~한/~하게'라고 해석해요.

He asked me **how difficult** the exam was.

그는 나에게 _____ 물었다.

직독직해 Practice

✔ 각 문장의 주어에는 밑줄을, 동사에는 동그라미 해보세요.

✔ 그다음 끊어 읽기한 부분에 주의하여 빈칸에 해석을 써보세요.

1 Therefore, / it's important / for scientists to focus / on ugly plants as well, / especially those in danger / due to environmental threats. **Hint** 주어 2개, 동사 1개

→ _____, / _____ / _____ /

_____, / _____ / _____.

2 Interestingly, / when plant scientists chose / what to research, // colors really influenced their choice, too. **Hint** 주어 2개, 동사 2개

→ _____, / _____ / _____, //

_____.

3 Scientists can truly understand // how important a species is / only after thorough research.

Hint 주어 2개, 동사 2개

→ _____ // _____ /

_____.

어휘 Practice

1 다음 짝지어진 단어끼리 같은 관계가 되도록 빈칸에 알맞은 단어를 쓰세요.

choose : choice = lose : _____

2 다음 영영 풀이가 설명하는 단어를 〈보기〉에서 찾아 쓰세요.

| 보기 |

deserve   species   source   appearance

(1) the way that something looks: _____

(2) the beginning or cause of something: _____

3 다음 우리말과 의미가 같도록 빈칸에 주어진 철자로 시작하는 단어를 쓰세요.

(1) 그는 파란색과 초록색 사이에서 선택해야 했다.

→ He had to make a c_____ between blue and green.

(2) 모두가 경기를 이기는 데 역할을 했다.

→ Everyone had a r_____ in winning the game.

서술형 Practice

[4-5] 배열 영작 다음 우리말과 의미가 같도록 주어진 단어를 올바르게 배열하세요.

4 흔하다 / 학생들이 / 스트레스를 경험하는 것은 / 시험 기간 동안.
↳ 학생들이 시험 기간 동안 스트레스를 경험하는 것은 흔한 일이다.

(students / it's / stress / for / common / to experience)

→ _____ during exams.

5 가끔씩 쉽지 않다 / 결정하는 것은 / 무엇을 먹을지 / 점심으로.
↳ 가끔, 점심으로 무엇을 먹을지 결정하는 것은 쉽지 않다.

(it's / to eat / easy / to decide / not / what)

→ Sometimes, _____ for lunch.

6 조건 영작 다음 우리말과 의미가 같도록 주어진 단어를 사용하여 문장을 완성하세요.

나는 이 우표들이 얼마나 희귀한지 믿을 수가 없다. (rare)

→ I can't believe _____ _____ these stamps are.

정답과 해설 p.92

16 도시들은 왜 슬로건을 만들까?

직독직해가 쉬워지는 구문

☑ Reading의 필수 구문 3개를 확인한 후, 각 문장의 해석을 완성하세요.

1일 1문장 구문 주어로 쓰이는 「what＋주어＋동사 ～」: …가 무엇을[어떻게] ～하는지는

TIP 의문사 what이 이끄는 간접의문문은 문장의 주어 역할을 할 수 있어요.

What she thought about the topic was quite interesting.

그녀가 그 주제에 대해 _____ 꽤 흥미로웠다.

구문 Plus 1 「while＋주어＋동사 ～」: ～인 반면에

TIP 접속사 while은 다양한 의미로 쓰이므로 문맥에 맞게 해석해야 해요.

She enjoys spicy food, **while** her sister prefers mild flavors.

그녀는 _____, 그녀의 여동생은 순한 맛을 선호한다.

구문 Plus 2 '목적'을 나타내는 「to＋동사원형」: ～하기 위해

TIP to부정사 바로 앞에 명사가 있다고 해서 무조건 명사를 꾸며 주는 것은 아니므로 해석에 주의해야 해요.

She started a blog **to share** her travel experiences.

그녀는 자신의 여행 경험을 _____ 블로그를 시작했다.

직독직해 Practice

☑ 각 문장의 주어에는 밑줄을, 동사에는 동그라미 해보세요.

☑ 그다음 끊어 읽기한 부분에 주의하여 빈칸에 해석을 써보세요.

1 What residents call the city // can sometimes tell more about it.

→ _____ // _____.

2 Some slogans are created by the city / to attract tourists, // while others are created by residents / who noticed something interesting / about the city life. **Hint** 주어 2개, 동사 3개

→ _____ / _____, // _____

_____ / _____ / _____.

3 Some cities have used humor / to celebrate their unique features and attractions.

→ _____ / _____.

어휘 Practice

1 다음 단어의 우리말 뜻이 <u>잘못된</u> 것은?

① humor: 유머   ② tourist: 관광객   ③ whole: 일부의

④ identity: 독자성   ⑤ resident: 거주자, 주민

2 다음 우리말과 의미가 같도록 빈칸에 주어진 철자로 시작하는 단어를 쓰세요.

> 새로운 놀이공원은 많은 관중을 끌어들일 것이다.

→ The new amusement park will a_____ a large crowd.

3 다음 빈칸에 들어갈 수 <u>없는</u> 것을 <u>모두</u> 고르세요.

> • We gathered to _____ Christmas together.
> • I didn't _____ you coming into the room.
> • The guidebook offers _____ information.

① create   ② notice   ③ feature   ④ practical   ⑤ celebrate

서술형 Practice

[4-5] (배열 영작) 다음 우리말과 의미가 같도록 주어진 단어를 올바르게 배열하세요.

4 그는 피아노를 연습한다 / 매일 / 음악가가 되기 위해.

  ↳ 그는 음악가가 되기 위해 매일 피아노를 연습한다.

(a musician / practices / every day / he / to become / the piano)

→ _____.

5 어떤 사람들은 즐긴다 / 더운 날씨를 / 반면에 다른 사람들을 / 선호한다 / 추운 날씨를.

  ↳ 어떤 사람들은 더운 날씨를 즐기는 반면에 다른 사람들은 추운 날씨를 선호한다.

(hot weather / some people / while / prefer / enjoy / cold weather / others)

→ _____, _____.

6 (조건 영작) 다음 우리말과 의미가 같도록 주어진 단어를 사용하여 문장을 완성하세요.

> 그가 그 편지에 무엇을 썼는지는 확실하지 않았다. (write)

→ _____ _____ _____ in the letter was not clear.

17 거리를 행진하는 쌍둥이들

정답과 해설 p.92

직독직해가 쉬워지는 구문

☑ Reading의 필수 구문 3개를 확인한 후, 각 문장의 해석을 완성하세요.

1일 1문장 구문 '계속'의 「have/has+과거분사(p.p.)」: (지금까지) 쭉 ~해왔다

TIP 과거에 일어난 일이 현재까지도 '계속'되고 있다는 의미를 나타내며, 〈since(~부터)+시점〉 등의 표현과 함께 잘 쓰여요.

I **have studied** Spanish since last year.
나는 작년부터 스페인어를 _____.

구문 Plus 1 수동태 「am/are/is+과거분사(p.p.)」: ~되다[~당하다, ~받다]

TIP 동사가 〈name A after B〉와 같이 2단어 이상일 때, 수동태에서도 한 덩어리로 쓰여요.
(name A after B → A be named after B)

The hole in the wall **is covered up with** a poster.
벽에 있는 구멍은 _____.

구문 Plus 2 「(대)명사+to부정사 ~」: ~하는[~할] (명사)

TIP 이때 to부정사는 앞의 (대)명사를 형용사처럼 꾸며 주는 역할을 해요.

The company set a goal **to attract** more customers.
그 회사는 더 많은 고객을 _____ 세웠다.

직독직해 Practice

☑ 각 문장의 주어에는 밑줄을, 동사에는 동그라미 해보세요.

☑ 그다음 끊어 읽기한 부분에 주의하여 빈칸에 해석을 써보세요.

1 The festival began in 1976 / with just 36 pairs of twins / and has grown fast / since then.
　Hint 주어 1개, 동사 2개

　→ _____ / _____ / _____ /

　　_____ .

2 The town is named / after twin brothers // who helped make the town. **Hint** 주어 1개, 동사 2개

　→ _____ / _____ // _____ .

3 Although they may line up / for a long time / to participate, // twins enjoy the rewards / and the chance to contribute / to scientific research. **Hint** 주어 2개, 동사 2개

　→ _____ / _____ / _____ , //

　　_____ / _____ / _____ .

어휘 Practice

1 다음 밑줄 친 단어와 비슷한 의미의 단어는?

> You'll have the <u>opportunity</u> to ask questions after the speech.

① twin   ② chance   ③ reward   ④ contest   ⑤ parade

2 다음 영영 풀이가 설명하는 단어를 〈보기〉에서 찾아 쓰세요.

> ┤ 보기 ├
>
> data   pair   process   gather   valuable

(1) good or important enough: _____

(2) to bring together into one place: _____

(3) two things that are the same and used together: _____

3 다음 우리말과 의미가 같도록 빈칸에 주어진 철자로 시작하는 단어를 쓰세요.

> 퍼레이드는 중심가를 따라 개최될 것이다.

→ The parade will t_____ p_____ along the main street.

서술형 Practice

[4-5] 〔배열 영작〕 다음 우리말과 의미가 같도록 주어진 단어를 올바르게 배열하세요.

4 그 남자는 존경받는다 / 그의 봉사활동으로 / 사람들에 의해.
   ↳ 그 남자는 사람들에게 자신의 봉사활동으로 존경받는다.

(for / the man / his volunteer work / admired / is)

→ _____ by people.

5 우리는 쭉 친구였다 / 고등학교 때부터.
   ↳ 우리는 고등학교 때부터 쭉 친구였다.

(since / have / friends / high school / been / we)

→ _____ .

6 〔조건 영작〕 다음 우리말과 의미가 같도록 주어진 단어를 사용하여 문장을 완성하세요.

> 그녀의 문제 해결하는 능력은 방 안의 모두를 놀라게 했다. (ability, solve)

→ _____ _____ _____ _____ the problem surprised

everyone in the room.

18 조금은 특별한 악어 미라

정답과 해설 p.93

직독직해가 쉬워지는 구문

✅ Reading의 필수 구문 3개를 확인한 후, 각 문장의 해석을 완성하세요.

1일 1문장 구문 「It(가주어) ~ to부정사(진주어) ...」: …하는 것은 ~하다

TIP 가주어 It은 따로 해석하지 않으며, It 다음에는 「be동사+easy, important, difficult 등」의 형태로 자주 쓰여요.

It is difficult **to** stay positive in challenging situations.
힘든 상황에서도 긍정적인 상태를 _____.

구문 Plus ① 「**not only A but (also) B**」: A뿐만 아니라 B도

TIP but 뒤에 오는 also는 생략할 수 있어요.

The city is famous **not only** for food **but also** for its long history.
그 도시는 _____ 유명하다.

구문 Plus ② 「**might have p.p.(과거분사)**」: (어쩌면) ~했을 수도 있다, ~했을지도 모른다

TIP 과거의 일에 대한 가정이나 추측을 나타내요.

He **might have taken** the wrong train.
그는 어쩌면 기차를 잘못 _____.

직독직해 Practice

✅ 각 문장의 주어에는 밑줄을, 동사에는 동그라미 해보세요.

✅ 그다음 끊어 읽기한 부분에 주의하여 빈칸에 해석을 써보세요.

1 In ancient Egypt, / it was common / to make animal mummies / as offerings for the gods.

Hint 주어 2개, 동사 1개

→ _____, / _____ / _____ /

_____.

2 Animals were important / not only as food and pets, / but also for religious reasons.

→ _____ / _____, / _____.

3 So, / these crocodile mummies might have been their way / of asking for help from the gods.

→ _____, / _____ / _____

_____.

어휘 Practice

1 다음 짝지어진 단어끼리 같은 관계가 되도록 빈칸에 알맞은 단어를 쓰세요.

> invent : invention = discover : _____

2 다음 우리말과 의미가 같도록 빈칸에 알맞은 단어를 〈보기〉에서 찾아 쓰세요.

> ┤ 보기 ├
>
> wrap   crop   ancient   request   expert

(1) 요청을 하다: make a _____
(2) 농작물 피해: _____ damage
(3) 신문지로 포장하다: _____ in newspaper

3 다음 우리말과 의미가 같도록 빈칸에 알맞은 표현을 쓰세요.

> 차는 오래되었지만, 엔진은 여전히 상태가 아주 좋다.

→ The car may be old, but the engine is still _____ great _____ .

서술형 Practice

[4-5] 배열 영작 다음 우리말과 의미가 같도록 주어진 단어를 올바르게 배열하세요.

4 나는 지웠을 수도 있다 / 그 메시지를 / 실수로.
   ↳ 나는 실수로 그 메시지를 지웠을 수도 있다.

(might / I / have / by mistake / the message / deleted)

→ _____ .

5 그 축제는 기념행사이다 / 관광객들뿐만 아니라 지역 주민들도 위하는.
   ↳ 그 축제는 관광객들뿐만 아니라 지역 주민들도 위한 기념행사이다.

(a celebration / not only / the festival / for tourists / for locals / but also / is)

→ _____ .

6 조건 영작 다음 우리말과 의미가 같도록 주어진 단어를 사용하여 문장을 완성하세요.

> 좋지 않은 습관을 고치는 것은 힘들다. (hard)

→ _____ _____ _____ to break a bad habit.

19 바다 생물의 미래가 보여요

정답과 해설 p.93

직독직해가 쉬워지는 구문

✓ Reading의 필수 구문 3개를 확인한 후, 각 문장의 해석을 완성하세요.

1일 1문장 구문 「let+A(목적어)+동사원형」: A가 ~하게 하다[~하도록 허락하다]

The teacher **let** the students **pick** their own writing topics.

선생님은 학생들이 _____.

구문 Plus 1 간접의문문 「which+명사+동사 ~」: 어느[어떤] (명사)가 ~하는지(를)

TIP 의문사 의문문과 마찬가지로 which 뒤에는 명사가 함께 쓰일 수 있어요.

Do you know **which bus** goes to the museum?

너는 _____ 아니?

구문 Plus 2 「명사+현재분사(v-ing) ~」: ~하는, ~하고 있는 (명사)

TIP 현재분사가 명사를 꾸밀 때는 꾸밈을 받는 명사가 현재분사의 동작을 직접 하거나 하고 있다는 것을 의미해요.

We visited the restaurant **serving** traditional Italian food.

우리는 전통 이탈리안 음식을 _____ 식당을 방문했다.

직독직해 Practice

✓ 각 문장의 주어에는 밑줄을, 동사에는 동그라미 해보세요.

✓ 그다음 끊어 읽기한 부분에 주의하여 빈칸에 해석을 써보세요.

1 It will let the scientists know // where various coral species live / and which species are most threatened. **Hint** 주어 3개, 동사 3개   *coral 산호

→ _____ // _____ /

_____.

2 With the help of eDNA, / scientists can better understand // which corals are in danger / and the effects of climate change on them. **Hint** 주어 2개, 동사 2개

→ _____, / _____ // _____

_____ / _____.

3 This means // they can fix damaged reefs / and protect the many types of life / depending on them.

Hint 주어 2개, 동사 3개   *coral reef 산호초

→ _____ // _____ / _____

_____ / _____.

어휘 Practice

1 다음 영영 풀이가 설명하는 단어를 〈보기〉에서 찾아 쓰세요.

┤ 보기 ├

harm   view   monitor   climate   technique

(1) a way of doing an activity that needs skill: _____

(2) the usual weather conditions in a place: _____

(3) to watch or check something for a purpose: _____

2 다음 우리말과 의미가 같도록 빈칸에 알맞은 단어를 〈보기〉에서 찾아 쓰세요.

┤ 보기 ├

various   struggle   temperature   threaten   method

(1) 다양한 문화적 배경: _____ cultural backgrounds

(2) 효과적인 방법: an effective _____

(3) 건강 문제로 고군분투하다: _____ with health problems

(4) 기온 상승: a rise in _____

서술형 Practice

[3-4] 배열 영작 다음 우리말과 의미가 같도록 주어진 단어를 올바르게 배열하세요.

3 그녀는 내가 사용하도록 허락했다 / 그녀의 전화기를 / 잠시.

  ↳ 그녀는 내가 그녀의 전화기를 잠시 사용하도록 허락했다.

(her phone / me / she / use / let / for a moment)

➔ _____.

4 관중은 응원했다 / 달려가는 선수를 / 골대를 향해.

  ↳ 관중은 골대를 향해 달려가는 선수를 응원했다.

(running / cheered for / the crowd / the player)

➔ _____ toward the goalpost.

5 조건 영작 다음 우리말과 의미가 같도록 주어진 단어를 사용하여 문장을 완성하세요.

어떤 책이 초보자에게 더 쉬운지를 도서관 사서에게 물어보자. (book, easy)

➔ Let's ask the librarian _____ _____ _____

for beginners.

20 귀여운 외모에 그렇지 못한 독성

정답과 해설 p.94

직독직해가 쉬워지는 구문

✅ Reading의 필수 구문 3개를 확인한 후, 각 문장의 해석을 완성하세요.

1일 1문장 구문 「**not only A but (also) B**」: A뿐만 아니라 B도

TIP 이때 A와 B에는 문법적으로 같은 성격의 어구가 와야 해요.

I go jogging **not only** for losing weight **but also** for staying healthy.

나는 체중을 ＿＿＿＿＿＿＿＿＿＿＿＿＿＿＿＿＿＿＿＿＿＿＿＿＿＿＿ 조깅하러 간다.

구문 Plus ① '목적'을 나타내는 「**to + 동사원형**」: ～하기 위해

TIP to부정사 바로 앞에 명사가 있을 때, 항상 앞의 명사를 꾸며 주는 것은 아니므로 해석에 주의해야 해요.

He decided to quit his job **to start** his own business.

그는 자신만의 사업을 ＿＿＿＿＿＿＿＿＿＿＿＿＿＿＿＿＿＿＿＿ 직장을 그만두기로 결심했다.

구문 Plus ② 「**It(가주어) ～ to부정사(진주어) ...**」: …하는 것은 ～하다

TIP to부정사가 주어 역할을 할 때 문장의 뒤로 보내고, 가짜 주어 It을 맨 앞에 써요. 이때 가주어 It은 따로 해석하지 않아요.

It is common **to experience** stress in a difficult situation.

어려운 상황에서 스트레스를 ＿＿＿＿＿＿＿＿＿＿＿＿＿＿＿＿＿＿＿＿＿＿.

직독직해 Practice

✅ 각 문장의 주어에는 밑줄을, 동사에는 동그라미 해보세요.

✅ 그다음 끊어 읽기한 부분에 주의하여 빈칸에 해석을 써보세요.

1 It helps us understand // that animals use poison / not only for hunting or protecting themselves / but also for fighting within a species. **Hint** 주어 2개, 동사 2개

→ ＿＿＿＿＿＿＿＿＿＿＿＿＿＿＿＿＿＿＿＿ // ＿＿＿＿＿＿＿＿＿＿＿＿＿＿＿＿＿＿＿ /

＿＿＿＿＿＿＿＿＿＿＿＿＿＿＿＿＿ / ＿＿＿＿＿＿＿＿＿＿＿＿＿＿＿＿＿＿.

2 These bite wounds showed // that slow lorises are very protective / of their own area / and use their poison to fight / over things like mates or territory. **Hint** 주어 2개, 동사 3개

→ ＿＿＿＿＿＿＿＿＿＿＿＿＿＿＿＿＿＿ // ＿＿＿＿＿＿＿＿＿＿＿＿＿＿＿＿＿ / ＿＿＿＿＿＿＿＿＿＿

＿＿＿＿＿＿＿＿＿ / ＿＿＿＿＿＿＿＿＿＿＿＿＿＿＿＿＿ / ＿＿＿＿＿＿＿＿＿＿＿＿＿＿＿＿.

3 This study is important // because it's rare / to see animals use poison / against their own species.

Hint 주어 3개, 동사 2개

→ ＿＿＿＿＿＿＿＿＿＿＿＿＿＿＿ // ＿＿＿＿＿＿＿＿＿＿＿＿＿＿＿＿ / ＿＿＿＿＿＿＿＿＿＿＿＿＿＿＿ /

＿＿＿＿＿＿＿＿＿＿＿＿＿＿＿＿＿.

어휘 Practice

1 다음 각 단어의 의미에 해당하는 것을 연결하세요.

(1) raise   •   • ⓐ to exchange thoughts or ideas

(2) communicate •   • ⓑ to experience pain, illness

(3) suffer   •   • ⓒ to move something higher

2 다음 우리말과 의미가 같도록 빈칸에 주어진 철자로 시작하는 단어를 쓰세요.

(1) 범죄는 이 도시에서 심각한 문제이다.

→ Crime is a s_____ problem in this town.

(2) 바다거북은 야생에서 해변에 알을 낳는다.

→ Sea turtles lay their eggs on beaches in the w_____.

(3) 아마존에는 수천 종의 동식물이 있다.

→ There are thousands of s_____ of animals and insects in the Amazon.

서술형 Practice

[3-4] 배열 영작 다음 우리말과 의미가 같도록 주어진 단어를 올바르게 배열하세요.

3 그들은 결심했다 / 돈을 모으기로 / 차를 사기 위해.

  ↳ 그들은 차를 사기 위해 돈을 모으기로 결심했다.

(a car / they / to save / to buy / money / decided)

→ _____ .

4 그 오븐은 사용될 수 있다 / 쿠키를 굽는 데뿐만 아니라 / 고기를 요리하는 데도.

  ↳ 그 오븐은 쿠키를 굽는 데뿐만 아니라 고기를 요리하는 데도 사용된다.

(for / meat / but also / baking / not only / for / cooking / cookies)

→ The oven can be used _____ .

5 조건 영작 다음 우리말과 의미가 같도록 주어진 단어를 사용하여 문장을 완성하세요.

> 새로운 언어를 배우는 것은 도전적이다. (challenging)

→ _____ _____ _____ _____ learn a new language.

21 사막 도시의 친환경 에어컨

정답과 해설 p.94

직독직해가 쉬워지는 구문

☑ Reading의 필수 구문 3개를 확인한 후, 각 문장의 해석을 완성하세요.

1일 1문장 구문 「명사＋과거분사(p.p.) ~」: ~된, ~하게 된 (명사)

TIP 과거분사구가 문장의 주어를 뒤에서 꾸며 줄 때, 과거분사구가 어디까지인지 잘 파악해야 문장을 올바르게 해석할 수 있어요.

The car **parked** in front of the house belongs to our neighbor.

_____ 우리 이웃의 것이다.

구문 Plus ① 「~ 명사(선행사), which＋동사 ...」: ~하다, 그리고[그런데] 그것은 …

TIP 콤마(,)로 이어지는 관계대명사절은 문맥상 알맞은 '접속사＋(대)명사'로 바꿔 해석해요.

I recently visited the national park, **which** is home to many animals.

나는 최근에 국립공원을 방문했다, _____ 많은 동물의 서식지이다.

구문 Plus ② 「though＋주어＋동사 ~」: (비록) ~이긴 하지만

TIP 접속사 though는 앞뒤 문장이 대조되는 내용을 나타낼 때 사용해요.

I missed the bus to school, **though** I woke up early.

_____ , 학교로 가는 버스를 놓쳤다.

직독직해 Practice

☑ 각 문장의 주어에는 밑줄을, 동사에는 동그라미 해보세요.

☑ 그다음 끊어 읽기한 부분에 주의하여 빈칸에 해석을 써보세요.

1 Some scholars insist // that structures / found on the remains / of a Persian temple / may be the oldest windcatchers. **Hint** 주어 2개, 동사 2개

    *remains 유적

→ _____ // _____ / _____ /

_____ / _____ .

2 In the hot summer, / people often use air conditioners more, // which consume a lot of electricity.

Hint 주어 1개, 동사 2개

→ _____ , / _____ , // _____

_____ .

3 The exact origin of windcatchers / is not clear, // though they appear / in ancient Egyptian art / over 3,000 years old. **Hint** 주어 2개, 동사 2개

→ _____ / _____ , // _____ /

_____ / _____ .

어휘 Practice

1 다음 단어의 우리말 뜻이 <u>잘못된</u> 것은?

① origin: 기원, 근원   ② useful: 쓸모없는   ③ insist: 주장하다

④ scholar: 학자   ⑤ traditional: 전통적인

2 다음 빈칸에 공통으로 들어갈 단어로 가장 알맞은 것은?

- The _____ of cars changed the world.
- His new _____ made him famous and rich.

① temple   ② symbol   ③ structure

④ invention   ⑤ electricity

3 다음 밑줄 친 부분의 쓰임이 자연스러우면 ○, 그렇지 않으면 ✕로 표시하세요.

(1) It usually rains a lot in <u>deserts</u>.   _____

(2) The <u>exact</u> number of people here is around 20.   _____

(3) The first Olympic games took place in <u>ancient</u> Greece.   _____

서술형 Practice

[4-5] 배열 영작 다음 우리말과 의미가 같도록 주어진 단어를 올바르게 배열하세요.

4 비록 더웠지만, / 우리는 소풍을 즐겼다.

↳ 비록 더웠지만, 우리는 소풍을 즐겼다.

(hot / though / it / enjoyed / was / the picnic / we)

→ _____, _____.

5 우리는 걸었다 / 강을 따라, / 그런데 그것은 흐른다 / 도시를 관통하여.

↳ 우리는 강을 따라 걸었는데, 그것은 도시를 통해 흐른다.

(the city / along / flows / walked / through / we / which / the river)

→ _____, _____.

6 조건 영작 다음 우리말과 의미가 같도록 주어진 단어를 사용하여 문장을 완성하세요.

미술관에 전시된 그림들은 지역 예술가들에 의해 창작된 것이다. (display, the paintings)

→ _____ _____ _____ in the gallery are created by local artists.

22 뜨끈한 컴퓨터가 이것도 데워요

직독직해가 쉬워지는 **구문**

✓ Reading의 필수 구문 3개를 확인한 후, 각 문장의 해석을 완성하세요.

1일 1문장 구문 「장소를 나타내는 명사(선행사)+[where+주어+동사 ~]」: ~하는[~한] (명사)

TIP 관계부사 where는 선행사가 '장소를 나타낼 때 쓰여요.

She took me to a place **where** we could watch the sunset.

그녀는 우리가 일몰을 _____ 로 나를 데려갔다.

구문 Plus ① 분사구문 「주어+동사 ~, 현재분사(v-ing) ...」: 그리고[그래서] …하다

TIP 분사구문은 '~할 때, ~하는 동안, ~한 후에, ~이기 때문에' 등과 같이 다양한 의미를 나타낼 수 있으므로 문맥에 맞게 해석하는 것이 중요해요.

It rained heavily, **causing** damage in many parts of the country.

비가 많이 왔다, _____ 그 나라의 많은 지역에 _____.

구문 Plus ② 「so+형용사/부사+that ...」: 너무[정말] ~해서 …하다 (결과)

TIP so의 위치에 따라서 부사절이 결과 또는 목적을 나타내기 때문에 해석에 유의해야 해요.

The weather was **so hot that** we decided to go swimming.

날씨가 _____.

직독직해 Practice

✓ 각 문장의 주어에는 밑줄을, 동사에는 동그라미 해보세요.

✓ 그다음 끊어 읽기한 부분에 주의하여 빈칸에 해석을 써보세요.

1 Data centers are places // where computers and machines store lots of information.

Hint 주어 2개, 동사 2개

→ _____ // _____.

2 The pool gets free heat, / cutting its gas consumption by 62%.

→ _____, / _____.

3 This idea is so good // that Deep Green plans to do this / for more pools, / which will help both itself and the environment. **Hint** 주어 2개, 동사 3개

→ _____ // _____ / _____

_____, / _____.

 내신 맛보기

어휘 Practice

1 다음 단어의 우리말 뜻이 <u>잘못된</u> 것은?

① cut: 줄이다   ② warm: 데우다   ③ install: 삭세하나

④ situation: 상황, 상태   ⑤ underneath: ~의 밑에

2 다음 빈칸에 들어갈 수 <u>없는</u> 것을 <u>모두</u> 고르세요.

> • The store gives a _____ balloon to every child.
> • Can you _____ these boxes in the garage please?
> • The _____ from the fireplace kept us warm.

① heat   ② free   ③ store   ④ capture   ⑤ benefit

3 다음 우리말과 의미가 같도록 빈칸에 알맞은 표현을 쓰세요.

> 어떤 사람들은 도전을 성장할 기회로 여긴다.

→ Some people _____ challenges _____ opportunities to grow.

서술형 Practice

[4-5] **배열 영작** 다음 우리말과 의미가 같도록 주어진 단어를 올바르게 배열하세요.

4 돌아가자 / 그 장소로 / 우리가 출발했던.

↳ 우리가 출발했던 곳으로 돌아가자.

(go back / started / we / to the place / where / let's)

→ _____.

5 그녀는 열심히 공부했다, / 그래서 얻었다 / 우수한 성적을 / 학교에서.

↳ 그녀는 열심히 공부해서, 학교에서 우수한 성적을 얻었다.

(in school / excellent / achieving / grades)

→ She studied hard, _____.

6 **조건 영작** 다음 우리말과 의미가 같도록 주어진 단어를 사용하여 문장을 완성하세요.

> 그 요리는 너무 매워서 내 얼굴이 빨개졌다. (spicy)

→ The dish was _____ _____ _____ my face turned red.

23 달에서의 임무를 위해 이것이 필수!

정답과 해설 p.95

직독직해가 쉬워지는 구문

✓ Reading의 필수 구문 3개를 확인한 후, 각 문장의 해석을 완성하세요.

1월 1문장 구문 「once＋주어＋동사 ~」: 일단 …가 ~하면, …가 ~하자마자

TIP once 뒤에 〈주어＋동사〉가 오면 부사절을 이끄는 접속사로 쓰인 거예요.

Once she arrives, we can start the meeting.

_____, 우리는 회의를 시작할 수 있다.

구문 Plus 1 보어로 쓰이는 「that＋주어＋동사 ~」: ~하는 것이다

TIP 문장에서 보어로 쓰인 that절은 주어를 보충 설명하며, 주로 be동사 뒤에 쓰여요.

The interesting fact is **that** polar bears have black skin.

흥미로운 사실은 북극곰들이 _____.

구문 Plus 2 「make＋it(가목적어)＋형용사＋to부정사(진목적어) …」: …하는 것을 ~하게 만들다

TIP 여기서 it은 가목적어로 '그것'으로 해석하지 않아요.

The new app **makes it** easy **to communicate** with others.

그 새로운 앱은 _____.

직독직해 Practice

✓ 각 문장의 주어에는 밑줄을, 동사에는 동그라미 해보세요.

✓ 그다음 끊어 읽기한 부분에 주의하여 빈칸에 해석을 써보세요.

1 But / once they set up a standard time system / for the moon, // they can quickly make and manage / the same system / for other planets too. **Hint** 주어 2개, 동사 3개

→ _____ / _____ / _____, //

_____ / _____ / _____.

2 One of the problems is // that clocks work differently / on the moon / and in space / around the moon. **Hint** 주어 2개, 동사 2개

→ _____ // _____ / _____ /

_____ / _____.

3 These problems make it hard / to know the correct time / on the moon.

→ _____ / _____ / _____.

어휘 Practice

1 다음 빈칸에 공통으로 들어갈 단어로 가장 알맞은 것은?

> • Please take a _____ back and stand behind the line.
> • Collecting data is an important _____ in any research.

① step ② system ③ planet ④ mission ⑤ spaceship

2 다음 우리말과 의미가 같도록 빈칸에 주어진 철자로 시작하는 단어를 쓰세요.

(1) 팀의 각 구성원은 질문에 대답해야 한다.

→ E_____ member of the team has to answer a question.

(2) 신장과 체형에 따른 표준 체중을 확인하세요.

→ Check the s_____ weight for your height and body type.

(3) 그들은 내일 로켓을 우주로 발사할 것이다.

→ They will l_____ a rocket into space tomorrow.

서술형 Practice

[3-4] 배열 영작 다음 우리말과 의미가 같도록 주어진 단어를 올바르게 배열하세요.

3 주된 문제는 ~이다 / 사람들이 에너지를 낭비한다 / 너무 많이.
  ↳ 주된 문제는 사람들이 너무 많은 에너지를 낭비한다는 것이다.

(waste / people / the main problem / that / is / energy / so much)

→ _____ .

4 해가 지자마자 / 기온은 떨어질 수 있다 / 영하로.
  ↳ 해가 지자마자 기온은 영하로 떨어질 수 있다.

(the temperature / can drop / goes down / the sun / once)

→ _____, _____ below zero degrees.

5 조건 영작 다음 우리말과 의미가 같도록 주어진 단어를 사용하여 문장을 완성하세요.

> 교통 체증은 어디든 제시간에 도착하는 것을 어렵게 만든다. (difficult, get)

→ Heavy traffic _____ _____ _____ _____

_____ anywhere on time.

24 현재의 나 vs. 미래의 나

직독직해가 쉬워지는 구문

✓ Reading의 필수 구문 3개를 확인한 후, 각 문장의 해석을 완성하세요.

1일 1문장 구문 「have+A(목적어)+과거분사(p.p.)」: (누군가를 시켜) A가 ~되도록 하다[당하다]

TIP 이때 목적어와 목적격보어(p.p.)는 수동 관계가 돼요.

The hotel **had** the rooms **cleaned** before the guests arrived.

그 호텔은 고객들이 도착하기 전에 _____ .

구문 Plus 1 「if+주어+동사 ~ (or not)」: …가 ~인지 (아닌지)

TIP 접속사 if가 이끄는 명사절은 주로 동사의 목적어 역할을 해요.

Call the store to check **if** it is still open.

_____ 확인하기 위해 그곳에 전화해라.

구문 Plus 2 「관계대명사 what+주어+동사 ~」: ~하는 것(들)

TIP 관계대명사 what은 선행사 the thing(s)를 포함하므로 앞에 선행사가 따로 없어요. 선행사가 없기 때문에 what이 이끄는 절 자체가 명사처럼 쓰여 문장의 주어, 목적어, 보어 역할을 하며, 전치사의 목적어로도 쓰여요.

I am sorry for **what** I said yesterday.

_____ 에 대해 미안해.

직독직해 Practice

✓ 각 문장의 주어에는 밑줄을, 동사에는 동그라미 해보세요.

✓ 그다음 끊어 읽기한 부분에 주의하여 빈칸에 해석을 써보세요.

1 So, / Ulysses had himself tied to his ship / and had his sailors' ears filled with wax. **Hint** 주어 1개, 동사 2개

➜ _____ , / _____ / _____

_____ .

2 A university professor did an experiment / with his students / to see // if deadlines for their reports would make / them work better. **Hint** 주어 2개, 동사 2개

➜ _____ / _____ / _____ //

_____ / _____ .

3 It's similar to // what the Greek hero Ulysses did. **Hint** 주어 2개, 동사 2개

➜ _____ // _____ .

내신 맛보기

어휘 Practice

1 다음 영영 풀이가 설명하는 단어로 가장 알맞은 것은?

> an official document that gives information

① wax   ② report   ③ deadline   ④ solution   ⑤ experiment

2 다음 우리말과 의미가 같도록 빈칸에 알맞은 단어를 〈보기〉에서 찾아 쓰세요.

> ┤ 보기 ├
>
> challenge   present   strategy   strict   attract

(1) 현재 상황: the _____ situation

(2) 문제에 직면하다: face a _____

(3) 엄격한 식단을 따르다: follow a _____ diet

3 다음 우리말과 의미가 같도록 빈칸에 알맞은 표현을 쓰세요.

> 수업 끝날 때까지 숙제를 제출하는 것을 잊지 마라.

→ Don't forget to _____ _____ your homework by the end of the class.

서술형 Practice

[4-5] 배열 영작 다음 우리말과 의미가 같도록 주어진 단어를 올바르게 배열하세요.

4 나는 냉장고를 열었다 / 확인하기 위해 / 우유가 있는지.

   ↳ 우유가 있는지 확인하기 위해 냉장고를 열었다.

(there / any milk / was / to see / if)

→ I opened the fridge _____.

5 저희에게 보여 주시겠어요 / 당신이 발견한 것들을 / 당신의 연구에서?

   ↳ 당신의 연구에서 발견한 것들을 저희에게 보여 주시겠어요?

(what / found / your research / from / you)

→ Can you show us _____?

6 조건 영작 다음 우리말과 의미가 같도록 주어진 단어를 사용하여 문장을 완성하세요.

> 그는 벽이 흰색으로 칠해지도록 했다. (the walls, paint)

→ He _____ _____ _____ _____ white.

25 우주를 떠다니는 마시멜로?

정답과 해설 p.96

직독직해가 쉬워지는 구문

✓ Reading의 필수 구문 3개를 확인한 후, 각 문장의 해석을 완성하세요.

1일 1문장 구문 「so+형용사/부사+that ...」: 너무[정말] ~해서 ...하다 (결과)

The movie was **so** boring **that** I almost fell asleep.

_____ 나는 거의 잠들 뻔했다.

구문 Plus 1 「A as+형용사/부사+as B」: A는 B만큼 ~한/~하게

TIP A와 B 두 대상을 비교해서 서로 정도가 비슷하거나 같을 때 as ~ as 원급 표현을 사용해요.

The blue whale's tongue is **as heavy as** an elephant.

대왕고래의 혀는 _____.

구문 Plus 2 「It(가주어) ~ for+A(목적격)+to부정사(진주어) ...」: A가 ...하는 것은 ~하다

TIP 의미상의 주어가 명사일 때는 for 뒤에 그대로 써주면 돼요.

It was hard **for her to read** small letters without her glasses.

_____ 어려웠다.

직독직해 Practice

✓ 각 문장의 주어에는 밑줄을, 동사에는 동그라미 해보세요.

✓ 그다음 끊어 읽기한 부분에 주의하여 빈칸에 해석을 써보세요.

1 It's so big // that it's a little larger than Jupiter. **Hint** 주어 2개, 동사 2개

→ _____ // _____.

2 Even though this planet is as big as Jupiter, // it's much lighter. **Hint** 주어 2개, 동사 2개

→ _____, // _____.

3 ~ // they thought / it was hard for giant planets to form / around red dwarf stars. **Hint** 주어 3개, 동사 2개

*dwarf star 왜성

→ ~ // _____ / _____ / _____.

어휘 Practice

1 다음 단어의 우리말 뜻이 <u>잘못된</u> 것은?

① universe: 우주   ② float: 뜨다   ③ giant: 거대한

④ form: 형성되다   ⑤ even though: ~하는 동안

2 다음 우리말과 의미가 같도록 빈칸에 알맞은 단어를 〈보기〉에서 찾아 쓰세요.

보기					
far	form	until	location	away	float

(1) 내일 아침까지: _____ tomorrow morning

(2) 좋은 위치에 있는: in a good _____

(3) 집에서 멀리 떨어져: _____ _____ from home

3 다음 우리말과 의미가 같도록 빈칸에 알맞은 표현을 쓰세요.

> 그녀는 매우 똑똑하다. 다시 말해서, 그녀는 빨리 배운다.

→ She's very bright. _____ _____ _____, she learns things quickly.

서술형 Practice

[4-5] [배열 영작] 다음 우리말과 의미가 같도록 주어진 단어를 올바르게 배열하세요.

4 그의 손은 ~이었다 / 차가운 / 얼음만큼.
   ↳ 그의 손은 얼음처럼 차가웠다.

(cold / his / as / ice / as / hands / were)

→ _____.

5 그 케이크는 정말 맛있어서 / 모든 사람이 요청했다 / 조리법을.
   ↳ 그 케이크는 정말 맛있어서 모든 사람이 조리법을 요청했다.

(delicious / everyone / that / asked for / so / the recipe)

→ The cake was _____.

6 [조건 영작] 다음 우리말과 의미가 같도록 주어진 단어를 사용하여 문장을 완성하세요.

> 내가 높은 구두를 신고 걷는 것은 어려웠다. (difficult, walk)

→ It was _____ _____ _____ _____

_____ in heels.

26 농작물에도 시간이 필요해

정답과 해설 p.96

직독직해가 쉬워지는 구문

✔ Reading의 필수 구문 3개를 확인한 후, 각 문장의 해석을 완성하세요.

1일 1문장 구문 「형용사의 비교급＋명사＋than ~」: ~보다 더 …한 (명사)

This shop offers a **better** price **than** the other shop.

이 상점은 다른 상점보다 _____ 제공한다.

구문 Plus 1 '계속'의 「have/has＋과거분사(p.p.)」: (지금까지) 쭉 ~해왔다

TIP 과거에 일어난 일이 현재까지도 '계속'되고 있다는 의미를 나타내며, 〈since＋시점〉 등의 표현과 함께 자주 쓰여요.

She **has lived** in this city since last year.

그녀는 작년 이후로 이 도시에서 _____.

구문 Plus 2 '명사/형용사/부사' 역할을 하는 「to＋동사원형」

TIP to부정사는 '~하는 것, ~하는, ~할, ~하기 위해'와 같이 다양한 의미를 나타낼 수 있으므로 문맥에 맞게 해석하는 것이 중요해요.

To become a doctor, the first thing **to do** is **to study** hard.

의사가 _____, _____ 첫 번째 일은 열심히 _____ 이다.

직독직해 Practice

✔ 각 문장의 주어에는 밑줄을, 동사에는 동그라미 해보세요.

✔ 그다음 끊어 읽기한 부분에 주의하여 빈칸에 해석을 써보세요.

1 ~, // you'll find / that today's carrot has lower nutrient levels / than its ancestor. **Hint** 주어 2개, 동사 2개

→ ~, // _____ / _____ /

_____.

2 ~ // that the levels of vitamins and minerals / in fruits and vegetables / have reduced / since the early 20th century.

→ ~ // _____ / _____ / _____ /

_____.

3 To fix this problem, / the first thing to do / is to let the soil rest.

→ _____, / _____ / _____.

 맛보기

어휘 Practice

1 다음 영영 풀이가 설명하는 단어로 가장 알맞은 것은?

a plant or plant product that is grown by farmers

① soil　　　　② crop　　　　③ level　　　　④ shade　　　　⑤ vitamin

2 다음 우리말과 의미가 같도록 빈칸에 주어진 철자로 시작하는 단어를 쓰세요.

(1) 자연재해는 도시 전체에 심각하게 피해를 줄 수 있다.

→ Natural disasters can seriously d_____ the entire city.

(2) 재활용하는 것은 쓰레기의 양을 줄일 수 있다.

→ Recycling can r_____ the amount of waste.

3 다음 우리말과 의미가 같도록 빈칸에 알맞은 표현을 쓰세요.

프로젝트의 주요 목표에 초점을 맞춥시다.

→ Let's _____ _____ the main goal of the project.

서술형 Practice

[4-5] 배열 영작 다음 우리말과 의미가 같도록 주어진 단어를 올바르게 배열하세요.

4 나는 쭉 가지고 있었다 / 이 노트북 컴퓨터를 / 올해 초부터.

↳ 나는 올해 초부터 이 노트북 컴퓨터를 가지고 있다.

(since / have had / I / the beginning of this year / this laptop)

→ _____.

5 이 식당은 ~가 있다 / 더 좋은 후기들이 / 다른 곳보다.

↳ 이 식당은 다른 곳보다 나은 후기들이 있다.

(the other one / better / has / than / this restaurant / reviews)

→ _____.

6 조건 영작 다음 우리말과 의미가 같도록 주어진 단어를 사용하여 문장을 완성하세요.

아이를 키우기 위해, 해야 할 가장 중요한 것은 인내심을 가지는 것이다. (raise, do, be)

→ _____ _____ a child, the most important thing _____

_____ is _____ _____ patient.

27 대변의 새로운 발견

직독직해가 쉬워지는 구문

✓ Reading의 필수 구문 3개를 확인한 후, 각 문장의 해석을 완성하세요.

1일 1문장 구문 「so that＋주어＋동사 ~」: ~하기 위해서, ~하도록

TIP 목적을 나타내는 so that 뒤에는 조동사 can, will 등이 함께 자주 쓰여요.

She speaks clearly **so that** her students can understand her.

그녀는 자신의 _____ 명확하게 말한다.

구문 Plus 1 목적어 역할을 하는 「동사원형＋-ing」: ~하는[~한] 것을, ~하기로

TIP 동명사를 목적어로 취하는 동사로는 enjoy, finish, suggest, involve 등이 있어요.

They finished **eating** breakfast and began **packing** for their trip.

그들은 _____ 여행을 위해 _____ .

구문 Plus 2 「without＋v-ing」: ~하지 않고

TIP 전치사 뒤에는 주로 (대)명사 또는 동명사(v-ing)가 오며 to부정사(to-v)는 올 수 없어요.

He solved the puzzle **without looking** at the answers.

그는 _____ 퍼즐을 풀었다.

직독직해 Practice

✓ 각 문장의 주어에는 밑줄을, 동사에는 동그라미 해보세요.

✓ 그다음 끊어 읽기한 부분에 주의하여 빈칸에 해석을 써보세요.

1 The scientists have been working hard // so that they can make / the treatment safe and effective.

Hint 주어 2개, 동사 2개

→ _____ // _____ /

_____ .

2 This unusual method involves / taking healthy bacteria / from a healthy person's poo / and putting them / into a sick person's gut.

*gut 장(腸)

→ _____ / _____ / _____ /

_____ / _____ .

3 If this new treatment works, // it could make these patients better / in a safer way, / without weakening their immune system. Hint 주어 2개, 동사 2개

→ _____ , // _____ /

_____ , / _____ .

어휘 Practice

1 다음 단어의 우리말 뜻이 <u>잘못된</u> 것은?

① cancer: 암   ② attack: 공격하다   ③ serious: 심각한

④ treatment: 치료   ⑤ particularly: 평범하게

2 다음 짝지어진 단어끼리 같은 관계가 되도록 빈칸에 알맞은 단어를 쓰세요.

> familiar : unfamiliar = common : _____

3 다음 빈칸에 들어갈 수 <u>없는</u> 것을 <u>모두</u> 고르세요.

> • His _____ is to improve his skills.
> • Starting a business will _____ careful planning.
> • Skipping meals can _____ your energy levels.

① aim   ② unusual   ③ involve   ④ disease   ⑤ weaken

서술형 Practice

[4-5] 배열 영작 다음 우리말과 의미가 같도록 주어진 단어를 올바르게 배열하세요.

4 그녀는 방에 들어왔다 / 노크하지 않고.
  ↳ 그녀는 노크하지 않고 방에 들어왔다.

(the room / without / she / knocking / entered)

→ _____ .

5 나는 가까이 앉았다 / 그에게 / 내가 그의 말을 들을 수 있도록 / 더 잘.
  ↳ 나는 그의 말을 더 잘 들을 수 있도록 가까이 앉았다.

(sat close / could hear / him / I / to him / so that / better / I)

→ _____ .

6 조건 영작 다음 우리말과 의미가 같도록 주어진 단어를 사용하여 문장을 완성하세요.

> 그는 영화를 보고 피자를 주문하는 것을 제안했다. (order, watch, suggest)

→ He _____ _____ a movie and _____ pizza.

28 지구와 하나가 되어가는 플라스틱

정답과 해설 p.97

직독직해가 쉬워지는 구문

✓ Reading의 필수 구문 3개를 확인한 후, 각 문장의 해석을 완성하세요.

1일 1문장 구문 **과거완료 「had+과거분사(p.p.)」: ~했다**

TIP 과거에 일어난 두 가지 일 중 '먼저 일어난 일'을 나타낼 때 사용해요.

She **had packed** her bags before she left for the airport.

그녀는 공항으로 떠나기 전에 _____.

구문 Plus 1 **분사구문 「주어+동사 ~, 현재분사(v-ing) ...」: 그리고[그래서] ...하다**

TIP 분사구문은 '~할 때, ~하는 동안, ~한 후에, ~이기 때문에' 등과 같이 다양한 의미를 나타낼 수 있으므로 문맥에 맞게 해석하는 것이 중요해요.

The weather was so cold, **causing** the river to freeze.

날씨가 너무 _____.

구문 Plus 2 **간접의문문 「how+주어+동사 ~」: 어떻게 ...가 ~하는지**

TIP 의문사가 이끄는 명사절은 동사의 목적어나 전치사의 목적어로 쓰일 수 있어요.

Here is an example of **how** animals hunt at night.

여기 _____ 에 대한 예시가 있다.

직독직해 Practice

✓ 각 문장의 주어에는 밑줄을, 동사에는 동그라미 해보세요.

✓ 그다음 끊어 읽기한 부분에 주의하여 빈칸에 해석을 써보세요.

1 Santos found // that ocean currents had carried and piled plastic trash / like fishing nets and bottles / to the island. (Hint) 주어 2개, 동사 3개

→ _____ // _____ /

_____ / _____.

2 Under the hot sun, / this plastic melted and stuck to the beach, / forming these unique rocks.

(Hint) 주어 1개, 동사 2개

→ _____, / _____, / _____

_____.

3 These plastic rocks are evidence / of how human actions are changing natural processes.

(Hint) 주어 2개, 동사 2개

→ _____ / _____.

 내신 맛보기

어휘 Practice

1 다음 단어의 우리말 뜻이 잘못된 것은?

① lab: 실험실　　　　② coast: 해류　　　　③ remote: 외진, 외딴

④ material: 물질　　　⑤ evidence: 증거

2 다음 밑줄 친 부분의 쓰임이 자연스러우면 ○, 그렇지 않으면 ×로 표시하세요.

(1) Our furniture is made of <u>natural</u> materials.　　　_____

(2) The peanut butter <u>stuck</u> to the knife.　　　_____

(3) The ice cream won't easily <u>melt</u> on hot days.　　　_____

3 다음 우리말과 의미가 같도록 빈칸에 주어진 철자로 시작하는 단어를 쓰세요.

> 나는 그 상황이 심각하다는 것을 깨달았다.

→ I r_____ that the situation was serious.

서술형 Practice

[4-5] 배열 영작 다음 우리말과 의미가 같도록 주어진 단어를 올바르게 배열하세요.

4 그녀는 충격을 받았다 / 그 소식에 / 침묵을 지켰다 / 잠시 동안.

↳ 그녀는 그 소식에 충격을 받아 잠시 동안 침묵을 지켰다.

(shocked / silent / she / remaining / at the news / for a moment / was)

→ _____, _____.

5 우리는 ~에 대해 얘기했다 / 어떻게 우리가 향상시킬 수 있는지 / 우리의 팀워크를.

↳ 우리는 어떻게 팀워크를 향상시킬 수 있는지에 대해 얘기했다.

(our teamwork / we / how / could / we / improve / talked about)

→ _____.

6 조건 영작 다음 우리말과 의미가 같도록 주어진 단어를 사용하여 문장을 완성하세요.

> 우리가 극장에 도착했을 때, 그 영화는 이미 시작했었다. (begin)

→ When we arrived at the theater, the movie _____ already _____.

29 화성의 소리는 지구와 달라요

정답과 해설 p.98

직독직해가 쉬워지는 구문

✓ Reading의 필수 구문 3개를 확인한 후, 각 문장의 해석을 완성하세요.

1일 1문장 구문 「if+주어'+동사의 과거형/were ~, 주어+would/could+동사원형 ...」: 만약 ~라면, …할 텐데

TIP if절의 과거형 동사를 과거시제처럼 '~했다[~였다]'로 해석하지 않도록 주의하세요.

If I **had** a garden, I **would grow** my own vegetables.

_____, 내가 직접 채소를 기를 텐데.

구문 Plus 1 「would be able to+동사원형」: ~할 수 있을 것이다

TIP 조동사는 다른 조동사와 연달아 사용할 수 없으므로, would can으로 쓰지 않도록 주의하세요.

He **would be able to** get better with more practice.

그는 더 많은 연습으로 _____.

구문 Plus 2 「(대)명사+to부정사」: ~하는[~할] (명사)

TIP to부정사는 (대)명사 바로 뒤에 쓰여 명사를 꾸며 주는 형용사 역할을 할 수 있어요.

I didn't have a chance **to visit** my grandmother last week.

나는 지난주에 _____ 없었다.

직독직해 Practice

✓ 각 문장의 주어에는 밑줄을, 동사에는 동그라미 해보세요.

✓ 그다음 끊어 읽기한 부분에 주의하여 빈칸에 해석을 써보세요.

1 If someone spoke next to you, // their voice would sound so quiet. **Hint** 주어 2개, 동사 2개

→ _____, // _____.

2 This means // they wouldn't be able to create harmony / as they do on Earth. **Hint** 주어 3개, 동사 3개

→ _____ // _____ / _____

_____.

3 Measuring the speed of sound / can give scientists a better way / to learn about Mars' atmosphere and environment.

→ _____ / _____ /

_____.

어휘 Practice

1 다음 단어의 의미에 해당하는 것을 찾아 연결하세요.

(1) mostly ·   · ⓐ for each

(2) slightly ·   · ⓑ in a very small amount

(3) per ·   · ⓒ almost all or almost completely

2 다음 빈칸에 공통으로 들어갈 알맞은 단어를 〈보기〉에서 찾아 쓰세요.

┌─┤ 보기 ├─

landing   thin   travel   foreign

(1)
- These birds _____ south for the winter.
- He likes to _____ abroad every winter.

(2)
- This place attracts many _____ tourists.
- Learning a _____ language can be challenging.

서술형 Practice

[3-4] [배열 영작] 다음 우리말과 의미가 같도록 주어진 단어를 올바르게 배열하세요.

3 그는 ~할 수 없을 것이다 / 식사를 요리하는 것을 / 조리법 없이.

  ↳ 그는 조리법 없이는 식사를 요리하지 못할 것이다.

(to cook / wouldn't / he / a meal / able / be)

→ _____ without a recipe.

4 만약 내가 가지고 있다면 / 시간여행 자동차를, / 나는 방문할 텐데 / 역사적인 사건들을.

  ↳ 만약 내가 시간여행 자동차를 가지고 있다면, 역사적인 사건들을 방문할 텐데.

(visit / a time-traveling car / would / I / if / had / I)

→ _____, _____ historical events.

5 [조건 영작] 다음 우리말과 의미가 같도록 주어진 단어를 사용하여 문장을 완성하세요.

┌───┐
부모님께서는 혼자 여행한다는 내 결정을 존중해 주셨다. (travel, decision)
└───┘

→ My parents respected _____ _____ _____ _____

  alone.

30 한 세탁부의 따뜻한 마음

정답과 해설 p.98

직독직해가 쉬워지는 구문

✓ Reading의 필수 구문 3개를 확인한 후, 각 문장의 해석을 완성하세요.

1일 1문장 구문 동격을 나타내는 「A + 콤마(,) + B」: A는 B인데, B인 A (A = B)

The athlete, **an Olympic gold medalist**, decided to retire.

_____ 그 선수는 은퇴하기로 결정했다.

구문 Plus 1 과거완료 「had + 과거분사(p.p.)」: ~했다

TIP 과거완료는 과거 특정한 때를 기준으로 그때까지의 '계속, 경험, 완료, 결과'의 의미를 나타내요.

Mom **had taught** children for five years before she met my dad.

엄마는 아빠를 만나시기 전에, 5년간 아이들을 _____.

구문 Plus 2 「those who + 동사 ~」: ~하는 사람들 (= the people who ~)

TIP 주격 관계대명사 who가 이끄는 절이 선행사 those를 꾸며 줘요.

Those who listen carefully can better understand others.

_____ 다른 사람을 더 잘 이해할 수 있다.

직독직해 Practice

✓ 각 문장의 주어에는 밑줄을, 동사에는 동그라미 해보세요.

✓ 그다음 끊어 읽기한 부분에 주의하여 빈칸에 해석을 써보세요.

1 The banker gave her 10 coins, / each worth 10 percent of her savings, // and asked her to divide the coins. **Hint** 주어 1개, 동사 2개

→ _____, / _____, //

_____.

2 An elderly lady / named Oseola McCarty / had spent her whole life / doing laundry for others / and saved more than $250,000. **Hint** 주어 1개, 동사 2개

→ _____ / _____ / _____ /

_____ / _____.

3 Today, / those who donate to the university / are part of a group / known as the McCarty Legacy Society. **Hint** 주어 1개, 동사 2개

→ _____, / _____ / _____ /

_____.

 내신 맛보기

어휘 Practice

1 다음 영영 풀이가 설명하는 단어를 〈보기〉에서 찾아 쓰세요.

| 보기 |
| once   whole   divide   afford   generous |

(1) having the entire amount: _____

(2) to separate into two or more parts: _____

(3) freely giving money and other things: _____

2 다음 우리말과 의미가 같도록 빈칸에 알맞은 단어를 〈보기〉에서 찾아 쓰세요.

| 보기 |
| fee   to   for   worth   have   ask   symbol |

(1) 도움을 요청하다: _____ _____ help

(2) 500만 달러의 가치가 있는 그림: a painting _____ five million dollars

(3) 평화와 조화의 상징: a _____ of peace and harmony

서술형 Practice

[3-4] 배열 영작 다음 우리말과 의미가 같도록 주어진 단어를 올바르게 배열하세요.

3 우리는 살았었다 / 그 집에서 / 10년 동안 / 이사 전에.

↳ 우리는 이사 전에 그 집에서 10년 동안 살았었다.

(for ten years / lived / we / in that house / had)

→ _____ before moving.

4 엄마는 구우셨다 / 초콜릿 케이크를, / 내가 좋아하는 디저트인, / 내 생일을 위해.

↳ 엄마는 내 생일을 위해 내가 좋아하는 디저트인 초콜릿 케이크를 구우셨다.

(for my birthday / baked / my favorite dessert / Mom / a chocolate cake)

→ _____, _____, _____.

5 조건 영작 다음 우리말과 의미가 같도록 주어진 단어를 사용하여 문장을 완성하세요.

| 자신의 실수로부터 배우는 사람들은 시간이 지나면서 더 현명해진다. (learn, those) |

→ _____ _____ _____ from their mistakes grow wiser over time.

31 감자는 먹기만 하는 게 아니에요

정답과 해설 p.99

직독직해가 쉬워지는 구문

✔ Reading의 필수 구문 3개를 확인한 후, 각 문장의 해석을 완성하세요.

1일 1문장 구문 「the 비교급+주어+동사 ~, the 비교급+주어+동사 …」: ~하면 할수록, 더 …하다

TIP 해석하거나 문장을 쓸 때 어순과 비교급의 형태에 주의하세요.

The more you eat junk food, **the worse** your health will become.

네가 정크 푸드를 _____, 네 건강이 _____.

구문 Plus 1 「twice, three times …+as 형용사/부사 as ~」: ~보다 몇 배 더 …한/…하게

TIP 'twice(두 배), three times(세 배)'와 같은 배수 표현을 사용하여 비교하는 대상과 몇 배 차이가 나는지 나타낼 수 있어요.

The mountain is **twice as tall as** the hill next to it.

그 산은 옆에 있는 언덕보다 _____.

구문 Plus 2 「since+주어+동사 ~」: ~ 때문에, ~여서

TIP 접속사 since는 '~한 이후로'라는 의미로도 자주 쓰이므로 문맥에 맞게 해석해야 해요.

Since we are late, we need to take a taxi instead of the bus.

_____, 버스 대신에 택시를 타야 한다.

직독직해 Practice

✔ 각 문장의 주어에는 밑줄을, 동사에는 동그라미 해보세요.

✔ 그다음 끊어 읽기한 부분에 주의하여 빈칸에 해석을 써보세요.

1 The heavier it is, // the more it costs / to send up there. **Hint** 주어 2개, 동사 2개

→ _____, // _____ / _____

_____.

2 This "space concrete" is twice as strong / as the concrete we use on Earth. **Hint** 주어 2개, 동사 2개

→ _____ / _____.

3 Since StarCrete won't need / any additional technology or equipment, // astronauts' missions /

could be simpler and cheaper. **Hint** 주어 2개, 동사 2개

→ _____ / _____, //

_____ / _____.

어휘 Practice

1 다음 단어의 우리말 뜻이 <u>잘못된</u> 것은?

① dust: 흙먼지　　　② muscle: 근육　　　③ invent: 발명하다

④ material: 재료, 물질　　　⑤ produce: 보장하다

2 다음 빈칸에 알맞은 단어를 〈보기〉에서 찾아 쓰세요.

┌─┤ 보기 ├─────────────────────────────────┐

cost　　　mission　　　imagine　　　strength

└──────────────────────────────────────┘

(1) This rope has enough ＿＿＿＿＿＿＿ to carry the weight of 50 kg.

(2) How much does it ＿＿＿＿＿＿＿ to repair the washing machine?

3 다음 우리말과 의미가 같도록 빈칸에 주어진 철자로 시작하는 단어를 쓰세요.

┌──────────────────────────────────────┐

오늘날, 과학 기술은 교육에서 중요한 역할을 한다.

└──────────────────────────────────────┘

→ These days, t＿＿＿＿＿＿＿ plays an important role in education.

서술형 Practice

[4-5] 배열 영작 다음 우리말과 의미가 같도록 주어진 단어를 올바르게 배열하세요.

4 공휴일이었기 때문에, / 많은 가게가 문을 닫았다.

↳ 공휴일이라서, 많은 가게가 문을 닫았다.

(it / closed / a public holiday / were / since / was / many stores)

→ ＿＿＿＿＿＿＿＿＿＿＿＿＿＿＿, ＿＿＿＿＿＿＿＿＿＿＿＿＿＿＿.

5 새로운 호텔은 ~일 것이다 / 세 배 더 큰 / 예전 것보다.

↳ 새로운 호텔은 예전 것보다 세 배 더 클 것이다.

(times / big / the old one / as / as / three)

→ The new hotel will be ＿＿＿＿＿＿＿＿＿＿＿＿＿＿＿.

6 조건 영작 다음 우리말과 의미가 같도록 주어진 단어를 사용하여 문장을 완성하세요.

┌──────────────────────────────────────┐

너는 더 많이 배울수록, 네 능력에 대해 더 자신감이 생긴다. (confident)

└──────────────────────────────────────┘

→ ＿＿＿＿＿＿＿ ＿＿＿＿＿＿＿ you learn, ＿＿＿＿＿＿＿ ＿＿＿＿＿＿＿

＿＿＿＿＿＿＿ you become in your abilities.

32 호주의 지폐에 무슨 일이?

정답과 해설 p.99

직독직해가 쉬워지는 구문

✅ Reading의 필수 구문 3개를 확인한 후, 각 문장의 해석을 완성하세요.

[1일 1문장 구문] 「**for+A(목적격)+to부정사**」: A가 ~하다

TIP to부정사의 의미상 주어는 문장의 주어와 구분하기 위해 to부정사 바로 앞에 〈for+목적격〉으로 나타내요.
명사일 경우에는 for 뒤에 그대로 쓰면 돼요.

I had a chance **for my dream to come true**, and I took it.

나는 _____ 있었고, 나는 그것을 잡았다.

[구문 Plus 1] 「**(대)명사+to부정사**」: ~하는[~할] (명사)

TIP to부정사는 (대)명사 바로 뒤에 쓰여 명사를 꾸며 주는 형용사 역할을 할 수 있어요.

We need to come up with a plan **to reduce** waste.

우리는 _____ 을 생각해 내야 한다.

[구문 Plus 2] 「**despite+명사**」: ~에도 불구하고

TIP despite는 전치사이므로 뒤에 (대)명사 또는 동명사(v-ing)가 쓰여요.

Despite our worries, everything worked out well for us.

_____, 모든 일이 우리에게 잘 되었다.

직독직해 Practice

✅ 각 문장의 주어에는 밑줄을, 동사에는 동그라미 해보세요.

✅ 그다음 끊어 읽기한 부분에 주의하여 빈칸에 해석을 써보세요.

1 But it could be a chance / for Australia to be more independent / and show its own identity.

→ _____ / _____ / _____

_____.

2 However, / there's a movement in Australia / to change this tradition, // especially after Queen Elizabeth II passed away / in 2022. **Hint** 주어 2개, 동사 2개

→ _____, / _____ / _____, //

_____ / _____.

3 Despite this change, / Australia has decided / not to replace the Queen's image / with King Charles III's / on its 5-dollar note.　　　　*note 지폐

→ _____, / _____ / _____

_____ / _____.

어휘 Practice

1 다음 빈칸에 공통으로 들어갈 알맞은 단어를 〈보기〉에서 찾아 쓰세요.

---| 보기 |---

affect   replace   especially   following

(1)
- I need to _____ the light bulb in the kitchen.
- The factory will _____ most of its workers with robots.

(2)
- She loves all fruits, _____ strawberries.
- The trip will be expensive, _____ if we go by plane.

2 다음 우리말과 의미가 같도록 빈칸에 주어진 철자로 시작하는 단어를 쓰세요.

전통에 의하면, 기념행사는 자정에 시작한다.

→ By t_____, the celebration begins at midnight.

서술형 Practice

[3-4] 배열 영작 다음 우리말과 의미가 같도록 주어진 단어를 올바르게 배열하세요.

3 교통체증에도 불구하고, / 그들은 도착했다 / 공항에 / 일찍.
↳ 교통체증에도 불구하고, 그들은 공항에 일찍 도착했다.

(the heavy traffic / at the airport / arrived / despite / they)

→ _____, _____ early.

4 맛있는 피자가 있다 / 함께 나눌 / 내 친구들과 함께 / 저녁 식사로.
↳ 저녁 식사로 내 친구들과 나누어 먹을 맛있는 피자가 있다.

(with / there's / to share / a delicious pizza / my friends)

→ _____ for dinner.

5 조건 영작 다음 우리말과 의미가 같도록 주어진 단어를 사용하여 문장을 완성하세요.

가이드는 관광객들이 추억을 포착하도록 카메라를 가져왔다. (the tourists, capture)

→ The guide brought a camera _____ memories.

33 현재 오존층의 상태는요?

직독직해가 쉬워지는 구문

✅ Reading의 필수 구문 3개를 확인한 후, 각 문장의 해석을 완성하세요.

1일 1문장 구문 「명사①(선행사)+[whose+명사②+동사 ~]」: 명사②가 ~한 (명사①)

TIP 소유격 관계대명사는 선행사의 종류와 관계없이 모두 whose를 쓰고, whose 뒤에는 반드시 명사가 함께 쓰여요.

She lives in the house **whose roof** is blue.

그녀는 _____ 산다.

구문 Plus 1 「A as+형용사/부사+as B」: A는 B만큼 ~한/~하게

TIP A와 B 두 대상을 비교해서 서로 정도가 비슷하거나 같을 때 as ~ as 원급 표현을 사용해요.

Tomorrow will be **as hot as** it was yesterday.

내일은 _____.

구문 Plus 2 「one of the+형용사의 최상급+복수명사」: 가장 ~한 …중 하나

TIP 최상급을 이용해 자주 쓰이는 표현이에요.

The movie is **one of the best films** of the year.

그 영화는 올해 _____.

직독직해 Practice

✅ 각 문장의 주어에는 밑줄을, 동사에는 동그라미 해보세요.

✅ 그다음 끊어 읽기한 부분에 주의하여 빈칸에 해석을 써보세요.

1 It's an agreement // whose terms include / stopping the use of chemicals / damaging the ozone layer. **Hint** 주어 2개, 동사 2개

→ _____ // _____ / _____ /

_____ .

2 It is expected to be as healthy // as it was in 1980 / by the year 2066. **Hint** 주어 2개, 동사 2개

→ _____ // _____ / _____ .

3 Scientists say // this agreement is / one of the biggest environmental victories / for humans.

Hint 주어 2개, 동사 2개

→ _____ // _____ / _____ /

_____ .

 맛보기

어휘 Practice

1 다음 단어의 의미에 해당하는 것을 찾아 연결하세요.

(1) sign   •   • ⓐ able to happen

(2) harmful •   • ⓑ to write one's name

(3) possible •   • ⓒ causing harm; dangerous

2 다음 우리말과 의미가 같도록 빈칸에 알맞은 단어를 〈보기〉에서 찾아 쓰세요.

보기
to   heal   victory   according   expected

(1) 승리를 축하하다: celebrate _____

(2) 연구에 따르면: _____ _____ the research

3 다음 우리말과 의미가 같도록 빈칸에 알맞은 표현을 쓰세요.

> 인내심을 가져라. 새로운 기술을 배우는 것은 시간이 걸릴 수 있다.

→ Be patient. Learning a new skill can _____ _____ .

서술형 Practice

[4-5] 배열 영작 다음 우리말과 의미가 같도록 주어진 단어를 올바르게 배열하세요.

4 너는 머물 수 있다 / 우리와 함께 / 네가 원하는 만큼 오래.
  ↳ 너는 네가 원하는 만큼 오래 우리와 있어도 돼.

(as / can stay / as / you / with us / long)

→ _____ you want.

5 경찰은 이야기 중이다 / 남자와 / 가방을 도난당한.
  ↳ 경찰은 가방을 도난당한 남자와 이야기 중이다.

(bag / are talking / whose / the police / to the man / was stolen)

→ _____ .

6 조건 영작 다음 우리말과 의미가 같도록 주어진 단어를 사용하여 문장을 완성하세요.

> 기후변화는 우리 지구에 가장 큰 위협 중 하나이다. (big, threat)

→ Climate change is _____ _____ _____ _____

_____ to our planet.

34 우주에는 블랙홀, 바다에는 블루 홀

직독직해가 쉬워지는 구문

✓ Reading의 필수 구문 3개를 확인한 후, 각 문장의 해석을 완성하세요.

1일 1문장 구문 「since + 주어 + 동사 ~」: ~ 때문에, ~여서

TIP 접속사 since는 현재완료와 함께 '~한 이후로'라는 뜻으로도 자주 쓰이므로 문맥에 맞게 해석해야 해요.

Since I'm on a diet, I won't eat dessert tonight.

_____, 나는 오늘 밤에는 디저트를 먹지 않을 거야.

구문 Plus 1 「명사(선행사) + [that + 동사 ~]」: ~하는[~한] (명사)

TIP 주격 관계대명사 that은 선행사가 사람, 사물, 동물일 때 모두 쓸 수 있어요.

Dogs are animals **that** bring joy to our lives.

개는 우리 삶에 _____.

구문 Plus 2 「make + A(목적어) + B(명사 보어)」: A를 B로[B가 되게] 만들다

TIP 동사 make의 보어 자리에 명사(구)가 쓰이면 '목적어 = 보어'의 관계가 돼요. 「make A B」는 'A에게 B를 만들어 주다'라는 의미로 쓰이기도 하므로 문맥상 알맞게 해석해야 해요.

A good teacher **makes learning a pleasure**.

좋은 교사는 _____.

직독직해 Practice

✓ 각 문장의 주어에는 밑줄을, 동사에는 동그라미 해보세요.

✓ 그다음 끊어 읽기한 부분에 주의하여 빈칸에 해석을 써보세요.

1 Since submarines cannot be sent down, // explorers must enter the blue holes. **Hint** 주어 2개, 동사 2개

➔ _____, // _____.

2 Blue holes are underwater caves // that look like deep, dark circles / in the sea. **Hint** 주어 1개, 동사 2개

➔ _____ // _____ / _____.

3 The unique environment makes these underwater caves / one of the least studied natural wonders / today.

➔ _____ / _____ /

_____.

 내신 맛보기

어휘 Practice

1 다음 단어의 우리말 뜻이 **잘못된** 것은?

① once: 언젠가, 한때 ② survive: 살아남다 ③ marine: 해양의

④ equipment: 구조물 ⑤ mysterious: 신비한

2 다음 우리말과 의미가 같도록 빈칸에 주어진 철자로 시작하는 단어를 쓰세요.

(1) 저는 이번 일요일 예약을 취소하고 싶어요.

→ I'd like to c_____ my reservation for this Sunday.

(2) 교통 규칙을 지키는 것은 도로 안전을 위해 필요하다.

→ Following traffic rules is n_____ for road safety.

3 다음 우리말과 의미가 같도록 빈칸에 알맞은 표현을 쓰세요.

> 사람들의 음악 취향은 종종 시간이 지나면서 변한다.

→ People's tastes in music often change _____ _____ .

서술형 Practice

[4-5] 배열 영작 다음 우리말과 의미가 같도록 주어진 단어를 올바르게 배열하세요.

4 그 경험은 만들었다 / 그를 전문가로 / 그의 분야에서.

↳ 그 경험은 그를 자기 분야의 전문가로 만들었다.

(an expert / the experience / him / in his field / made)

→ _____ .

5 그녀는 알레르기가 있기 때문에 / 땅콩에, / 그녀는 항상 확인한다 / 식품 라벨을.

↳ 그녀는 땅콩 알레르기가 있어서, 식품 라벨을 항상 확인한다.

(peanuts / food labels / she's / checks / since / always / allergic to / she)

→ _____ , _____ .

6 조건 영작 다음 우리말과 의미가 같도록 주어진 단어를 사용하여 문장을 완성하세요.

> 바나나 보트는 거대한 바나나처럼 생긴 튜브이다. (tubes, look)

→ Banana boats _____ _____ _____ _____ like

huge bananas.

35 땅을 파지 않아도 유적지가 보인다고요?

직독직해가 쉬워지는 구문

✅ Reading의 필수 구문 3개를 확인한 후, 각 문장의 해석을 완성하세요.

1일 1문장 구문 관계대명사 「what(+주어)+동사 ~」: ~하는 것(들)

TIP 관계대명사 what은 선행사 the thing(s)을 포함하므로 앞에 선행사가 따로 없어요. 그래서 what이 이끄는 절 자체가 명사처럼 쓰여 문장의 주어, 목적어, 보어 역할을 하며, 전치사의 목적어로도 쓰여요.

According to **what** I remember, we used to go camping every summer.

_____에 따르면, 우리는 매년 여름 캠핑을 가곤 했다.

구문 Plus 1 간접의문문 「how+형용사/부사+주어+동사 ~」: 얼마나 ~한/~하게 …가 ~하는지(를)

TIP 의문사 의문문과 마찬가지로 how 뒤에는 형용사 또는 부사가 함께 쓰일 수 있어요.

She described **how amazing** the concert was.

그녀는 _____설명했다.

구문 Plus 2 「명사+과거분사(p.p.) ~」: ~하게 된, ~된 (명사)

TIP 과거분사가 이끄는 구는 명사를 뒤에서 형용사처럼 꾸며 줄 수 있어요.

He fixed the bike **damaged** in the rain.

그는 _____수리했다.

직독직해 Practice

✅ 각 문장의 주어에는 밑줄을, 동사에는 동그라미 해보세요.

✅ 그다음 끊어 읽기한 부분에 주의하여 빈칸에 해석을 써보세요.

1 Lidar is really helpful // because it can see through trees / and make clear pictures / of what's below.

Hint 주어 2개, 동사 4개

→ _____ // _____ / _____

_____ / _____.

2 Then, / it measures // how long it takes / for the beams to bounce back / to a sensor.

Hint 주어 2개, 동사 2개

*beam 광선

→ _____, / _____ // _____ / _____

_____ / _____.

3 In archaeology, / Lidar helps to find ancient buildings and roads / hidden under forests or deep in the jungle.

→ _____, / _____ / _____

_____.

 내신 맛보기

어휘 Practice

1 다음 영영 풀이가 설명하는 단어로 가장 알맞은 것은?

> the use of science to invent useful things or to solve problems

① site   ② sensor   ③ jungle   ④ century   ⑤ technology

2 다음 빈칸에 들어갈 수 <u>없는</u> 것을 <u>모두</u> 고르세요.

> • She gave me some _____ advice.
> • It will _____ about an hour to get there.
> • The book was about _____ Egyptian culture.

① take   ② explore   ③ range   ④ helpful   ⑤ ancient

3 다음 우리말과 의미가 같도록 빈칸에 주어진 철자로 시작하는 단어를 쓰세요.

> 그들은 잃어버린 반지를 찾기 위해 마당을 파내야만 했다.

→ They had to d_____ u_____ the yard to find the lost ring.

서술형 Practice

[4-5] 배열 영작 다음 우리말과 의미가 같도록 주어진 단어를 올바르게 배열하세요.

4 우리는 해결했다 / 우리를 괴롭혔던 것을 / 몇 주 동안.
  ↳ 우리는 몇 주 동안 우리를 괴롭힌 것을 해결했다.

(us / we / for weeks / what / solved / bothered)

→ _____.

5 그는 모았다 / 잎들을 / 나무에서 떨어진 / 폭풍 동안.
  ↳ 그는 폭풍 동안 나무에서 떨어진 잎들을 모았다.

(from the trees / the leaves / he / fallen / gathered)

→ _____ during the storm.

6 조건 영작 다음 우리말과 의미가 같도록 주어진 단어를 사용하여 문장을 완성하세요.

> 그 관광객은 박물관이 호텔에서 얼마나 먼지 물었다. (far, ask, the museum)

→ The tourist _____ was from the hotel.

36 우리 몸속의 좀비?

직독직해가 쉬워지는 구문

✓ Reading의 필수 구문 3개를 확인한 후, 각 문장의 해석을 완성하세요.

1일 1문장 구문 「do[does, did]+동사원형」: 정말 ~하다

TIP 이때 조동사 do는 문장의 동사를 강조해 주는 역할을 하며, 주어의 인칭/수/시제에 따라 do의 알맞은 형태를 사용해요.

He **does like** playing soccer on weekends.

그는 주말마다 축구하는 것을 _____.

구문 Plus 1 「the reason(선행사)+[why+주어+동사 ~]」: ~하는[~한] 이유

TIP 관계부사 why는 선행사가 '이유'를 나타낼 때 쓰여요.

He explained the reason **why** he arrived late.

그는 _____ 설명했다.

구문 Plus 2 보어 역할을 하는 「to+동사원형」: ~하는 것

TIP to부정사는 주어를 설명하는 보어로 쓰일 수 있는데, 주로 be동사의 보어로 쓰여요.

My plan is **to study** abroad next year.

내 계획은 _____.

직독직해 Practice

✓ 각 문장의 주어에는 밑줄을, 동사에는 동그라미 해보세요.

✓ 그다음 끊어 읽기한 부분에 주의하여 빈칸에 해석을 써보세요.

1 Before, / this method was only tested on mice, // but now they know / it does work on humans, too.

Hint 주어 3개, 동사 3개

➜ _____, / _____, // _____ /

_____.

2 ~, // these zombie cells increase / and might become one of the reasons / why we age.

Hint 주어 2개, 동사 3개

*zombie 좀비

➜ ~, // _____ / _____ / _____.

3 Their goal / is to help us stay healthier // as we get older / by understanding and managing / these zombie cells better. **Hint** 주어 2개, 동사 2개

➜ _____ / _____ // _____ /

_____ / _____.

어휘 Practice

1 다음 영영 풀이가 설명하는 단어를 〈보기〉에서 찾아 쓰세요.

┤ 보기 ├

age   clinic   experiment   normal   remove

(1) to take away from a place: _____

(2) to become old or older: _____

(3) close to what is usual: _____

2 다음 우리말과 의미가 같도록 빈칸에 알맞은 단어를 〈보기〉에서 찾아 쓰세요.

┤ 보기 ├

effect   elderly   method   medicine   characteristic

(1) 긍정적인 효과: a positive _____

(2) 연세 드신 분들을 공경하다: respect the _____

(3) 좋은 지도자의 특징: a _____ of a good leader

서술형 Practice

[3-4] 배열 영작 다음 우리말과 의미가 같도록 주어진 단어를 올바르게 배열하세요.

3 그녀의 목표는 / 마라톤을 뛰는 것이다 / 내년에.
   ↳ 그녀의 목표는 내년에 마라톤을 뛰는 것이다.

   (is / next year / goal / a marathon / her / to run)

   → _____.

4 그들은 논의했다 / 이유를 / 그 기계가 고장 난.
   ↳ 그들은 그 기계가 고장 난 이유에 대해 논의했다.

   (was broken / why / they / the machine / the reason / discussed)

   → _____.

5 조건 영작 다음 우리말과 의미가 같도록 주어진 단어를 사용하여 문장을 완성하세요.

   그들은 내 아이디어가 마음에 든다고 정말 말했어. (say, do)

   → They _____ _____ that they liked my idea.

MEMO

MEMO

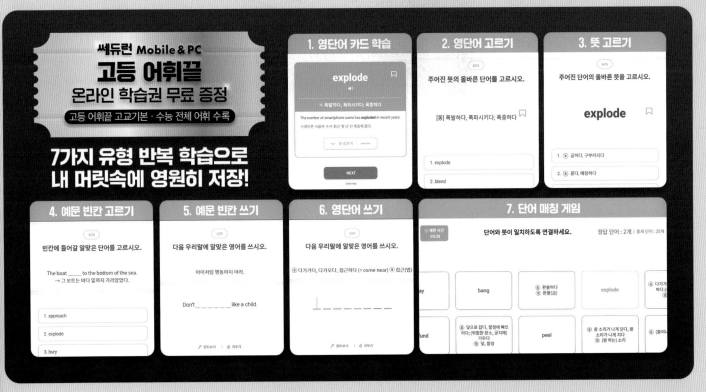

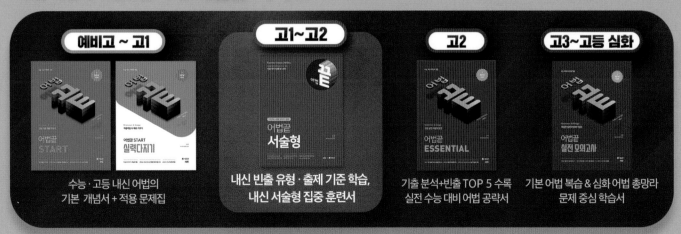

Reading Graphy
리딩그라피

쎄듀

Lexile® 800L-1000L

| Level |

4

정답과 해설

쎄듀

독해를 바라보는 재미있는 시각

리딩그라피

Reading Graphy

| Level |

4

정답과 해설

01 이젠 벌도 예방접종이 필요한 시대!   본책 pp.14~15

정답   1 ③   2 ⓐ medicine ⓑ disease   3 ③   4 아이들이 좋은 책을 선택하도록 돕는다

문제 해설

1 5번 문장에서 한 회사가 벌을 보호하기 위해 백신을 개발했다고는 했지만, 그 방법에 관해서는 언급되지 않았다.

① 왜 벌들은 중요한 곤충인가? (1번 문장에 언급됨)

② 많은 벌이 무엇에 시달리고 있는가? (3번 문장에 언급됨)

③ 과학자들은 어떻게 벌들을 위한 백신을 개발했는가?

④ 백신은 어떻게 벌들에게 투여되는가? (6~7번 문장에 언급됨)

⑤ 벌들이 사라지는 몇몇 이유는 무엇인가? (9번 문장에 언급됨)

2   **백신이 꿀벌에게 작용하는 방식**

- 벌들은 주사를 맞지 않는다.
- ⓐ 약이 여왕벌의 먹이에 섞인다.
- 여왕벌이 그것을 먹으면, 다른 벌들은 ⓑ 질병으로부터 보호받는다.

3
꿀벌들은 식량작물과 식물이 성장하는 데 중요한 (A) 유익한 곤충이다. 벌들을 질병으로부터 보호하기 위해, 한 회사가 백신을 (B) 개발했다. 그것으로, 벌들은 그것들의 중요한 일을 계속할 수 있다!

　　　　(A)　　　　(B)　　　　　　　　　　　(A)　　　　(B)
① 유익한 … 파괴했다　　　　　　　② 해로운 … 파괴했다
③ 유익한 … 개발했다　　　　　　　④ 해로운 … 개발했다
⑤ 해로운 … 생산했다

본문 해석

¹꿀벌들은 식물이 열매와 씨앗을 생산하도록 돕기 때문에 중요한 곤충이다. ²실제로, 꿀벌들은 미국에서 식량작물의 약 3분의 1을 책임진다.

³그러나, 많은 벌이 박테리아 질병에 시달리고 있다. ⁴이 질병은 약 6만 마리의 대형 벌 집단을 파괴할 수 있다. ⁵그래서 한 회사는 벌들을 지키기 위해 백신을 개발했다! ⁶벌들에게 주사를 놓는 대신에, 약이 여왕벌의 먹이에 섞인다. ⁷여왕벌이 그것을 먹으면, 약이 알들에 들어가고, 다른 벌들을 그 질병으로부터 보호하는 것을 돕는다.

⁸백신은 꿀벌들을 위해 제때 도입되었다. ⁹벌들은 세계의 식량 생산에 매우 중요하지만, 박테리아 질병뿐만 아니라 서식지 상실, 기후 변화, 그리고 살충제 때문에 사라지고 있다. ¹⁰백신 덕분에, 더 많은 벌이 꽃가루를 퍼뜨리고 꿀을 만들어 내는 중요한 일을 계속할 수 있다.

직독직해

¹Honeybees are important insects // because they help / plants produce fruits and seeds. ²In fact, /
꿀벌들은 중요한 곤충이다   // 그것들은 돕기 때문에   / 식물이 열매와 씨앗을 생산하도록.   실제로, /

honeybees are responsible / for about one-third of the food crops / in the U.S.
꿀벌은 책임이 있다   / 식량작물의 약 3분의 1에   / 미국에서.

³However, / many bees are suffering / from a bacterial disease. ⁴This disease can destroy /
그러나, / 많은 벌이 시달리고 있다 / 박테리아 질병으로 인해. 이 질병은 파괴할 수 있다 /

large bee families with about 60,000 bees. ⁵So, / a company developed a vaccine / to protect the bees!
약 6만 마리의 대형 벌 집단을. 그래서, / 한 회사는 백신을 개발했다 / 벌들을 지키기 위해!

⁶Instead of giving the bees a shot, / the medicine is mixed / into the queen bee's food. ⁷When the queen
벌들에게 주사를 놓는 대신에, / 약이 섞인다 / 여왕벌의 먹이에. 여왕벌이

eats it, // the medicine goes into her eggs, / and helps to protect other bees / from the disease.
그것을 먹으면, // 약이 그녀의 알들에 들어간다, / 그리고 다른 벌들을 보호하는 것을 돕는다 / 그 질병으로부터.

⁸The vaccine was introduced / at the right moment / for honeybees. ⁹The bees are very important /
그 백신은 도입되었다 / 제때 / 꿀벌들을 위해. 벌들은 매우 중요하다 /

for the world's food production, // but they are disappearing / due to losing their homes, climate change,
세계의 식량 생산에, // 하지만 그것들은 사라지고 있다 / 서식지를 잃는 것, 기후 변화, 그리고 살충제 때문에,

and pesticides, / in addition to a bacterial disease. ¹⁰Thanks to the vaccine, / more bees can continue their
/ 박테리아 질병뿐만 아니라. 백신 덕분에, / 더 많은 벌이 그것들의 중요한 일을 계속할 수 있다

important work / of spreading pollen and producing honey.
/ 꽃가루를 퍼뜨리고 꿀을 만들어 내는.

주요 구문

⁶ Instead of **giving** <u>the bees</u> <u>a shot</u>, the medicine **is mixed into** the queen bee's food.
               A   B

▶ 동명사구 giving ~ a shot은 전치사 Instead of의 목적어 역할을 하며, 'A에게 B를 주다'의 의미의 <give A B> 구조가 쓰였다.
▶ 'A를 B에 섞다'라는 의미의 <mix A into B>가 수동태 현재형으로 쓰였다.

⁷ When the queen eats it, <u>the medicine</u> **goes** into her eggs, |and| **helps** to protect other bees from the disease.
                       주어   동사1   동사2

▶ 동사 goes와 helps가 접속사 and로 연결되었다. to protect ~ disease는 동사 helps의 목적어 역할을 한다.

⁸ The vaccine **was introduced** at the right moment for honeybees.

▶ was introduced는 '도입되었다'라는 의미로 주어가 동작을 당하게 되는 수동태 과거 표현이다.

¹⁰ Thanks to the vaccine, more bees can continue <u>their important work</u> **of spreading** pollen |and| **producing** honey.
                                       =

▶ their important work와 spreading ~ honey는 같은 것으로 동격의 관계이다. 전치사 of 뒤에 앞의 명사에 대해 의미를 보충하거나 쉽게 설명하는 어구가 쓰인 경우이다.
▶ 전치사 of의 목적어인 동명사 spreading과 producing이 접속사 and로 연결되었다.

---

02   태어나 처음으로 본 단풍

본책 pp.16~17

정답 ▶ 1 ⑤   2 (1) F   (2) F   (3) T   3 ⓐ installed   ⓑ colorblind   4 여행하는 것을 정말 좋아하는데

문제 해설 ▶ 1 테네시주가 설치한 뷰파인더가 무엇이며, 이것이 색맹인 사람들에게 어떤 좋은 경험을 선사했는지 설명한 글이므로 정답은 ⑤이다.

         ① 색맹인 사람들을 돕는 방법   ② 뷰파인더를 활용하는 방법
         ③ 테네시주의 아름다운 가을 색들   ④ 색맹인 사람들이 세상을 보는 방식
         ⑤ 색맹인 사람들을 위한 선물: 특별한 뷰파인더

2 (1) 7번 문장에 적록색맹은 가장 흔한 색맹 유형이라고 했다.

　　(2) 8번 문장에 Van Lew는 평생 색맹이었다고 했다.

　　(3) 11번 문장에 언급되었다.

3

> 테네시주는 ⓑ 색맹인 사람들이 가을 색 중 빨간색과 초록색을 더 잘 보도록 돕기 위해 특별한 뷰파인더를 ⓐ 설치했다. 그들은 더 많은 주가 그들의 사례를 따르기를 바란다.

　¹색맹이 있는 사람들은 가을 잎들의 아름다운 색들을 경험할 수 없다. ²그들이 처음으로 이 색들을 본다고 상상해 보라. ³그것은 얼마나 멋진 일일까?

　⁴1,300만 명 이상의 색맹인 미국인들이 있다. ⁵테네시주는 그들이 아름다운 가을 색들을 보도록 돕고 싶었다. ⁶2017년, 그 주(州)는 12곳에 특별한 뷰파인더들을 설치했다. ⁷적록색맹은 가장 흔한 유형인데, 이 뷰파인더들은 사람들이 이 색들의 차이를 더 분명하게 보도록 도와준다. ⁸Van Lew는 평생 색맹이었는데, 그녀는 이 특별한 뷰파인더 중 하나를 통해 바라보았다. ⁹처음으로, 그녀는 노란색, 주황색, 그리고 빨간색들을 보았다. ¹⁰그녀는 "그것은 제 인생에서 본 것 중 가장 아름다운 것이에요."라고 말했다.

　¹¹테네시주는 색맹을 위한 뷰파인더들이 있는 유일한 주였지만, 2023년에 버지니아주의 한 공원에도 뷰파인더가 설치되었다. ¹²테네시주는 전국에 걸쳐 더 많은 뷰파인더가 이용할 수 있게 되기를 바란다.

직독직해

¹People with color blindness / cannot experience / the beautiful colors of fall leaves. ²Imagine //
색맹이 있는 사람들은　　　　　　/ 경험할 수 없다　　　　/ 가을 잎들의 아름다운 색들을.　　　　　　상상해 봐라 //

that they saw these colors / for the first time. ³How amazing would that be?
그들이 이 색들을 본다고 / 처음으로.　　　　그것은 얼마나 멋진 일일까?

⁴There are / over 13 million colorblind Americans. ⁵The state of Tennessee wanted to help /
(~이) 있다 / 1,300만 명 이상의 색맹인 미국인들이.　　　　테네시주는 돕고 싶었다　　　　　　　/

them see the beautiful fall colors. ⁶In 2017, / the state installed special viewfinders / in 12 places.
그들이 아름다운 가을 색들을 보도록.　　2017년에, / 그 주(州)는 특별한 뷰파인더들을 설치했다 / 12곳에.

⁷Red-green color blindness / is the most common type, // and these viewfinders help / people see
적록색맹은　　　　　　/ 가장 흔한 유형이다,　　// 그리고 이 뷰파인더들은 돕는다 / 사람들이

the difference / between these colors / more clearly. ⁸Van Lew, // who has been colorblind her whole life, /
차이를 보도록 / 이 색들 사이의　/ 더 분명하게.　　Van Lew는, // 평생 색맹이었는데,　　　　　　　/

looked through one of these special viewfinders. ⁹For the first time, / she saw yellows, oranges, and reds.
그녀는 이 특별한 뷰파인더 중 하나를 통해 바라보았다.　　　처음으로,　　/ 그녀는 노란색, 주황색, 그리고 빨간색들을 보았다.

¹⁰She said, // "It's the most beautiful thing // I've ever seen in my life."
그녀는 말했다, // "그것은 가장 아름다운 것이에요　// 제가 제 인생에서 본 것 중에."

¹¹Tennessee was the only state / with colorblind viewfinders, // but in 2023, / a viewfinder was also
테네시주는 유일한 주였다　　　/ 색맹을 위한 뷰파인더들이 있는,　　// 하지만 2023년에, / 뷰파인더는 또한

installed / at a park in Virginia. ¹²Tennessee hopes // that more viewfinders will be available / across the
설치되었다 / 버지니아주의 한 공원에.　　테네시주는 바란다　　// 더 많은 뷰파인더가 이용할 수 있게 되기를 / 전국에 걸쳐.

country.

주요 구문

² **Imagine that** they *saw* these colors for the first time.
　　동사　　　　　　　　목적어

▶ <Imagine (that) 주어+동사 ~>는 if 가정법과 비슷한 의미를 나타낼 수 있다. that절의 동사 saw는 실제로 일어난 일이 아니라 현실과 반대되는 가정적인 상황을 나타내므로 과거형처럼 '봤다'라고 해석하지 않는다.

7 Red-green color blindness ~, and <u>these viewfinders</u> **help** <u>people</u> **see** the difference between these colors more clearly.

주어   동사   목적어   보어

▶ <help+목적어+동사원형>은 'A가 ~하도록 돕다'의 의미이며, 동사 help의 목적격보어 자리에는 to부정사와 동사원형 둘 다 올 수 있다.

8 Van Lew, who **has been** colorblind her whole life, looked through one of these special viewfinders.

▶ has been은 '(지금까지) 쭉 ~해왔다'라는 '계속'의 의미를 나타내는 현재완료이다.

10 She said, "It's **the most beautiful thing** [(that) I've *ever* **seen** ● in my life]."

▶ <the most 형용사/부사(+명사)+(that)+주어+have/has ever+과거분사(p.p.)>는 '지금까지 …한 중에 가장 ~한/~하게'라는 뜻의 최상급 표현이다. I've ever seen in my life는 목적격 관계대명사 that이 생략된 관계대명사절이다.

▶ 've[have] seen은 ever와 함께 쓰여 '경험'을 나타내는 현재완료로 '본 적이 있다'라는 의미를 나타낸다.

11 Tennessee was *the only state* [with colorblind viewfinders], but in 2023, a viewfinder **was** also **installed** at a park in Virginia.

▶ was installed는 '설치되었다'라는 의미로 주어가 동작을 당하게 되는 수동태 과거 표현이다.

---

03 풍선 개는 모두를 행복하게 해

본책 pp.18~19

정답   1 ①   2 ⑤   3 ⓐ reflection   ⓑ famous   4 가장 인기 있는 학생들 중 한 명

문제 해설

1 일상의 물건들로 작품을 만들기 좋아했던 Jeff Koons와 그의 작품 세계를 전반적으로 설명하는 글이므로 정답은 ①이다.

① Jeff Koons의 작품 세계   ② Jeff Koons의 작품을 보는 방법
③ Jeff Koons의 단순하지만 강한 작품   ④ Jeff Koons의 유명한 작품의 비결
⑤ 사람들이 Jeff Koons의 작품을 아주 좋아하는 이유

2 11번 문장에서 20세기에 그의 'Rabbit'이라는 작품이 최고의 유명한 작품 중 하나가 되었다는 언급은 있지만 그가 최고의 예술가 중의 한 사람이 되었다는 언급은 없었다.

①은 3번 문장에, ②은 4번 문장에, ③은 5번 문장에, ④는 7번 문장에 언급되어 있다.

3

Jeff Koons의 예술 스타일

예술적 견해	그는 예술이 사람들을 행복하고 친밀하게 만들어야 한다고 생각한다.
작품	그는 'Balloon Dog (Blue)'와 'Rabbit'을 만들었다.
깊은 의미	'Rabbit'은 사람들에게 자신의 ⓐ 모습을 보여주고 그들이 스스로에 대해 생각하게 한다.
예술 가치	그의 작품 'Rabbit'은 9천110만 달러에 팔렸고, ⓑ 유명한 20세기 작품이 되었다.

본문 해석   ¹'Balloon Dog (Blue)'라는 제목의 유명한 조각상이 방문객에 의해 실수로 깨졌다. ²그것은 진짜 풍선으로 만들어진 것이 아니었다! ³이 조각상의 작가는 Jeff Koons이며, 그는 많은 젊은 예술가들에게 영감을 주었다. ⁴그는 장난감과 진공청소기와 같은 일상적인 것들을 그의 작품에 사용하는 것을 좋아한다.

⁵1976년 예술학교를 졸업한 후, 그는 뉴욕으로 이사하여 현대 미술관에서 일했다. ⁶이 시기의 그의 예술은 재미있었고 풍선과 같은 것들을 사용했다. ⁷그는 예술은 사람들을 행복하게 만들어야 하고 또 사람들을 하나로 모아야 한다고 믿었다.

⁸Koons는 또한 스테인리스로 된 토끼를 만들었는데, 그것은 1980년대 그의 가장 유명한 조각품 중 하나이다. ⁹104센티미터 높이의 이 조각품은 장난감처럼 보일지도 모르지만, 훨씬 그 이상이다. ¹⁰그의 작품 'Rabbit'의 반짝이는 표면은 거울처럼 작용해서, 사람들이 자신의 모습을 보고 스스로에 대해 생각하게 한다. ¹¹그것은 20세기 예술의 가장 유명한 작품들 중 하나가 되었고, 9천110만 달러에 팔렸다!

직독직해 ▶

¹A famous sculpture / titled "Balloon Dog (Blue)" / was accidentally broken / by a visitor.
유명한 조각상은 / 'Balloon Dog (Blue)'라는 제목의 / 실수로 깨졌다 / 한 방문객에 의해.

²It wasn't made of / real balloons! ³The artist behind this sculpture / is Jeff Koons, // who has inspired /
그것은 ~로 만들어지지 않았다 / 진짜 풍선으로! 이 조각상의 작가는 / Jeff Koons이다, // 그리고 그는 영감을 주었다 /

many young artists. ⁴He likes / to use everyday things / in his art, / such as toys and vacuum cleaners.
많은 젊은 예술가들에게. 그는 좋아한다 / 일상의 물건들을 사용하는 것을 / 그의 예술에, / 장난감과 진공청소기와 같은.

⁵After finishing art school / in 1976, // he moved to New York / and worked / at the Museum of
예술학교를 졸업한 후에 / 1976년, // 그는 뉴욕으로 이사했다 / 그리고 일했다 / 현대 미술관에서.

Modern Art. ⁶His art / during this time / was fun / and used things like balloons. ⁷He believed //
그의 작품은 / 이 시기 동안 / 재미있었고 / 풍선과 같은 것들을 사용했다. 그는 믿었다 //

that art should make people happy / and bring them together.
예술이 사람들을 행복하게 만들어야 한다고 / 그리고 그들을 하나로 모아야 한다고.

⁸Koons also made a stainless steel rabbit, // which is one / of his most famous sculptures /
Koons는 또한 스테인리스로 된 토끼를 만들었다, // 그리고 그것은 하나이다 / 그의 가장 유명한 조각상들 중 /

from the 1980s. ⁹This sculpture / that stands 104 centimeters tall / might look like a toy, / but is
1980년대의. 이 조각상은 / 104cm의 높이인 / 장난감처럼 보일지도 모른다, / 그러나

much more / than that. ¹⁰The shiny surface of his "Rabbit" / acts like a mirror, // so this makes people see
훨씬 이상의 것이다 / 그보다. 그의 작품 'Rabbit'의 반짝이는 표면은 / 거울처럼 작용한다, // 그래서 이는 사람들이

their reflection / and think about themselves. ¹¹It has become one / of the most famous works /
자신의 모습을 보게 하고 / 스스로에 대해 생각하게 한다. 그것은 하나가 되었다 / 가장 유명한 작품들 중 /

of 20th-century art, / and was sold / for $91.1 million!
20세기 예술의, / 그리고 판매되었다 / 9천110만 달러에!

주요 구문 ▶

¹ *A famous sculpture* [**titled** "Balloon Dog (Blue)"] **was** *accidentally* **broken** by a visitor.
  ▶ 과거분사구[titled ~ (Blue)"]는 '~라는 제목이 지어진'이라는 의미로 바로 앞의 A famous sculpture를 꾸며 주고 있다.
  ▶ was broken은 동사 break의 수동태 과거형으로, 부사 accidentally와 함께 '실수로 깨졌다'로 해석한다.

³ *The artist* [behind this sculpture] is *Jeff Koons*, **who**ᵂᵘ' has inspired동' many young artists.목'
  ▶ who 이하는 관계대명사의 계속적 용법으로 콤마(,) 뒤에 선행사(Jeff Koons)에 대한 부가적인 정보가 이어진다. <접속사+대명사>로 바꿔 쓸 수 있는데, 이 문장에서는 and he가 적당하다.

¹⁰ *The shiny surface* [of his "Rabbit"] acts like a mirror, so this **makes** people **see** their reflection │and│ **think** about
     주어   동사   수식어   주어' 동사' 목적어'   보어'1   보어'2
  themselves.
  ▶ <make+목적어+동사원형>은 '~가 …하게 하다'라는 의미로, 동사 makes의 목적격보어 두 개가 and로 연결되었다.

Review

단어

본책 p.20

정답

A 1 ⓑ   2 ⓐ   3 ⓒ

B 1 destroy   2 whole   3 install   4 develop

C 1 is made of   2 make use of   3 is responsible for

해석

A 1 crop(농작물) - ⓑ 농부에 의해 길러지는 식물이나 생산물

2 available(이용할 수 있는) - ⓐ 얻거나 이용하기에 쉽거나 가능한

3 reflection((비친) 모습) - ⓒ 거울에 보이는 이미지

B ─┤ 보기 ├─

| 흔한 | 설치하다 | 전부의 | 개발하다 | 파괴하다 |

1 토네이도는 많은 집들과 나무들을 파괴할 수 있다.

2 그녀는 배가 고팠기 때문에 피자 한 판 전부를 혼자서 다 먹었다.

3 그들은 새 난방 시스템을 설치할 것이다.

4 그 과학자는 그 질병에 대한 치료제를 개발하기 위해 열심히 노력했다.

1일 1문장

본책 p.21

정답

A 1 자원봉사자들이 공원을 청소하는 것을

2 축구를 하는 데

3 가장 재능 있는 학생들 중 한 명

B 1 helps her mom cook dinner

2 one of the most inspiring novels

3 The scientist, who studies space

C 1 My brother, who is an engineer

2 is one of the most popular spots

3 helped my friend (to) decorate her room

04 호주 '쓰레기통 닭'의 색다른 모습!

정답   **1** ④   **2** ⑤   **3** ③   **4** ⓐ enemies   ⓑ control   **5** 끝내고 나서 쉬었다

문제 해설

1 문제만 일으키는 줄 알았던 흰따오기 덕분에 호주 생태계에 큰 위협을 가하는 외래종인 수수두꺼비의 개체 수를 조절할 수 있었다는 내용이므로 정답은 ④이다.

① 야생 생물에 대한 흰따오기의 해로움   ② 음식을 위해 쓰레기통을 뒤지는 호주 새들
③ 수수두꺼비를 호주에 어떻게 들여왔는가   ④ 호주의 새로운 환경 영웅: 흰따오기
⑤ 수수두꺼비의 독이 흰따오기를 죽일 수 없는 이유

2 문맥상 나머지는 모두 수수두꺼비를 가리키지만, ⓔ의 they는 흰따오기를 지칭한다.

3 7번 문장에 수수두꺼비의 독은 대부분의 토종 생물을 죽일 수 있다고 했다.

①은 2번 문장에, ②는 4번 문장에, ④는 9번 문장에, ⑤는 13번 문장에 언급되어 있다.

4

> 수수두꺼비는 자연의 ⓐ 적들이 없었기 때문에 호주의 야생 생물에 있어 큰 문제였다. 그러나 이제 흰따오기가 그것들을 안전하게 잡아먹음으로써 수수두꺼비의 수를 ⓑ 통제하는 데 도움을 주고 있다.

본문 해석

¹호주에는 흰따오기라고 불리는 새가 있다. ²사람들은 그 새들이 쓰레기통을 뒤져 음식을 찾거나 심지어 사람들의 손에서 음식을 채 가기 때문에 '쓰레기통 닭'이라는 별명을 붙였다. ³하지만 이제, 이 새들은 수수두꺼비라는 큰 문제를 해결하는 데 도움을 주고 있다.

⁴수수두꺼비는 1930년대에 호주로 들여왔다. ⁵농부들은 농작물에 피해를 주는 딱정벌레를 통제하는 데 그것들이 도움이 될 것으로 생각했다. ⁶그러나, 이 두꺼비들은 빠르게 퍼져 나가며 많은 곤충들을 먹어 치웠다. ⁷게다가, 그것들의 강한 독은 개구리와 두꺼비를 잡아먹는 대부분의 토착 동물을 죽일 수 있었다. ⁸그것들은 호주에 천적이 없었기 때문에 토착 야생 생물에 위협이 되었다.

⁹다행스럽게도, 흰따오기는 그것들을 안전하게 잡아먹는 방법을 터득했다. ¹⁰흰따오기는 두꺼비를 공중으로 툭 던져 뒤집어, 두꺼비가 독을 내보내게 한다. ¹¹그다음 흰따오기는 먹기 전에 그것들을 물에 씻어낸다. ¹²이런 방식으로, 그것들은 수수두꺼비의 수를 조절하는 데 도움을 주고 있다. ¹³사실, 흰따오기가 잡아먹는 각각의 수수두꺼비는 일 년에 약 7만 마리의 새로운 두꺼비가 태어나는 것을 막는다!

직독직해

¹In Australia, / there's a bird / called the white ibis. ²People nicknamed them / the "bin chicken," //
호주에는, / 새가 있다 / 흰따오기라고 불리는.   사람들은 그것들에게 별명을 붙였다 / '쓰레기통 닭'이라고, //

because they search trash cans for food / or even snatch food / from people's hands. ³But now, /
그것들은 음식을 찾기 위해 쓰레기통을 뒤지기 때문에 / 또는 심지어 음식을 채 가기 때문에 / 사람들의 손에서.   하지만 이제, /

these birds are helping / to solve a big problem — the cane toad.
이 새들은 도움을 주고 있다 / 큰 문제인 수수두꺼비를 해결하는 데.

⁴Cane toads were introduced / to Australia / in the 1930s. ⁵Farmers thought // they would help
수수두꺼비는 들여왔다 / 호주에 / 1930년대에.   농부들은 생각했다 // 그것들이 딱정벌레를

control beetles / damaging their crops. ⁶However, / these toads spread rapidly, / consuming many insects.
통제하는 데 도움이 될 것으로 / 그들의 작물에 피해를 주는. 그러나, / 이 두꺼비들은 빠르게 퍼져 나갔고, / 많은 곤충들을 먹어 치웠다.

⁷Moreover, / their strong poison could kill / most native animals / that eat frogs and toads.
게다가, / 그것들의 강한 독은 죽일 수 있었다 / 대부분의 토착 동물을 / 개구리와 두꺼비를 잡아먹는.

⁸They became a threat / to native wildlife // because they had no natural enemies / in Australia.
그것들은 위협이 되었다 / 토착 야생 생물에 // 그것들은 천적이 없었기 때문에 / 호주에.

⁹Fortunately, / the white ibis learned a way / to eat them safely. ¹⁰The ibises flip the toads /
나행스럽게도, / 흰따오기는 방법을 터득했다 / 그것들을 안전하게 삽아먹는. 흰따오기는 두꺼비들 툭 넌셔 뒤십는다 /

into the air, / causing the toads / to release their poison. ¹¹They then wash them in water / before eating.
공중으로, / 두꺼비가 ~하게 한다 / 그것들의 독을 내보내도록. 그것들(흰따오기들)은 그다음 그것들(두꺼비들)을 물에 씻어낸다 / 먹기 전에.

¹²This way, / they're helping control / the number of cane toads. ¹³In fact, / each cane toad // that a white
이런 방식으로, / 그것들은 조절하는 데 도움을 주고 있다 / 수수두꺼비의 수를. 사실, / 각각의 수수두꺼비는 // 흰따오기가 잡아먹는

ibis eats / prevents the birth / of about 70,000 new toads / in a year!
/ 탄생을 막는다 / 약 7만 마리의 새로운 두꺼비의 / 일 년에!

주요 구문

² People **nicknamed** _them_ **the "bin chicken,"** because they **search** trash cans for food **or** even **snatch** food from
A └── = ──┘ B

people's hands.

▶ <nickname A B>는 'A에게 B라는 별명을 붙이다'라는 뜻이다. 이때, 명사 보어(B)는 목적어가 '누구' 또는 '무엇'인지를 나타내며, '목적어 = 보어'의 관계이다. (them = the "bin chicken")

▶ because가 이끄는 부사절에는 동사 search와 snatch가 접속사 or로 연결되었다.

⁹ Fortunately, the white ibis learned _a way_ [**to eat** them safely].

▶ to eat them safely는 앞의 명사 a way를 꾸며 주는 형용사 역할로 쓰였다.

¹⁰ The ibises flip the toads into the air, **causing**^{동'} _the toads_^{목'} **to release** their poison.^{보'}

▶ causing이 이끄는 분사구문에는 '~가 …하게 하다'라는 의미를 나타내는 <cause+목적어+to-v> 구조가 쓰였다.

¹³ In fact, _each cane toad_ [**that** a white ibis eats ●] prevents _the birth_ [of about 70,000 new toads] in a year!
주어   동사   목적어

▶ 여기서 that은 목적격 관계대명사로, 선행사 each cane toad를 꾸며 주는 절을 이끈다. 관계사절의 동사 eats 바로 뒤에 문장의 동사 prevents가 이어지므로 구조를 잘 파악하여 해석해야 한다.

▶ of ~ new toads는 앞의 명사 the birth를 꾸며 주는 전치사구이다.

---

05   **중세 유럽 여성들의 외출 시 필수품**   본책 pp.26~27

정답 ▶ 1 ⑤   2 ②   3 (1) T   (2) T   4 ⓐ pale   ⓑ freedom
5 내 것을 가져갔을 수도 있어[가져갔을지도 몰라]

문제 해설 ▶ 1 16세기 유럽의 부유한 여성들이 가면을 착용한 이유 및 가면의 형태 등에 관해 전반적으로 설명하고 있으므로 글의 주제로는 ⑤가 가장 알맞다.

① 16세기 유럽에서 가장 인기 있는 패션   ② 창백한 피부가 상류층의 상징이 된 이유
③ 16세기 가면의 다양한 쓰임새   ④ 여성들이 밖에서 가면을 써야 했던 이유
⑤ 16세기 유럽 여성들의 가면 착용 유행

2 ② 얼굴 아랫부분 반만 가리는 가면은 언급되지 않았다.

① 7번 문장에 언급되어 있다. (얼굴 윗부분 반만 가리는 가면)

③ 8번 문장에 언급되어 있다. (눈과 코를 제외하고 얼굴 전체를 가리는 가면)

3 (1) 4번 문장에 언급되어 있다.

(2) 8~9번 문장에 언급되어 있다.

4

16세기의 가면

- 상류층 여성들은 자신의 피부를 ⓐ 창백하게 유지하고 햇빛으로부터 보호하기 위해 가면을 썼다.
- 가면을 착용함으로써, 여성들은 더 많은 ⓑ 자유를 얻을 수 있었다.

[본문 해석] ¹전 세계 다양한 문화권의 사람들은 여러 가지 이유로 가면을 썼다. ²때때로, 가면을 쓰는 것은 유행이 되었다. ³예를 들어, 16세기 유럽에서는 부유한 여성들이 태양으로부터 그들의 피부를 보호하기 위해 가면을 썼다.

⁴이 시대에는 창백한 피부를 지닌 것이 높은 지위의 상징이었다. ⁵그것은 그 사람이 평민처럼 밖에서 일하지 않는다는 것을 보여주었다. ⁶런던과 파리에서 유행을 따르는 여성들이 가면을 쓰기 시작했다. ⁷최초의 가면은 검은색 벨벳으로 만들어졌고 얼굴 윗부분 반을 가렸다. ⁸또 다른 마스크는 vizard라고 불렸는데, 그것은 코를 위한 공간과 눈을 위한 작은 구멍이 있으면서 얼굴 전체를 덮었다. ⁹여성들은 말을 타고 이동하는 동안 이 마스크를 썼다.

¹⁰가면은 또한 여성들이 시장이나 교회 같은 장소에 남자 없이 방문하도록 해주었다. ¹¹가면이 없었다면, 혼자 외출하는 여성은 소문을 일으켰을지도 모른다. ¹²가면은 여성에게 더 많은 자유를 주었을 뿐만 아니라 얼굴을 숨김으로써 그들을 신비롭게 만들었다.

[직독직해]

¹People from various cultures around the world / have worn masks / for different reasons.
전 세계 다양한 문화권의 사람들은 / 가면을 썼다 / 여러 가지 이유로.

²Sometimes, / wearing masks became a trend. ³For example, / in 16th century Europe, / wealthy women
때때로, / 가면을 쓰는 것은 유행이 되었다. 예를 들어, / 16세기 유럽에서는, / 부유한 여성이

wore masks / to protect their skin from the sun.
가면을 썼다 / 태양으로부터 그들의 피부를 보호하기 위해.

⁴During this period, / having pale skin / was a symbol of high status. ⁵It showed // that one
이 시대에는, / 창백한 피부를 지닌 것이 / 높은 지위의 상징이었다. 그것은 보여주었다 // 그 사람이

didn't work outside / like a commoner. ⁶In London and Paris, / stylish women started wearing masks.
밖에서 일하지 않았다는 것을 / 평민처럼. 런던과 파리에서, / 유행을 따르는 여성들이 가면을 쓰기 시작했다.

⁷The first masks were made of black velvet / and covered the top half of the face. ⁸Another mask, /
최초의 가면은 검은색 벨벳으로 만들어졌고 / 얼굴 윗부분 반을 가렸다. 또 다른 마스크는, /

which was called a vizard, // covered the whole face / with a space for the nose and small holes for the
vizard라고 불렸는데, // 얼굴 전체를 가렸다 / 코를 위한 공간과 눈을 위한 작은 구멍이 있으면서.

eyes. ⁹Women wore these masks // while they were traveling on horseback.
여성들은 이 마스크를 썼다 // 그들이 말을 타고 이동하는 동안.

¹⁰Masks also allowed women to visit places / like the market or church / without a man.
가면은 또한 여성들이 장소를 방문하도록 해주었다 / 시장이나 교회와 같은 / 남자 없이.

¹¹Without a mask, / a woman going out alone / might have caused rumors. ¹²Masks not only gave women
가면이 없었다면, / 혼자 외출하는 여성은 / 소문을 일으켰을지도 모른다. 가면은 여성에게

more freedom / but also made them mysterious / by hiding their faces.
더 많은 자유를 주었을 뿐만 아니라 / 그들을 신비롭게 만들었다 / 그들의 얼굴을 숨김으로써.

1 *People* [**from** various cultures **around** the world] **have worn** masks for different reasons.
　　　　　　　　　주어　　　　　　　　　　　　　　　　　　동사　　　목적어
▶ 현재완료 have worn은 과거에서 시작한 행동이나 상태가 현재까지 이어지는 '계속'의 의미를 나타낸다.

4 During this period, **having** pale skin *was* a symbol of high status.
　　　　　　　　　　　주어　　　　　동사　　　　보어
▶ 동명사 주어가 쓰여 '~하는 것은, ~하기는'이라고 해석하며, 이때 동명사 주어 뒤에는 단수형 동사가 온다.

8 *Another mask*, **which was called a vizard**, covered the whole face with *a space* [for the nose] and *small holes*
　　　주어　　　　　　　　　　　　　　　　　　　동사　　　목적어
[for the eyes].
▶ 주격 관계대명사절이 앞에 콤마(,)와 함께 쓰여 선행사(Another mask)에 대한 부가적인 정보를 제공하는 계속적 용법으로 쓰였다.

9 Women wore these masks **while** they *were traveling* on horseback.
▶ while은 여기서 '~하는 동안'의 의미로, '시간'을 나타내는 접속사로 쓰였다. while이 이끄는 절에는 진행형 시제가 함께 잘 쓰인다.

12 Masks not only **gave** women more freedom but also **made** them **mysterious** by **hiding** their faces.
　　　　　　　　　A　　　　　　　　　　　　　　　　　　　B
▶ <not only A but (also) B>는 'A뿐만 아니라 B도'라는 의미이다. 문법적 성격이 같은 동사구를 연결하고 있다.
▶ <make+목적어+형용사>는 '~를 …한 상태로 만들다'라는 의미를 나타내며, <by v-ing>는 '~함으로써'라는 '수단'의 의미를 나타낸다.

06 모네는 어디서 영감을 얻었을까?
본책 pp.28~29

정답 ▶ **1** ⑤　　**2** ⑤　　**3** ③　　**4** 도서관에 그 새 책이 있는지

문제 해설

1 모네와 같은 유명한 화가들의 그림은 몽환적인 느낌을 담고 있는데, 연구에 의하면 화가들에게 영감을 주었던 것은 바로 그 당시의 대기오염이었다는 내용이므로 정답은 ⑤이다.

Q 글의 제목으로 가장 알맞은 것은?
① 하늘이 어떻게 매연에 의해 영향을 받았는가
② 모네의 편지들의 잊힌 사실들
③ 공장의 매연이 런던의 대기오염을 일으킨다
④ 모네가 오염된 하늘을 걱정했던 이유
⑤ 대기오염: 몽환적인 그림 뒤에 숨겨진 비밀

2 화가들이 공장의 매연이 방출되던 시기에 그림을 그렸다는 내용 이후에, 연구원들은 더러운 공기가 그림에 영감을 주었다고 생각한 내용의 (C)가 앞의 내용과 이어지며, 이에 대한 근거로서 그림과 그 당시 대기오염 수준이 일치한다는 사실을 발견했다는 내용의 (B), 이러한 근거가 시사하는 바를 나타낸 (A)의 흐름이 가장 알맞다.

Q 문장 (A)~(C)를 글의 흐름에 알맞게 배열한 것은?

3 모네가 살던 시절의 대기 오염 심각성의 정도는 언급되지 않으므로 정답은 ③이다.

Q 글을 읽고 대답할 수 없는 질문은?
① 화가들의 그림 중 몇 점이 조사되었는가? (2번 문장에 언급됨)
② 연구에서 언급된 유명한 화가들은 누구인가? (2번 문장에 언급됨)
③ 모네가 살던 시절에 대기오염은 얼마나 심각했는가?
④ 연구원들은 연구에서 어떤 출처를 조사했는가? (5, 7, 8번 문장에 언급됨)
⑤ 모네는 아내에게 보낸 편지에 무엇을 썼는가? (9~11번 문장에 언급됨)

4 Q 다음 빈칸에 알맞은 우리말 해석을 써보세요.

¹한 새로운 연구는 대기오염이 클로드 모네와 같은 유명한 화가들이 그들의 아름답고 몽환적인 그림을 그리도록 영감을 주었을지도 모른다고 말한다. ²그 연구는 모네와 윌리엄 터너라는 이름의 또 다른 화가가 그린 100점 이상의 그림을 살펴보았다. ³그들은 공장들이 많은 매연을 방출했던 시기에 그림을 그렸다. (C) ⁶연구원들은 더러운 공기가 그들의 그림이 안개가 끼고 몽환적으로 보이도록 영감을 주었다고 생각했다. (B) ⁵그들은 그림들이 그 당시 대기오염 수준과 일치한다는 것을 발견했다. (A) ⁴이것은 더러운 공기가 이 유명한 그림들의 특별한 모습에 영향을 미쳤을지도 모른다는 것을 시사한다.

⁷연구원들은 모네가 대기오염에 영감을 받았는지를 확인하기 위해 다른 출처들을 살펴보았다. ⁸그의 아내에게 보낸 편지에 모네는 이렇게 썼다. ⁹"런던에 안개는 보이지 않고 맑고 푸른 하늘만 보여서 아침에 매우 걱정이 되었어요. ¹⁰내가 더 이상 그림을 그릴 수 없다고 생각했어요. ¹¹그런데 곧, 오염으로 인한 연기와 안개가 하늘로 돌아왔어요." ¹²그러고 나서, 그의 작품은 계속되었다.

¹A new study says // that air pollution might have inspired famous painters / like Claude Monet /
한 새로운 연구는 말한다 // 대기오염이 유명한 화가들이 (~하도록) 영감을 주었을지도 모른다고 / 클로드 모네와 같은 /

to make their beautiful, dreamy paintings. ²The study looked at over 100 paintings / by Monet and
그들의 아름답고 몽환적인 그림을 그리도록. 그 연구는 100점 이상의 그림을 살펴보았다 / 모네와 또 다른

another painter / named William Turner. ³They painted during a time // when factories released a lot of
화가가 그린 / 윌리엄 터너라는 이름의. 그들은 (~인) 시기에 그림을 그렸다 // 공장들이 많은 매연을 방출했던.

smoke. ⁶Researchers thought // that the dirty air inspired their paintings / to look foggy and dreamy.
연구원들은 생각했다 // 더러운 공기가 그들의 그림에 영감을 주었다고 / 안개가 끼고 몽환적으로 보이도록.

⁵They found // that the paintings matched the air pollution levels / at the time. ⁴This suggests //
그들은 발견했다 // 그림들이 대기오염 수준과 일치한다는 것을 / 그 당시. 이것은 (~을) 시사한다 //

that the dirty air might have influenced / the special look of these famous paintings.
더러운 공기가 영향을 미쳤을지도 모른다는 것을 / 이 유명한 그림들의 특별한 모습에.

⁷The researchers looked at other sources / to check // if Monet was inspired / by air pollution.
연구원들은 다른 출처들을 살펴보았다 / 확인하기 위해 // 모네가 영감을 받았는지를 / 대기오염에 의해.

⁸In a letter to his wife, / Monet wrote, // ⁹"I was very worried in the morning // because I saw no fog, /
그의 아내에게 보낸 편지에, / 모네는 썼다, "난 아침에 매우 걱정이 되었어요 // 내가 안개를 보지 못했기 때문에, /

just clear blue sky / in London. ¹⁰I thought // that I couldn't paint anymore. ¹¹But soon, /
맑고 푸른 하늘만 보여서 / 런던에. 난 생각했어요 // 내가 더 이상 그림을 그릴 수 없다고. 그런데 곧, /

smoke and fog from pollution / returned to the sky." ¹²Then, / his work continued.
오염으로 인한 연기와 안개가 / 하늘로 돌아왔어요." 그러고 나서, / 그의 작품은 계속되었다.

¹ A new study says that air pollution **might have inspired** *famous painters* [like Claude Monet] **to make** their beautiful,
　　　　　　　　　　　　주어'　　　　　　　동사'　　　　　　　　목적어'　　　　　　　　　　보어'
dreamy paintings.
  ▶ <might have p.p.(과거분사)>는 '~했을지도 모른다'라는 의미로, 과거 사실에 대한 추측을 나타낸다.
  ▶ <inspire+목적어+to-v>는 '~가 …하도록 영감을 주다'의 의미를 나타낸다.

² The study looked at *over 100 paintings* [by Monet and *another painter* [**named** William Turner]].
  ▶ 과거분사 named 이하는 앞의 명사구 another painter를 꾸며 준다. 이때 named는 '~라는 이름의'라는 의미이다.

³ They painted during *a time* [**when** factories주' released동' a lot of smoke목'].
  ▶ when은 '시간'을 나타내는 관계부사로 when이 이끄는 절이 선행사 a time을 꾸며 준다.

⁶ Researchers thought **that** the dirty air inspired their paintings to **look** *foggy* and *dreamy*.
　　　　주어　　　동사　　　　　　　　　　　　　　　목적어

▶ 동사 thought의 목적어로 접속사 that이 이끄는 명사절이 쓰였다.

▶ that절 안의 <look+형용사>는 '~해 보이다'의 의미로, 문법적 성격이 같은 형용사 보어 foggy와 dreamy가 접속사 and로 연결되었다.

7 The researchers looked at other sources **to check** if Monet **was inspired** by air pollution.

▶ to check은 '확인하기 위해'라는 의미로 '목적'을 나타내는 부사적 용법의 to부정사이다.

▶ was inspired by는 과거형 수동태로 '~에 의해 영감을 받았다'로 해석된다.

Review

본책 p.30

단어

정답

A　**1 threat**　　**2 influence**　　**3 search**　　**4 source**
B　**1 ③**　　　　**2 ⑤**
C　**1 rumor**　　**2 pale**　　　　**3 native**　　**4 symbol**

해석

A 1 도로 위의 얼음은 운전자들에게 <u>위협</u>이다.
　　2 친구들은 여러분의 습관에 <u>영향</u>을 줄 수 있다.
　　3 당신은 더 많은 정보를 위해 웹사이트를 <u>찾아볼</u> 수 있다.
　　4 책에 있는 이 이야기의 <u>출처</u>에 대해 말해줄 수 있나요?

B 1 딱정벌레는 식물과 다른 곤충들을 둘 다 <u>먹는다</u>.
　　① 잡아채다　　② 계속되다　　③ 먹다　　④ 확산되다; 퍼뜨리다　　⑤ 막다, 예방하다
　　2 큰 소리는 청력에 <u>손상을</u> 줄 수 있다.
　　① 도입하다　　② 허락하다　　③ 숨기다　　④ 영감을 주다　　　　⑤ 피해를 입히다, 손상을 주다

C ┌─ 보기 ─
　　│　　창백한　　　유행을 따른　　　소문　　　상징　　　토종의
　　└

　　1 그녀에 대한 <u>소문</u>을 들은 적 있니?
　　2 무서운 이야기를 들었을 때 그의 얼굴은 <u>창백하</u>게 변했다.
　　3 우리 뒷마당은 <u>토종</u> 식물로 가득 차 있다.
　　4 많은 문화에서, 용은 힘의 <u>상징</u>이다.

본책 p.31

1일 1문장

정답

A　1 내일 비가 올지
　　2 그녀의 공책들을 놓고 왔을 수도 있다[왔을지도 모른다]
　　3 바로 답장을 보냈다

B　1 **if the restaurant is still open**
　　2 **might have watched that movie**
　　3 **not moving for a while**

C　1 **might have bought a new car**
　　2 **opening her umbrella**
　　3 **if he can help us (to) move**

07 나이가 들수록 좋아지는 이것 본책 pp.34~35

정답 1 ⑤ 2 ⑤ 3 ⓐ controlling ⓑ emotional ⓒ upset ⓓ positive
4 수영 수업을 받아오고 있다

문제 해설 1 나이가 들수록 감정을 통제하는 것에 더 능숙해진다는 내용을 담고 있는 글이므로 ⑤가 가장 알맞다.

① 어떤 나이에도 긍정적일 수 있는 비결　　　② 노화로부터 자신을 보호하는 방법
③ 긍정적인 마음을 갖는 것의 중요성　　　　④ 나이가 많은 것이 당신을 항상 행복하게 하지는 못한다
⑤ 감정 통제: 나이 든 사람들의 강점

2 나이 든 사람들이 감정적인 통제가 더 잘 되고 보통 긍정적인 것들에 집중한다는 장점에 대해 언급하고 있으므로 이어지는 문장에서 이러한 연구 결과가 사람들이 나이 드는 것에 '더 긍정적인 태도를 추구하도록' 한다는 의미의 ⑤가 오는 것이 가장 알맞다.

① 더 많은 에너지를 가지도록　　　　　　　② 더 빠르게 반응하도록
③ 감정을 경험하도록　　　　　　　　　　　④ 더 많은 사회적 관계를 가지도록
⑤ 더 긍정적인 태도를 추구하도록

3

보기
마음이 상한　　　통제하는　　　긍정적인　　　감정적인

나이 드는 것에 관해

단점	• 무언가를 더 잘 잊어버릴지도 모름 • 좀 더 느리게 반응함 • 더 적은 에너지를 가지고 있음
장점	• 감정을 더 잘 ⓐ 통제하게 됨 • 더 만족스러운 사회적 관계를 맺음 • 더 높은 ⓑ 감정적인 행복을 경험함 • 부정적인 경험들에 대해 덜 ⓒ 마음이 상함 • 행동하기 전에 더 생각함 • ⓓ 긍정적인 것들에 집중함

본문 해석 ¹우리가 젊을 때, 우리의 기량은 나이와 경험에 따라 향상된다. ²하지만 우리는 나이가 들면서, 더 나아지는 것이 멈추는 것처럼 느낄지도 모른다. ³우리는 무언가 더 잘 잊어버리고, 좀 더 느리게 반응하고, 기운이 더 없을지도 모른다. ⁴하지만, 한 가지 중요한 예외가 있다: 나이 든 사람들이 자신의 감정을 더 잘 통제한다는 것이다.

⁵지난 20년간, 심리학자인 Susan Turk Charles는 모든 연령대의 사람들의 감정을 연구해 왔다. ⁶그녀는 나이 든 사람들은 사회적 관계가 더 적지만 더 만족스러운 경향이 있고 더 높은 감정적 행복을 경험한다는 것을 발견했다. ⁷그들은 또한 부정적인 경험들에 대해 덜 마음 상해한다.

⁸왜 나이 든 사람들이 감정적인 통제가 더 잘될까? ⁹나이가 들수록, 우리 뇌는 빨리 반응하는 대신 우리가 행동하기 전에 더 생각하게 한다. ¹⁰이것은 우리가 침착함을 유지하도록 도와준다. ¹¹또한, 나이 든 사람들은 보통 긍정적인 것들에 집중한다. ¹²이러한 발견들은 나이를 먹는 것에 대해 사람들이 더 긍정적인 태도를 추구하도록 격려할지도 모른다.

¹When we are young, // our skills improve / with age and experience. ²But as we get older, //
우리가 젊을 때,　// 우리의 기량은 향상된다 / 나이와 경험에 따라.　하지만 우리는 나이가 들면서, //

we may feel / like we stop getting better. ³We might forget things more, / react a little slower, /
우리는 느낄지도 모른다 / 우리가 더 나아지는 것을 멈추는 것처럼. 우리는 무언가 더 잊어버릴지도 모르고, / 좀 더 느리게 반응할지도 모르고, /

and have less energy. ⁴However, / there's one important exception: / older people are better /
더 적은 에너지를 가질지도 모른다. 하지만, / 한 가지 중요한 예외가 있다: / 나이 든 사람들은 더 잘한다 /

at controlling their emotions.
그들의 감정을 통제하는 데.

⁵For the past 20 years, / Susan Turk Charles, a psychologist, / has been studying emotions /
지난 20년간, / 심리학자인 Susan Turk Charles는, / 감정을 연구해 왔다 /

in people of all ages. ⁶She has discovered // that older people tend to / have fewer but more satisfying
모든 연령대의 사람들의.　그녀는 발견했다 // 나이 든 사람들이 (~하는) 경향이 있다는 것을 / 더 적지만 더 만족스러운 사회적

social connections / and experience higher emotional well-being. ⁷They also get less upset / over negative
관계를 맺는 / 그리고 더 높은 감정적인 행복감을 경험하는. 그들은 또한 덜 속상해한다 / 부정적인

experiences.
경험들에 대해.

⁸Why is emotional control better / in older people? ⁹As we get older, // our brain makes /
왜 감정적인 통제가 더 잘될까 / 나이 든 사람들이? 우리가 나이 들수록, // 우리 뇌는 ~하게 한다 /

us think more / before we act, / instead of reacting quickly. ¹⁰This helps / us to stay calm. ¹¹Also, /
우리가 더 생각하게 / 우리가 행동하기 전에, / 빠르게 반응하는 대신. 이것은 도와준다 / 우리가 침착함을 유지하도록. 또한, /

older people usually focus / on positive things. ¹²These findings might inspire / people to pursue /
나이 든 사람들은 보통 집중한다 / 긍정적인 것들에. 이러한 발견들은 격려할지도 모른다 / 사람들이 추구하도록 /

a more positive attitude / toward getting older.
더 긍정적인 태도를 / 나이 드는 것에 대해.

² But **as** we *get older*, we may feel **like** we stop getting better.
▶ as는 '~하면서, ~함에 따라'라는 뜻의 부사절 접속사로 쓰여 뒤에 <주어+동사 ~> 형태의 절이 이어진다.
▶ <get[grow, become 등]+비교급>은 '점점 더 (어떤 상태가) 되고 있다'라는 의미를 나타낸다.
▶ 여기서 like는 '~처럼, ~와 같은'이라는 뜻의 접속사로 쓰여 뒤에 <주어+동사 ~> 형태의 절이 이어진다.

³ We **might forget** things more, **(might) react** a little slower, and **(might) have** less energy.
　　　　　동사1　　　　　　동사2　　　　　　and　　동사3
▶ 동사 세 개가 접속사 and로 연결되었다. 이때 동사 react, have 앞에 반복되는 조동사 might는 각각 생략되었다.

⁴ However, there's one important exception: older people **are better at controlling** their emotions.
▶ <be better at v-ing>는 '~하는 것을 더 잘하다'의 뜻으로, controlling은 전치사 at의 목적어 역할을 하는 동명사(v-ing)이다.

⁵ For the past 20 years, Susan Turk Charles, a psychologist, has been studying emotions in *people* [of all ages].
　　　　　　　　　　　　　　A ⌊＿＿＝＿＿⌋ B
▶ Susan Turk Charles와 a psychologist는 같은 것으로 동격의 관계이다. 콤마(,)로 (대)명사에 대한 보충 설명을 더할 수 있으며, 'A는 B인데, B인 A'와 같이 해석한다.

⁶ She has discovered [**that** older people **tend to have** fewer but more satisfying social connections and
　　　　　　　　　　　　　　　주어'　　동사'　　　　　　　　목적어'1
(to) experience higher emotional well-being].
　목적어'2
▶ 접속사 that이 이끄는 절(that ~ well-being)은 동사 has discovered의 목적어 역할을 한다.
▶ to부정사를 목적어로 취하는 동사 tend의 목적어 to have와 (to) experience 두 개가 and로 연결되었다.

⁹ As we get older, our brain **makes** us **think** more before we act, instead of reacting quickly.

　　　　　　　주어　　　　　동사　목적어　보어

▶ as는 '~하면서, ~함에 따라'라는 뜻의 접속사이다.

▶ 주절에 쓰인 <make+목적어+동사원형>은 '~를 …하게 하다'라는 의미이다.

¹² These findings might inspire people **to pursue** *a more positive attitude* [toward getting older].

　　　주어　　　　　　　동사　　　　목적어　　　보어

▶ <inspire+목적어+to-v>는 '~가 …하도록 격려하다'라는 의미이다.

---

08 우주여행 하다 암 걸릴라!

본책 pp.36~37

정답 1 ② 　 2 ⑤ 　 3 ⓐ **increase** ⓑ **effects** 　 4 우리가 정말 좋아하는 그 가수를

문제 해설

1 우주여행 시 DNA의 변화와 이로 인해 암에 걸릴 가능성 등에 대해 이야기하고 있다. 따라서 주제로는 ②가 가장 알맞다.

　① 화성으로 가는 우주 비행사들의 다음 임무 　② 우주여행에서의 DNA 변화에 관한 새로운 위험성
　③ 극한의 환경 속에서 우주 비행사들의 어려움 　④ DNA 연구를 위해 혈액 표본을 사용하는 방법
　⑤ 우주 비행사들의 DNA 연구에 대한 과학자들의 관심

2 우주여행이 우주 비행사들의 DNA에 미치는 영향을 조사하기 위해 혈액 표본을 수집한 것이므로, 우주 비행사들이 우주 비행 전에 의료 검사를 받아야 한다는 내용의 (e)는 글의 전체 흐름과 관련이 없다.

3

보기
영향　　　가능성　　　조사하다　　　증가하다

> 과학자들은 DNA를 연구함으로써 우주여행이 암에 걸릴 가능성을 ⓐ 증가시킬 수 있다는 것을 발견했다. 이 발견은 미래 우주 임무에 중요하며 신체에 미치는 우주여행의 ⓑ 영향을 이해하기 위해 추가 연구가 필요하다.

본문 해석

¹과학자들은 우주여행의 새로운 위험성을 발견했다. ²우리가 우주에 갈 때, 우리의 DNA는 변할 수 있다. ³이것은 암에 걸릴 가능성을 높일지도 모른다.

⁴이를 연구하기 위해 연구원들은 1998년과 2001년 사이에 우주를 여행한 우주 비행사 14명의 혈액을 검사했다. ⁵우주 비행사들은 임무 전후에 혈액 표본을 제공했다. (⁶우주 비행사들은 우주여행 전에 반드시 의료 검사에 통과해야 한다.) ⁷그 혈액 표본들은 20년간 냉동 보관되었다. ⁸연구원들은 그들이 연구했던 14명의 우주 비행사 모두에게서 변화를 발견했다. ⁹David Goukassian 교수는 "우주는 우주 방사선을 포함한 극한의 환경 때문에 우주 비행사들의 DNA에 변화를 야기할 수 있습니다. ¹⁰이러한 변화들이 우주 비행사들이 암에 걸리리라는 것을 의미하지는 않지만, 그럴 작은 가능성은 존재합니다."라고 말했다.

¹¹이 연구는 우주여행의 미래를 위해 중요할지도 모른다. ¹²몇몇 국가들은 우주 비행사들을 화성에 보내는 데 착수 중이며, 다른 국가들은 달에 기지를 건설하는 것을 준비 중이다. ¹³Goukassian은 우주여행이 신체에 미치는 해로운 영향을 연구하기 위해 더 많은 조사가 필요하다고 말했다.

¹Scientists have found a new risk / to space travel. ²When we go to space, // our DNA can change.
과학자들은 새로운 위험성을 발견했다 / 우주여행의. 우리가 우주에 갈 때, // 우리의 DNA는 변할 수 있다.

³This might increase the chances / of getting cancer.
이것은 가능성을 증가시킬지도 모른다 / 암에 걸릴.

⁴To study this, / researchers examined the blood of 14 astronauts // who traveled to space /
이를 연구하기 위해, / 연구원들은 우주 비행사 14명의 혈액을 검사했다 // 우주로 여행한 /

between 1998 and 2001. ⁵The astronauts provided blood samples / before and after their missions.
1998년과 2001년 사이에. 우주 비행사들은 혈액 표본을 제공했다 / 그들의 임무 전과 후에.

(⁶Astronauts must pass medical tests / before space travel.) ⁷The blood samples were kept frozen /
우주 비행사들은 반드시 의료 검사에 통과해야 한다 / 우주여행 전에. 그 혈액 표본들은 냉동된 상태로 보관되었다 /

for 20 years. ⁸The researchers found changes / in all 14 astronauts // they studied. ⁹Professor David
20년간. 연구원들은 변화를 발견했다 / 14명의 우주 비행사 모두에게서 // 그들이 연구한. David Goukassian 교수는

Goukassian said, // "Space can cause changes / in astronauts' DNA / because of its extreme conditions, /
말했다, // "우주는 변화를 일으킬 수 있습니다 / 우주 비행사들의 DNA에 / 그것의 극한 환경 때문에, /

including space radiation. ¹⁰These changes don't mean / astronauts will get cancer, //
우주 방사선을 포함한. 이러한 변화들이 의미하지는 않습니다 / 우주 비행사들이 암에 걸리리라는 것을, //

but there's a small chance / that they could."
하지만 작은 가능성은 존재합니다 / 그들이 그럴지도 모르는."

¹¹This study could be important / for the future of space travel. ¹²Several nations are working /
이 연구는 중요할지도 모른다 / 우주여행의 미래를 위해. 몇몇 국가들은 착수 중이다 /

on sending astronauts to Mars, // and other countries are preparing / to build bases on the moon.
우주 비행사들을 화성에 보내는 데, // 그리고 다른 국가들은 준비하고 있다 / 달에 기지를 건설하는 것을.

¹³Goukassian said // that more research is necessary / to study the harmful effects of space travel / on the
Goukassian은 말했다 // 더 많은 조사가 필요하다고 / 우주여행의 해로운 영향을 연구하기 위해서는 / 신체에 미치는.

body.

⁴ **To study** this, researchers examined the blood of *14 astronauts* [**who** traveled to space between 1998 and 2001].

▶ To study는 '연구하기 위해'라는 의미로 목적을 나타내는 부사적 용법의 to부정사이다.
▶ 주격 관계대명사 who가 이끄는 절은 선행사 14 astronauts를 꾸며 주고 있다.

⁷ The blood samples **were kept** *frozen* for 20 years.

▶ were kept는 '보관되었다'라는 의미의 과거형 수동태이며, 동사 keep 뒤에 상태 등을 나타내는 형용사 보어가 오면 '~인 채로 있다'라는 의미로 쓰인다.

¹⁰ These changes don't mean **(that)** astronauts will get cancer, │but│ there's *a small chance* **that** they could
　　　　주어　　　　 동사　　　　　　　　　목적어　　　　　　　　　　　　　　　　　　　　A └── = ──┘ B

(get cancer)."

▶ 동사 don't mean의 목적어절을 이끄는 접속사 that이 생략되었다.
▶ 명사구 a small chance와 그 뒤에 이어지는 that절은 동격 관계를 이룬다. <chance+that절>은 '~라는 가능성'으로 해석한다.
▶ could 뒤에 반복되는 어구인 get cancer는 생략되었다.

O9 행운을 가져다주는 쿠키

정답 ▶ 1 ④   2 ④   3 (1) T   (2) F   4 ⓐ similar   ⓑ introduced   ⓒ offered
5 음식은 맛있었지만

문제 해설 ▶

1 미국 내 많은 중국 식당에서 디저트로 제공되는 포춘 쿠키가 미국인들의 생각과 달리 실제로 일본에서 유래하였음을 알려주는 내용이므로 정답은 ④이다.

① 포춘 쿠키 조리법에서의 변화　　　　　　② 새로운 미국의 디저트: 중국 크래커
③ 포춘 쿠키 안에 숨겨진 메시지　　　　　　④ 포춘 쿠키의 진정한 시초
⑤ 일본 디저트와 미국 디저트의 차이점

2 1900년대에 일본인들이 미국으로 이주하여 포춘 쿠키를 도입했다는 내용 다음에, 그들은 일본 식당을 열고 싶었지만 많은 미국인들이 특정한 일본 요리를 좋아하지 않았다는 내용의 (C), 그래서 중국 식당을 개업하여 디저트로 포춘 쿠키를 제공했다는 내용의 (A), 그 쿠키가 인기를 얻게 되면서 미국인들의 입맛에 맞춰 쿠키 조리법을 바꾸었다는 내용의 (B)의 흐름이 가장 알맞다.

3 (1) 3번 문장에 언급되어 있다.
(2) 9번 문장에서 포춘 쿠키의 조리법은 미국인의 입맛에 맞게 바뀌었다고 했다.

4

1870년대	일본에는 포춘 쿠키와 ⓐ 유사한 쿠키가 있었다.
1900년대	• 일본인들은 미국으로 이주했고 이 쿠키들을 ⓑ 소개했다. • 일본인들은 중국 식당을 시작했고 디저트로 포춘 쿠키를 ⓒ 제공했다.
오늘날	수십억 개의 포춘 쿠키가 매년 생산된다.

본문 해석 ▶ ¹포춘 쿠키는 안쪽에 숨겨진 메시지가 있는 간식이다. ²미국 전역에 있는 많은 중국 식당에서 손님들은 식사 후에 이 쿠키를 받는다. ³많은 미국인이 이 쿠키들을 중국 문화와 연관 짓지만, 그것들은 사실 일본에서 왔다. ⁴1870년대 '츠지우라 센베이' 또는 '포춘 크래커'로 알려진 유사한 쿠키가 일본 교토 근처에서 만들어졌다. ⁵그 쿠키는 오늘날의 포춘 쿠키와는 맛과 크기가 달랐다. ⁶그것은 더 컸고 깨와 미소로 만들어졌다.

⁷1900년대에 일본 사람들이 미국으로 이주했을 때, 그들은 이 쿠키를 들여왔다. (C) ¹⁰그들은 일본 식당을 열고 싶었지만, 많은 미국인들이 생선회와 같은 특정한 일본 요리를 좋아하지 않았다. (A) ⁸그래서 그들은 중국 식당을 시작하였고 디저트로 포춘 쿠키를 제공하였다. (B) ⁹그 쿠키가 더 인기를 얻게 되면서, 미국인의 입맛에 맞춰 조리법이 바뀌었다. ¹¹그것들은 바닐라와 버터를 넣어 더 달콤해졌다.

¹²오늘날, 수십억 개의 포춘 쿠키가 매년 생산된다. ¹³그 쿠키는 미국 문화에서 여전히 중요하다. ¹⁴그것은 단지 디저트 그 이상이다!

직독직해 ▶

¹Fortune cookies are treats / with hidden messages inside. ²In many Chinese restaurants / across the
　포춘 쿠키는 간식이다　　　　/ 안에 숨겨진 메시지가 있는.　　　　　　많은 중국 식당에서　　　　　/ 미국 전역에 있는,

U.S., / diners receive these cookies / after meals. ³While many Americans link / these cookies to Chinese
　　/ 손님들은 이 쿠키들을 받는다　　/ 식사 후에.　　　많은 미국인이 연관 짓지만　　　/ 이 쿠키들을 중국 문화에,

culture, // they are actually from Japan. ⁴In the 1870s, / a similar cookie known as "tsujiura senbei" or
　　// 그것들은 사실 일본에서 왔다.　　　1870년대에,　　/ '츠지우라 센베이' 또는 '포춘 크래커'로 알려진 유사한 쿠키가

"fortune cracker" / was made near Kyoto, Japan. ⁵The cookie was different in taste and size / from today's
　　　　　　　　/ 일본 교토 근처에서 만들어졌다.　　　그 쿠키는 맛과 크기가 달랐다　　　　　　　/ 오늘날의

fortune cookies. ⁶It was larger / and made with sesame and miso.
포춘 쿠키와는.   그것은 더 컸다   / 그리고 깨와 미소로 만들어졌다.

⁷When Japanese people moved / to the U.S. in the 1900s, // they introduced these cookies.
일본 사람들이 이주했을 때   / 1900년대에 미국으로,   // 그들은 이 쿠키들을 들여왔다.

¹⁰They wanted to open Japanese restaurants, // but many Americans / didn't like certain Japanese dishes /
그들은 일본 식당을 열고 싶었다,   // 그러나 많은 미국인들이   / 특정한 일본 요리를 좋아하지 않았다   /

such as raw fish. ⁸So, / they started Chinese restaurants / and offered fortune cookies / as a dessert.
생선회와 같은.   그래서, / 그들은 중국 식당을 시작했고   / 포춘 쿠키를 제공했다   / 디저트로.

⁹As the cookies became more popular, // the recipe changed / to suit American tastes.
그 쿠키들이 더 인기를 얻게 되면서,   // 그 조리법이 바뀌었다   / 미국인의 입맛에 맞추기 위해.

¹¹They became sweeter / with vanilla and butter.
그것들은 더 달콤해졌다   / 바닐라와 버터를 곁들여.

¹²Today, / billions of fortune cookies / are produced every year. ¹³The cookie remains important /
오늘날, / 수십억 개의 포춘 쿠키가   / 매년 생산된다.   그 쿠키는 여전히 중요하다   /

in American culture. ¹⁴It's more than just a dessert!
미국 문화에서.   그것은 단지 디저트 그 이상이다!

주요 구문

⁴ In the 1870s, *a similar cookie* [**known as** "tsujiura senbei" or "fortune cracker"] **was made** near Kyoto, Japan.
　　　　　　　　　　　　　주어　　　　　　　　　　　　　　　　　　　　　　　　　　동사
▶ 과거분사구(known as ~ "fortune cracker")가 앞에 있는 명사 a similar cookie를 꾸며 주고 있다. 이때 known as는
'~로 알려진'의 의미이다.
▶ was made는 수동태 과거형으로 '만들어졌다'로 해석한다.

⁹ As the cookies became more popular, the recipe changed to suit American tastes.
　　　　주어'　　동사'　　　보어'　　　　　　주어　　　동사
▶ As는 '~하면서'라는 뜻의 '시간'의 의미를 나타내는 접속사로 쓰여, <주어+동사 ~> 형태의 절이 뒤따른다.
▶ to suit는 '~에 적합하게[어울리게] 하기 위해'라는 의미의 '목적'을 나타내는 부사적 용법의 to부정사이다.

¹³ The cookie **remains** *important* in American culture.
　　　주어　　　동사　　　보어
▶ 동사 remain 뒤에 형용사 보어가 오면 '계속[여전히] ~이다'라는 의미로 주어의 상태를 보충 설명한다.

Review

단어

본책 p.40

정답 ▶ **A** 1 ⓑ　　　　2 ⓐ　　　　3 ⓒ
B 1 react　　2 medical　　3 raw　　4 hidden
C 1 billions of　　2 link, to　　3 inspired, to study[work]

해석 ▶ **A** 1 attitude(태도) - ⓑ 어떤 것에 대해 생각하거나 느끼는 방식
2 strength(힘, 강점) - ⓐ 사람이나 사물의 좋은 특성
3 examine(조사하다, 검사하다) - ⓒ 무언가에 대해 더 많이 알아내기 위해 주의 깊게 보다

B ┤ 보기 ├

계속 ~이다　　반응하다　　숨겨진, 비밀의　　의료의　　날것의

1 그녀는 깜짝 선물에 어떻게 <u>반응했</u>니?
2 병원의 <u>의료</u> 직원들은 매우 도움이 되었다.
3 그는 <u>날</u>생선의 맛을 좋아하지 않는다.
4 책 표지 안에 비밀 메시지가 <u>숨겨져</u> 있었다.

1일 1문장

본책 p.41

정답 ▶ **A** 1 비가 오고 있었지만
2 이 여행을 계획하고 있는 중이다
3 내가 믿을 수 있는 유일한 사람

B 1 has been playing the guitar
2 While he enjoys spicy food
3 the dancer we really like

C 1 the professor he admires
2 While the movie was long
3 have been studying Spanish

Unit 04

본책 pp.44~45

10 거대한 바위 아래의 집

정답　1 ③　　2 (1) T　(2) F　　3 ③　　4 ⓐ rocks　ⓑ cool　　5 내 컴퓨터에 무슨 문제가 있는지

문제 해설

1 빈칸 뒤에서 Setenil de las Bodegas 마을 이름에 숨겨진 역사를 한 단어씩 풀어 설명하고 있으므로 정답은 ③이다.

① 규칙　　　　② 소문　　　　③ 역사　　　　④ 위치　　　　⑤ 영향력

2 (1) 3번 문장에 언급되어 있다.

(2) 8번 문장에 'Bodegas'는 스페인어로 '와인 저장고'를 뜻한다고 했다.

3 무어인들로부터 마을을 되찾기 위해 시도했다는 내용은 있지만, 그 방법에 대해서는 언급되지 않았으므로 정답은 ③이다.

① '바위 밑에 산다'는 것은 무엇을 의미하는가? (1번 문장에 언급됨)

② 왜 그 집들은 바위 안에 지어졌는가? (4번 문장에 언급됨)

③ 무어인들로부터 어떻게 마을을 되찾았는가?

④ 이 마을의 포도밭에는 무슨 일이 일어났는가? (10번 문장에 언급됨)

⑤ Setenil de las Bodegas는 무엇으로 유명한가? (11번 문장에 언급됨)

4

> 스페인의 Setenil de las Bodegas라는 마을에서, 사람들은 ⓐ 바위들 안에 지어진 집들에서 산다.
> 이 집들은 오래전에 무어인들에 의해 여름에 ⓑ 시원하게 지내기 위해 만들어졌다.

본문 해석

¹사람들이 "당신은 바위 밑에 살아요?"라고 묻는다면, 그것은 당신이 주변에서 무슨 일이 일어나고 있는지 모른다는 것을 의미한다. ²하지만 Setenil de las Bodegas라고 불리는 스페인의 한 마을에서, 사람들은 정말로 바위 안에 지어진 집들에 산다! ³이 특별한 집들은 무어인들에 의해 만들어졌는데, 그들은 스페인을 침략하여 12세기에 그 마을을 세웠다. ⁴새로운 집을 짓는 대신, 그들은 더운 여름 달들 동안 시원하게 지내기 위해 자연의 동굴을 더 크게 만들었다.

⁵그 마을의 이름은 그 마을의 역사를 설명해 준다. ⁶'Setenil'은 '7번의 무(無)'를 의미하는 라틴어에서 왔다. ⁷그것은 가톨릭 통치자들이 15세기에 무어인들로부터 그 마을을 되찾기 위해 일곱 번 시도했기 때문이다. ⁸'Bodegas'는 스페인어로 '와인 저장고'를 의미한다. ⁹그것은 그 지역에 포도밭을 들여온 정착민들에 의해 마을 이름에 덧붙여졌다. ¹⁰대부분의 포도밭은 1800년대에 벌레들에 의해 파괴되었다. ¹¹그러나, 그 마을은 여전히 맛있는 올리브와 아몬드로 유명하다!

직독직해

¹When people ask / "Do you live under a rock?" // it means / you don't know / what is happening /
사람들이 물을 때　　 / "당신은 바위 밑에 살아요?"라고　 // 그것은 의미한다 / 당신이 모른다는 것을 / 무엇이 일어나고 있는지 /

around you. ²But in a Spanish town / called Setenil de las Bodegas, / people really live in houses /
당신 주변에서.　　 그러나 스페인의 한 마을에는 / Setenil de las Bodegas라고 불려지는, / 사람들이 정말로 집에 산다 /

built inside rocks! ³These special houses were made / by the Moors, // who invaded Spain /
바위 안에 지어진!　　 이 특별한 집들은 만들어졌다　　 / 무어인들에 의해,　 // 스페인을 침략했던 /

and founded the town / in the 12th century. ⁴Instead of building new houses, / they made /
그리고 그 마을을 세웠던　 / 12세기에.　　　　 새로운 집을 짓는 대신에,　 / 그들은 만들었다 /

the natural caves bigger / to stay cool / during the hot summer months.
자연의 동굴을 더 크게 / 시원하게 지내기 위해 / 더운 여름 달들 동안에.

⁵The town's name explains / the history of the town. ⁶"Setenil" comes from the Latin words /
그 마을의 이름은 설명한다 / 그 마을의 역사를. / 'Setenil'은 라틴어 단어에서 왔다 /

for "seven times nothing." ⁷That's // because Catholic rulers tried seven times / to take the town back /
'7번의 무(無)'를 뜻하는. / 그것은 ~이다 // 가톨릭 통치자들이 일곱 번 시도했기 때문 / 그 마을을 되찾기 위해 /

from the Moors / in the 15th century. ⁸"Bodegas" means "a storehouse for wine" / in Spanish.
무어인들로부터 / 15세기에. / 'Bodegas'는 '와인 저장고'를 뜻한다 / 스페인어로.

⁹It was added / to the town's name / by settlers // who introduced vineyards / to the region.
그것은 덧붙여졌다 / 그 마을의 이름에 / 정착민들에 의해 // 포도밭을 들여왔던 / 그 지역에.

¹⁰Most of the vineyards / were destroyed / by insects / in the 1800s. ¹¹But the town is still famous /
대부분의 포도밭은 / 파괴되었다 / 벌레들에 의해서 / 1800년대에. / 그러나 그 마을은 여전히 유명하다 /

for its delicious olives and almonds!
맛있는 올리브와 아몬드로!

주요 구문

¹ When people ask "Do you live under a rock?" it means [(**that**) you don't know **what**^주 is happening^동 around you].
- ▶ 동사 means 뒤에는 목적어절을 이끄는 접속사 that이 생략되었다.
- ▶ that절 안의 what is happening은 동사 don't know의 목적어로 쓰인 간접의문문으로, 의문사 what이 주어로 쓰여 <의문사+동사 ~>의 어순으로 쓰는 것에 주의한다.

³ These special houses **were made by** *the Moors*, **who** invaded Spain and founded the town in the 12th century.
- ▶ were made by는 '~에 의해 만들어졌다'라는 의미로 주어가 동작을 당하게 되는 수동태 과거 표현이다.
- ▶ who는 선행사 the Moors를 부연 설명하는 계속적 용법의 주격 관계대명사로, '그리고 그들은'의 의미이다.

⁴ **Instead of building** new houses, they **made** the natural caves **bigger to stay** *cool* during the hot summer months.
　　　　　　　　　　　　　　　　　주어　동사　　　목적어　　　　　보어　　　　　　　　수식어
- ▶ building은 전치사 instead of(~대신에)의 목적어로 쓰인 동명사이다.
- ▶ <make+목적어+형용사>는 '~를 …하게 만들다'라는 의미이며, 이때 형용사 big의 비교급인 bigger가 쓰였다.
- ▶ to stay는 '목적'을 나타내는 부사적 용법의 to부정사이며, <stay+형용사>는 '~인 채로 있다'라는 의미의 상태를 나타낸다.

⁹ It **was added** to the town's name by *settlers* [**who** introduced vineyards to the region].
- ▶ 'A를 B에 덧붙이다'라는 의미의 <add A to B>가 수동태인 <A be added to B>로 쓰였다.
- ▶ 주격 관계대명사 who가 이끄는 절(who ~ the region)은 선행사 settlers를 꾸며 준다.

---

11 **밤이면 찾아오는 악몽 속 존재들**　　　　　　　　　　　　　　　本책 pp.46~47

정답　　1 ②　　2 ②, ④　　3 ⓐ **breathe**　ⓑ **keep away**　ⓒ **suck**　　4 결정하기 어렵다고 여겼다

문제 해설
1 앞 문단에서 단어 nightmare의 유래에 대해 설명하며 사람들이 밤에 잠을 자는 것을 괴롭히는 유령에 대해 언급한 후, 여러 문화마다 나쁜 꿈을 일으키는 유령이나 생물체에 대한 이야기가 있다는 내용의 (B), 그러한 예시로 스칸디나비아에는 mare에 대한 이야기가 있다는 내용의 (A), mare 이야기에 관한 상세한 내용인 (C)의 흐름이 가장 알맞다.

2 ③ '침대에 거꾸로 눕기'와 ④ '마력이 있는 글자를 문 위에 쓰기'는 글에서 언급되지 않았다.

① 문 근처에 신발 두기 (9번 문장에 언급되어 있음)

② 침대에 거꾸로 눕기

③ 열쇠 구멍을 막기 (9번 문장에 언급되어 있음)

④ 마력이 있는 글자를 문 위에 쓰기

⑤ 강철로 만든 무언가를 침대에 두기 (9번 문장에 언급되어 있음)

3   **다양한 문화권의 악몽 정령들**

스칸디나비아	mare는 사람들의 가슴 위에 앉아서 ⓐ 숨쉬기 어렵게 힌디.
독일	사람들은 악몽을 일으키는 생물체를 ⓑ 멀리하기 위해 특별한 방법을 사용한다.
다른 전통들	mare는 사람들의 생명을 ⓒ 빨아들일 수도 있다.

본문 해석 ▶

¹당신은 악몽을 꾼 적이 있는가? ²'nightmare'라는 단어는 중세 영어 단어인 'mare'에서 유래되었는데, 그것은 잠자는 동안 사람들을 괴롭히는 사악한 유령을 의미했다. ³이러한 유령들이 밤에 방문했다는 것을 보여주기 위해 'night'라는 단어가 나중에 추가되었다. ⁴오늘날 우리는 어떤 무서운 꿈을 묘사하기 위해 'nightmare'라는 단어를 사용한다.

(B) ⁶다양한 문화들은 나쁜 꿈을 일으키는 유령이나 생물체에 대한 자신들만의 고유한 이야기들을 가지고 있다. (A) ⁵예를 들어, 스칸디나비아에는 Vanlandi라는 왕에 대한 고대의 이야기가 있는데, 그 왕은 mare에 의해 죽임을 당했다. (C) ⁷이 생물체는 자고 있던 사람들의 가슴 위에 앉곤 했다, 그래서 그들은 숨쉬기가 어렵다고 여겼다. ⁸독일에는 악몽을 일으키는 것으로 믿어지는 다양한 생명체들이 있다. ⁹그것들을 멀리하기 위해, 어떤 사람들은 문 근처에 신발을 두거나, 열쇠 구멍을 막고, 강철로 만든 무언가를 침대에 놓는다. ¹⁰다른 전통들에 따르면, mare는 심지어 사람들의 생명을 마치 흡혈귀처럼 빨아들일 수도 있다!

직독직해 ▶

¹Have you ever had a nightmare? ²The word "nightmare" originated / from the Middle English word
당신은 악몽을 꾼 적이 있는가? 'nightmare'라는 단어는 유래되었다 / 중세 영어 단어인 'mare'에서,

"mare," // which meant an evil spirit / that bothered people during sleep. ³The word "night" was added
// 그것은 사악한 유령을 의미했다 / 잠자는 동안 사람들을 괴롭혔던. 'night'라는 단어는 나중에 추가되었다

later / to show that these spirits visited / at night. ⁴Nowadays, / we use the word "nightmare" /
/ 이러한 유령들이 방문했다는 것을 보여주기 위해 / 밤에. 오늘날, / 우리는 'nightmare'라는 단어를 사용한다 /

to describe any scary dream.
어떤 무서운 꿈이든지 묘사하기 위해.

⁶Different cultures have their own stories / about spirits or creatures // that cause bad dreams.
다양한 문화들은 그들 고유의 이야기들을 갖고 있다 / 유령이나 생물체에 대한 // 나쁜 꿈을 일으키는.

⁵For example, / in Scandinavia, / there is an ancient story / about King Vanlandi, // who was killed by a mare.
예를 들어, / 스칸디나비아에서, / 고대의 이야기가 있다 / Vanlandi라는 왕에 대한, // 그런데 그 사람은 mare에 의해 죽임을 당했다.

⁷This creature used to sit / on the chests of people / who were sleeping, // so they found it hard / to breathe.
이 생물체는 앉곤 했다 / 사람들의 가슴 위에 / 자고 있던 // 그래서 그들은 어렵다고 여겼다 / 숨쉬기가.

⁸In Germany, / there are various creatures / believed to bring nightmares. ⁹To keep them away, /
독일에는, / 다양한 생물들이 있다 / 악몽을 일으키는 것으로 믿어지는. 그것들을 멀리하기 위해, /

some people put shoes near the door, / cover the keyhole, / or put something made of steel / in their bed.
어떤 사람들은 문 근처에 신발을 두거나, / 열쇠 구멍을 막거나, / 강철로 만든 무언가를 놓는다 / 그들의 침대에.

¹⁰According to other traditions, / mares can even suck the life out of people, / just like vampires!
다른 전통들에 따르면, / mare는 심지어 사람들의 생명을 빨아들일 수 있다, / 마치 흡혈귀처럼!

[2] The word "nightmare" originated from *the Middle English word "mare,"* **which** meant *an evil spirit* [*that* bothered people during sleep].

▶ which는 주격 관계대명사로, 선행사는 the Middle English word "mare"이다. 관계대명사절(which ~ sleep)이 앞에 콤마(,)와 함께 쓰여 선행사에 대한 부가적인 정보를 제공하는 계속적 용법으로 쓰였다.

▶ which가 이끄는 관계사절 안에 주격 관계대명사 that이 이끄는 절이 포함되어 있으며, that 이하는 선행사 an evil spirit을 꾸며 준다.

[3] The word "night" **was added** later **to show** [**that** these spirits visited at night].

▶ was added는 수동태 과거형으로 '추가되었다'의 의미이다.

▶ to show는 '보여주기 위해'라는 의미의 '목적'을 나타내는 to부정사의 부사적 용법이다. to show의 목적어로 접속사 that이 이끄는 명사절(that ~ night)이 왔다.

[5] For example, in Scandinavia, there is an ancient story about *King Vanlandi*, **who** *was killed* by a mare.

▶ 주격 관계대명사 who가 이끄는 절(who ~ a mare)은 선행사 King Vanlandi를 보충 설명하는 계속적 용법의 관계대명사절이다.

▶ was killed는 수동태 과거형으로 '죽임을 당했다'의 의미이며 by 뒤에는 동작의 행위자가 온다.

[6] Different cultures have *their own stories* [about *spirits or creatures* [**that** cause bad dreams]].
              주어   동사   목적어

▶ 주격 관계대명사 that이 이끄는 절은 선행사 spirits or creatures를 꾸며 준다.

[7] This creature **used to sit** on the chests of *people* [**who** were sleeping], ~.
     주어   동사   수식어

▶ <used to-v>는 '(과거에) ~하곤 했다'의 의미로, 과거의 반복된 습관이나 행동을 나타낸다.

▶ 주격 관계대명사 who가 이끄는 절은 선행사 people을 꾸며 준다.

[8] In Germany, there are *various creatures* [**believed** to bring nightmares].

▶ 과거분사구(believed ~ nightmares)는 바로 앞의 명사 various creatures를 꾸며 준다. 이때 believed는 '~라고 믿어지는'의 의미이다.

[9] **To keep** them **away**, some people **put** shoes near the door, **cover** the keyhole, or **put** *something* [**made of** steel in their bed].
                      주어   동사1   동사2   동사3

▶ To keep away는 '목적'을 나타내는 to부정사의 부사적 용법이다. 이때 구동사 keep away의 목적어는 대명사(them)이므로 them은 keep과 away 사이에 쓰였다. (To keep away them (×))

▶ 세 개의 동사구가 접속사 or로 연결되었다.

▶ 과거분사구(made of ~ bed)가 앞의 명사 something을 꾸며 주며, 이때 made of는 '~로 만든'의 의미이다.

---

12 몸속을 누비는 배터리
본책 pp.48~49

정답 1 ②   2 (1) T   (2) F   (3) F   3 ⓐ safer   ⓑ target   ⓒ reduce   ⓓ harm
4 아직 설거지 되지 않았어

문제 해설   1 암을 치료하는 데 도움이 되는 특별한 배터리 시스템을 개발하게 된 배경 및 작동 방법과 효능 등에 대해 전반적으로 설명하고 있으므로 정답은 ②이다.

     Q 글의 제목으로 가장 알맞은 것은?
     ① 무엇이 암을 발견하기 어렵게 만드는가   ② 암을 퇴치하는 특별한 배터리 시스템

③ 새로운 약이 종양 성장을 막는 방식　　④ 암 치료제가 환자들을 아프게 만드는 이유

⑤ 암 환자의 몸 안에서 일어나는 일

2 (1) 5번 문장에 언급되어 있다.

(2) 9번 문장에서 쥐가 가진 종양의 크기가 2주 만에 90 퍼센트까지 줄어들었다고 했다.

(3) 11번 문장에서 새로운 방법은 인간에게 아직 실험되지 않았다고 했다.

Q 다음 문장이 글의 내용과 일치하면 T, 그렇지 않으면 F를 쓰세요.

(1) 암세포는 건강한 세포보다 더 적은 산소를 가지고 있다.

(2) 쥐를 대상으로 한 실험에서, 종양의 크기는 2주 만에 50 퍼센트까지 줄어들었다.

(3) 새로운 방법은 인간에게 성공적으로 실험되었다.

3 Q 글의 내용과 일치하도록 빈칸에 알맞은 말을 상자에서 찾아 쓰세요.

손상시키다	목표로 삼다	더 안전한	개발하다	줄이다

배터리 시스템에 관해

목적	ⓐ 더 안전한 방식으로 암 환자들을 돕기 위해
작용 방식	• 그것은 종양 성장을 돕는 저산소 구역을 ⓑ 목표로 삼기 위해 몸속으로 들어간다. • 그것은 암 크기를 ⓒ 줄어들게 하기 위해 약을 사용한다. • 그것은 다른 건강한 세포들을 ⓓ 손상시키지 않는다.

4 Q 다음 빈칸에 알맞은 우리말 해석을 써보세요.

<본문 해석>

¹암 환자들은 그들을 구역질 나게 하거나 여러 가지 부작용을 초래할 수 있는 강한 약을 받는다. ²상하이에 있는 푸단 대학의 과학자들은 이러한 환자들을 도울, 잠재적으로 더 안전한 방법을 알아냈다. ³그들은 몸 속에 들어갈 수 있는 배터리 시스템을 개발했다. ⁴그것은 종양 성장을 돕는 몸속의 저산소 구역을 목표로 삼는다. ⁵암세포와 그 주변은 건강한 세포에 비해 더 적은 산소를 가지고 있다. ⁶배터리가 암을 발견하면, 그것은 암을 더 작게 만들기 위해 약을 사용한다. ⁷그 과정에서, 어떠한 건강한 세포도 손상되지 않는다.

⁸과학자들은 암에 걸린 쥐들에게 이 시스템을 실험했는데, 그 결과는 놀라웠다! ⁹단 2주 만에, 그것은 쥐 대부분에서 종양의 크기를 90%까지 줄였다. ¹⁰또한, 어떤 중대한 부작용도 관찰되지 않았다.

¹¹이 방법은 아직 인간에게는 실험되지 않았다. ¹²만약 그것이 성공적이라면, 그것은 고통스러운 부작용을 막을 수 있을 것이다. ¹³하지만, 인간이 사용할 수 있는 배터리 시스템을 준비하기 위해서는 더 많은 연구가 필요하다.

<직독직해>

¹Cancer patients get strong medicine // which can make them feel sick / or cause various side effects.
암 환자들은 강한 약을 받는다　　// 그들이 구역질을 느끼게 할 수 있는　　/ 또는 여러 가지 부작용을 초래할 수 있는.

²Scientists from Fudan University / in Shanghai / found a potentially safer way / to help these patients.
푸단 대학의 과학자들은　　/ 상하이에 있는 / 잠재적으로 더 안전한 방법을 알아냈다　　/ 이러한 환자들을 도울.

³They have developed a battery system // that can be put inside the body. ⁴It targets /
그들은 배터리 시스템을 개발했다　　// 몸에 넣어질 수 있는.　　그것은 목표로 삼는다 /

low-oxygen areas of the body // that support tumor growth. ⁵Cancer cells and their surrounding areas /
몸속의 저산소 구역을　　// 종양 성장을 돕는.　　암세포와 그 주변은 /

have less oxygen / compared to healthy cells. ⁶When the battery finds cancer, // it uses the medicine /
더 적은 산소를 가지고 있다 / 건강한 세포에 비해.　　배터리가 암을 발견하면,　　// 그것은 약을 사용한다 /

to make the cancer smaller. ⁷During the process, / no other healthy cells are harmed.
암을 더 작게 만들기 위해.　　그 과정에서,　　/ 어떠한 건강한 세포도 손상되지 않는다.

⁸Scientists tested this system / on mice with cancer, // and the results were amazing! **⁹In just two**
과학자들은 이 시스템을 실험했다 / 암에 걸린 쥐들에게, // 그리고 그 결과는 놀라웠다! 단 2주 만에,

weeks, / it reduced the tumor size / by 90 percent / in most of the mice. **¹⁰Also,** / no significant side effects
/ 그것은 종양의 크기를 줄였다 / 90%까지 / 대부분의 쥐에서. 또한, / 어떤 중대한 부작용도

/ were observed.
/ 관찰되지 않았다.

¹¹This method hasn't been tested / on humans / yet. **¹²If it is successful,** // it could prevent painful side
이 방법은 실험되지 않았다 / 인간에게는 / 아직. 만약 그것이 성공적이라면, // 그것은 고통스러운 부작용을 막을 수 있다.

effects. ¹³However, / more research is required / to prepare the battery system / for human use.
하지만, / 더 많은 연구가 필요하다 / 배터리 시스템을 준비하기 위해서는 / 인간에게 사용하는 데.

주요 구문

¹ Cancer patients get *strong medicine* [which can make동'1 *them*목'1 **feel sick**보'1 or (can) cause**동'2 various side effects.**목'2]

▶ 주격 관계대명사 which가 이끄는 절(which ~ side effects)은 선행사 strong medicine을 꾸며 주고 있다.

▶ 관계대명사절 안의 <make+목적어+동사원형>은 '~가 …하게 하다, 시키다'라는 의미이며, 동사 can make와 (can) cause가 접속사 or로 연결되었다.

² *Scientists* [from Fudan University in Shanghai] found *a potentially safer way* [to help these patients].
　　주어　　　　　　　　　　　　　　　　　　동사　　목적어

▶ from ~ Shanghai는 앞의 명사 Scientists를 꾸며 주는 전치사구이다.

▶ to help 이하는 앞의 명사구 a potentially safer way를 꾸며 주는 형용사적 용법의 to부정사이다.

³ They have developed *a battery system* [that can be put inside the body].

▶ 관계대명사 that이 이끄는 절(that ~ the body)은 선행사 a battery system를 꾸며 준다.

▶ that절 안의 can be put은 '놓여질 수 있다'라는 뜻으로 조동사 can과 수동태(be p.p.)가 결합된 형태이다.

⁶ When the battery finds cancer, it uses the medicine to make동' **the cancer**목' **smaller.**보'
　　　　　　　　　　　　　　　　　　　주어동사　목적어　　　　　　　수식어

▶ to make 이하는 '목적'을 나타내는 부사적 용법의 to부정사이다.

▶ <make+목적어+형용사>는 '~를 …하게 만들다'의 의미로 형용사 자리에는 비교급인 smaller가 쓰였다.

⁷ During the process, no other healthy cells *are harmed*.

▶ <no other ~>는 부정 주어로 '어떠한 ~도'라고 해석한다.

▶ are harmed는 수동태로 '손상을 입는다'라는 의미이다.

¹³ However, more research *is required* to prepare the battery system for human use.

▶ is required는 수동태로 '요구된다'라는 의미이다.

▶ to prepare 이하는 '~하기 위해'라는 의미의 '목적'을 나타내는 부사적 용법의 to부정사이다.

Review

단어

정답

A 1 describe 2 process 3 observe 4 targets
B 1 ② 2 ③
C 1 purpose 2 painful 3 cells 4 reglon

해석

A 1 그 영화에 대한 네 의견을 설명해 줄 수 있니?
2 빵을 만드는 과정은 몇 시간이 걸린다.
3 나는 여가 시간에 공원에서 새를 관찰하는 것을 좋아한다.
4 그 과학 잡지는 십 대 독자들을 겨냥한다.

B 1 그들은 그 마을에 새 학교를 설립할 것이다.
　① 의미하다　② 설립하다　③ 빨아들이다　④ 숨 쉬다　⑤ 일어나다
2 당신의 차를 수리하는 것은 더 많은 시간이 필요할 거예요.
　① 해를 끼치다　② 줄이다　③ 필요로 하다　④ 준비하다　⑤ 파괴하다

C ┤ 보기 ├
| 지역 | 목적 | 아픈 | 세포 | 정신, 영혼 |

1 그 여행의 목적은 새로운 문화를 경험하는 것이다.
2 햇볕으로 입은 화상은 그녀의 피부가 아프게 느껴지도록 했다.
3 혈액 세포는 몸 전체에 산소를 운반한다.
4 많은 사람이 아름다운 산들 때문에 이 지역을 방문한다.

1일 1문장

정답

A 1 무엇이 그 안에 들어 있는지
2 일기를 쓰는 것이 어렵다고 생각했다
3 아직 도서관에 반납되지 않았다

B 1 found it relaxing to listen
2 what is causing the strange noise
3 have not been released

C 1 has not[hasn't] been finished
2 found it necessary to get enough sleep
3 what made his dog bark

13 실수해도 낙담하지 말아요
본책 pp.54~55

정답 | 1 ⑤   2 ⑤   3 ③   4 ⓐ intelligence ⓑ ignore ⓒ attention
5 그가 3개 국어를 할 수 있다는 것은

문제 해설

1 성장하는 사고방식을 지닌 아이들은 자신의 실수에 더 주의를 기울이고 실수를 바로잡으며 그렇지 않은 아이들보다 더 빠르게 배운다는 점을 시사하는 내용이므로 정답은 ⑤이다.

① 성장을 위한 비결: 실수를 피하라   ② 게임을 하는 것이 주의력에 미치는 영향
③ 아이들의 지능이 성장할 수 있는 이유   ④ 아이들이 실수에 주의를 기울이는 방법
⑤ 실수하기: 성장을 위한 기회

2 빈칸 (A) 앞에는 성장하는 사고방식을 지닌 아이들의 특징을 설명하는 내용이 나오고, 빈칸 (A) 뒤에는 고정된 사고방식의 아이들에 대한 내용이 나오므로, 정답은 대조를 나타내는 ⑤가 알맞다.

① 게다가   ② 예를 들어   ③ 결과적으로   ④ 다시 말해서   ⑤ 반면에

3 성장하는 사고방식을 지닌 아이들처럼 자신이 더 똑똑해질 수 있다고 믿는다면 실수로부터 배우게 될 가능성이 더 커진다는 내용이 와야 문맥상 자연스러우므로 빈칸 (B)에는 ③ learn from your mistakes가 가장 알맞다.

① 다른 사람의 실수를 바로잡을   ② 똑같은 실수를 저지를
③ 자신의 실수로부터 배울   ④ 과거의 잘못을 무시할
⑤ 실수에 주의를 덜 기울일

4

고정된 사고방식의 아이들	• 그들은 인간의 ⓐ 지능이 바뀔 수 없다고 믿는다. • 그들은 자신의 실수를 ⓑ 무시하는 경향이 있다.
성장하는 사고방식의 아이들	• 그들은 인간이 더 똑똑해질 수 있다고 믿는다. • 그들은 자신의 실수에 더 많은 ⓒ 주의를 기울인다. • 그들은 다음번 시도에서 자신의 실수를 바로잡는다.

본문 해석

¹우리가 실수로부터 배울 수 있다는 것은 사실이다! ²새로운 연구는 자신의 실수에 주의를 기울이는 아이들이 그렇지 않은 아이들보다 실제로 더 빠르게 배운다는 것을 보여준다.

³미시간 주립 대학의 한 심리학자는 6세에서 8세 사이의 123명의 아이들을 연구했다. ⁴아이들 중 몇몇은 자신들이 특정한 수준의 지능을 가지고 태어나며 그것이 바뀔 수 없다고 믿었다. ⁵다른 아이들은 고된 노력을 통해 그들 자신이 성장할 수 있고 더 똑똑해질 수 있다고 믿었다.

⁶연구에서 그 아이들은 동물을 잡는 컴퓨터 게임을 했다. ⁷그들은 두뇌 활동을 기록하는 특수한 모자를 썼다. ⁸결과는 성장하는 사고방식을 지닌 아이들이 자신의 실수에 더 많은 주의를 기울였음을 보여주었다. ⁹그들은 또한 다음번 시도에서 자신들의 실수를 바로잡는 데 더 우수했다. ¹⁰반면에, 고정된 사고방식을 지닌 아이들은 자신의 실수를 무시하는 경향이 있었다.

¹¹이 연구는 당신이 스스로 더 똑똑해질 수 있다고 믿는다면, 당신의 실수로부터 배울 가능성이 더 높다는 것을 보여준다.

¹It's true // that we can learn from our mistakes! ²A new study shows // that kids who pay attention to
(~은) 사실이다 / 우리가 우리의 실수로부터 배울 수 있다는 것을! 　　새로운 연구는 보여준다 // 자신의 실수에 주의를 기울이는 아이들이

their mistakes / actually learn faster / than those who don't.
/ 실제로 더 빠르게 배운다는 것을 / 그렇지 않은 아이들보다.

³A psychologist at Michigan State University, / studied 123 children / aged six to eight.
미시간 주립 대학의 한 심리학자는, 　　　　/ 123명의 아이들을 연구했다 / 6세에서 8세 사이의.

⁴Some of the children believed / that they are born / with a certain level of intelligence // and it cannot
아이들 중 몇몇은 (~을) 믿었다 / 그들이 태어났다고 / 특정한 수준의 지능을 가지고 // 그리고 그것이 바뀔 수 없다는 것을.

change. ⁵Others believed // that they can grow and become smarter / through hard work.
　　 다른 아이들은 (~을) 믿었다 // 그들이 성장할 수 있고 더 똑똑해질 수 있다는 것을 / 고된 노력을 통해.

⁶In the study, / the children played a computer game / to catch animals. ⁷They wore special hats //
연구에서, / 그 아이들은 컴퓨터 게임을 했다 / 동물을 잡는. 　　　그들은 특수한 모자를 썼다 //

that recorded their brain activity. ⁸The results showed // that children with a growth mindset /
그들의 두뇌 활동을 기록하는. 　　　결과는 보여주었다 // 성장하는 사고방식을 지닌 아이들이 /

paid more attention to their mistakes. ⁹They were also better / at correcting their mistakes / on the next
그들의 실수에 더 많은 주의를 기울였음을. 　그들은 또한 더 우수했다 / 자신의 실수를 바로잡는 데 / 다음번 시도에서.

try. ¹⁰On the other hand, / children with a fixed mindset / tended to ignore their mistakes.
반면에, 　　　/ 고정된 사고방식을 지닌 아이들은 / 자신의 실수를 무시하는 경향이 있었다.

¹¹This study shows // that if you believe you can get smarter, / you will be more likely to learn /
이 연구는 (~을) 보여준다 // 만약 당신이 스스로가 더 똑똑해질 수 있다고 믿는다면, / 당신은 배울 가능성이 더 높다는 것을 /

from your mistakes.
당신의 실수로부터.

² A new study shows that *kids* [**who** pay attention to their mistakes] actually learn **faster than** *those* [**who** don't
　　　　　　　　　　　　　　　　　　A　　　　　　　　　　　　　　　　　　　　　　　　　B

(pay attention to their mistakes)].

▶ 주격 관계대명사 who가 이끄는 절(who ~ mistakes)은 선행사 kids를 꾸며 준다.

▶ <A 형용사/부사+-er than B>는 비교급 표현으로 'A는 B보다 더 ~한/~하게'라는 의미이다.

▶ those who don't 뒤에는 중복되는 동사구인 pay attention to their mistakes가 생략되었다. those who는 '~하는 사람들'로 해석한다.

⁴ *Some* [of the children] believed **that** they are born with *a certain level of intelligence* [and] it cannot change.
　　주어　　　　　　　　동사　　　　　　　　　　　　　　　　목적어

▶ 대명사 it은 앞에 나온 a certain ~ intelligence를 가리킨다.

⁷ They wore *special hats* [**that** recorded their brain activity].

▶ 주격 관계대명사 that이 이끄는 절은 선행사 special hats를 꾸며 준다.

¹¹ This study shows **that if** you believe you can get smarter, you will be more likely to learn from your mistakes.
　　　　　　　　　　　　<조건>　　　　　　　　　　　　　　　　　<결과>

▶ that은 명사절을 이끄는 접속사로서, that ~ your mistakes 전체가 동사 shows의 목적어이다.

▶ that절 안에 쓰인 접속사 if는 '만약 ~한다면'의 의미로 '조건'을 나타내며, 두 번째 절은 그 조건에 대한 '결과'를 나타낸다.

14 긴장될 땐 요구르트를 마셔봐!

정답 ▶ 1 ⑤ 2 ③ 3 ⓐ bacteria ⓑ anxiety ⓒ medicines 4 학생들이 세상을 바라보는 방식에

문제 해설

1 소화기관 내의 박테리아가 우리의 감정에 영향을 미칠 수 있으며, 발효 식품에 포함된 박테리아 또한 인간의 감정 조절에 긍정적인 영향을 준다는 연구 결과를 전달하는 내용이므로 정답은 ⑤이다.

① 요구르트 섭취의 다양한 건강상 이점 ② 발효 식품에 좋은 박테리아가 있는 이유
③ 우리의 일상생활 속 발효 식품 사용법 ④ 일부 사람들이 항상 초조함을 느끼는 이유
⑤ 우리 소화기관 내 박테리아의 감정적 영향

2 8~9번 문장에서 요구르트, 피클, 김치와 같은 발효 식품에 포함된 박테리아가 소화를 돕는다고 했으므로 정답은 ③이다.

> 요구르트, 피클, 김치

① 그것들은 불안한 감정을 줄일 수 있다. (8번 문장에 언급되어 있음)
② 그것들 안에 아주 작은 박테리아가 있다. (9번 문장에 언급되어 있음)
③ 그것들을 섭취하는 것은 소화를 방해한다.
④ 그것들은 정신 건강에 도움을 줄 수 있다. (9번 문장에 언급되어 있음)
⑤ 그것들은 약처럼 우리가 기분이 더 나아지게 해줄지도 모른다. (10번 문장에 언급되어 있음)

3

> 과학자들은 프로바이오틱스라고 불리는 좋은 ⓐ 박테리아가 쥐들이 스트레스를 덜 받게 도와주고 그들의 ⓑ 불안감이 사라지게 했다는 것을 발견하였다. 그 박테리아는 ⓒ 약처럼 작용해 사람들의 기분이 더 나아지게 도와줄지도 모른다!

본문 해석

¹오랫동안 사람들은 우리의 감정이 위(胃)에 영향을 미칠 수 있다는 것을 알아 왔다. ²예를 들어, 우리는 불안할 때, 배탈이 날지도 모른다. ³하지만 이제, 연구원들은 위가 우리의 감정에도 영향을 미친다는 것을 알아내고 있다. 즉, 우리 소화기관 내의 많은 아주 작은 박테리아는 우리가 느끼는 방식에 영향을 줄 수 있다.

⁴쥐를 대상으로 한 연구에서, 연구원들은 그것들의 소화기관에서 좋은 박테리아를 제거했다. ⁵이것은 쥐를 더 스트레스 받고 불안하게 만들었다. ⁶그러나 그들이 스트레스 받는 쥐에게 프로바이오틱스라고 불리는 좋은 박테리아를 주었을 때, 쥐들은 스트레스를 덜 받았고 불안감이 사라졌다.

⁷이 연구 결과가 사람에게 적용될까? ⁸사실, 연구원들은 요구르트, 피클, 그리고 김치와 같은 발효 식품을 먹는 것이 이 불안한 감정을 줄일 수 있다는 것도 발견했다. ⁹이 음식들에 있는 아주 작은 박테리아가 소화와 우리의 정신 건강에 도움을 준다. ¹⁰그들은 이 좋은 박테리아가 우리의 기분을 향상시키는 약과 비슷하게 작용할지도 모른다고 생각한다.

직독직해

¹For a long time, / people have known // that our feelings can affect our stomachs. ²For example, /
오랫동안, / 사람들은 (~을) 알아 왔다 // 우리의 감정이 위에 영향을 미칠 수 있다는 것을. 예를 들어, /

when we're anxious, // we might have an upset stomach. ³But now, / researchers are discovering / that our
우리가 불안할 때, // 우리는 배탈이 날지도 모른다. 하지만 이제, / 연구원은 (~하다는 것을) 알아내고 있다 / 우리의 위가

stomachs affect our feelings too: // The many tiny bacteria in our guts can influence / how we feel.
우리의 감정에도 영향을 미친다는 것을: // 우리 소화기관 내의 많은 아주 작은 박테리아는 영향을 줄 수 있다 / 우리가 느끼는 방식에.

⁴In a study with mice, / researchers removed good bacteria / from their guts. ⁵This made the mice /
쥐를 대상으로 한 연구에서, / 연구원은 좋은 박테리아를 제거했다 / 그것들의 소화기관에서. 이것은 쥐를 만들었다 /

more stressed and anxious. ⁶But when they gave the stressed mice good bacteria, / which are called
더 스트레스 받고 불안하게.　　　　　그러나 그들이 스트레스 받는 쥐에게 좋은 박테리아를 주었을 때,　　/

probiotics, // the mice became less stressed / and their anxiety disappeared.
프로바이오틱스라고 불리는, // 그 쥐들은 스트레스를 덜 받았고　/ 그들의 불안감이 사라졌다.

　　　⁷Do these findings apply to humans? ⁸In fact, / researchers also found // that consuming fermented
　　　이 연구 결과가 사람에게 적용될까?　　사실,　/ 연구원들은 또한 (~을) 발견했다　// 발효 식품을 먹는 것이

foods / such as yogurt, pickles, and kimchi / can reduce these anxious feelings. ⁹The tiny bacteria in these
　　/ 요구르트, 피클, 그리고 김치와 같은　　/ 이 불안한 감성을 풀일 수 있다는 것을.　　이 음식들에 있는 아주 직은 빅테리아가

foods / help with digestion and our mental health. ¹⁰They think // that these good bacteria might work
　　/ 소화와 우리의 정신 건강에 도움을 준다.　　　　그들은 (~라고) 생각한다 // 이 좋은 박테리아가 (~인) 약과

similarly to medicines / that improve our mood.
비슷하게 작용할지도 모른다고　/ 우리의 기분을 향상시키는.

주요 구문

¹ For a long time, people **have known that** our feelings can affect our stomachs.
　　　　　　　　　　주어　　　동사　　　　　　　　목적어
▶ 현재완료 have known은 과거부터 현재까지 지속적인 상태를 나타내는 '계속'의 의미로 쓰였다.
▶ 접속사 that이 이끄는 절(that ~ stomachs)은 동사 have known의 목적어로 쓰였다.

⁵ This **made** the mice **more stressed** 〈and〉 **(more) anxious**.
　주어　동사　목적어　　　보어1　　　　　보어2
▶ <make+목적어+형용사>는 '~를 …한 상태로 만들다'라는 의미이다.
▶ 목적격보어로 쓰인 more stressed, (more) anxious는 접속사 and로 연결되었다.

⁶ But when they gave the stressed mice *good bacteria*, **which** are called probiotics, the mice became less stressed
　　　　　주어'　동사'　　　간목'　　　　직목'　　　　　　　　　　　　　　주어1　　동사1　　보어1
〈and〉 their anxiety disappeared.
　　　주어2　　동사2
▶ 관계대명사 which가 이끄는 절(which ~ probiotics)은 앞의 명사구 good bacteria를 보충 설명한다.

⁸ In fact, researchers also found **that consuming** *fermented foods* **such as** yogurt, pickles, and kimchi can reduce
　　　　　　　　　　　　　　　　　　　　　　주어'　　　　　　　　　　　　　　　　　　　동사'
these anxious feelings.
　목적어'
▶ that이 이끄는 절(that ~ these anxious feelings)은 동사 found의 목적어로 쓰였다.
▶ that절 안에서 동명사구(consuming ~ and kimchi)가 주어로 쓰였다. 동명사구 안에 such as(예를 들어, ~와 같은)가 이끄는 어구가
쓰여 주어 부분이 길어졌다.

¹⁰ They think **that** these good bacteria might work similarly to *medicines* [**that** improve our mood].
▶ 첫 번째 that은 명사절을 이끄는 접속사로, that ~ our mood 전체가 동사 think의 목적어이다.
▶ 두 번째 that은 주격 관계대명사로, 선행사 medicines를 꾸며 주는 관계대명사절을 이끈다.

15 보이는 게 다가 아니야

본책 pp.58~59

정답 1 ⑤　　2 ④　　3 (1) T　(2) T　(3) F　　4 운전자들이 교통 규칙을 따르는 것은

문제 해설

1 빈칸 앞부분에서 과학자들은 예쁘고 색이 화려한 식물들을 더 많이 연구하는 경향이 있으나, 철저한 연구 후에 하나의 종이 얼마나 중요한지 이해하게 되었다고 했다. 따라서, 빈칸에는 눈에 띄지 않는 식물의 종 하나라도 잃는 것은 '환경적으로 중요한 식물'을 잃는다는 의미의 ⑤가 가장 알맞다.

① 매력적이지만 유해한 식물들　　　　　　② 우리 주위의 흔한 식물들
③ 독특하고 아름다운 식물들　　　　　　　④ 자연에 대한 사람들의 관심
⑤ 환경적으로 중요한 식물

2 ⓐ, ⓑ, ⓓ는 겉모습이 화려하여 사람들의 관심이 주목되는 식물, 그와 반대로 ⓒ, ⓔ, ⓕ는 상대적으로 사람들의 관심을 받지 못하는 식물을 나타내므로 올바르게 묶인 것은 ④이다.

3 (1) 2번 문장에 언급되어 있다.
　　(2) 3번 문장에 언급되어 있다.
　　(3) 4번 문장에서 연구 대상으로 가장 인기가 많은 식물의 색깔은 흰색이 아닌 파란색이라고 했다.

본문 해석

¹많은 사람이 그들의 집안과 집 주변에 다채로운 색의 식물과 꽃들을 심는 것을 선택한다. ²흥미롭게도, 식물 과학자들이 무엇을 연구할지 선택할 때, 색이 그들의 선택에도 정말로 영향을 미쳤다. ³초록색과 갈색 꽃들보다 흰색, 빨간색, 그리고 분홍색 꽃들이 더 많이 연구되었다. ⁴파란색 식물들은 매우 드물기 때문에 연구 관심을 가장 많이 받았다.

⁵식물들이 어떻게 생겼는지 또한 과학자들의 연구 선택에 영향을 줄 수 있다. ⁶하지만, 일부 '못생긴' 식물들은 자연에서의 역할에 따라 더 많은 관심을 받을 만하다. ⁷예를 들어, 호주에서, 박주가리는 나비들에게 중요한 식량원이고, 풀이 무성한 니염토는 희귀한 태양 나방의 서식지이다. ⁸그것들의 중요성에도 불구하고, 이 식물들은 겉모습 때문에 과학자들로부터 종종 더 적은 관심을 받는다.

⁹과학자들은 철저한 연구를 한 후에야 하나의 종(種)이 얼마나 중요한지 진정으로 이해할 수 있다. ¹⁰눈에 띄지 않는 종 하나라도 잃는다는 것은 환경적으로 중요한 식물을 잃는다는 것을 의미할 수 있다. ¹¹그러므로, 과학자들이 특히 환경의 위협으로 인해 위험에 처한 못생긴 식물들에도 초점을 맞추는 것이 중요하다.

직독직해

¹Many people choose to plant / colorful plants and flowers / in and around their homes. ²Interestingly,
많은 사람이 심는 것을 선택한다 / 다채로운 색의 식물과 꽃들을 / 그들의 집안과 집 주변에. 흥미롭게도,

/ when plant scientists chose / what to research, // colors really influenced their choice, too. ³White, red,
/ 식물 과학자들이 선택했을 때 / 무엇을 연구할지, // 색이 그들의 선택에도 정말로 영향을 미쳤다. 흰색, 빨간색,

and pink flowers / were studied more / than green and brown ones. ⁴Blue plants received / the most
그리고 분홍색 꽃들이 / 더 많이 연구되었다 / 초록색과 갈색 꽃들보다. 파란색 식물들은 받았다 / 가장 많은

research attention // because they're very rare.
연구 관심을 // 그것들은 매우 드물기 때문에.

⁵How plants look // can also affect / scientists' choice of studies. ⁶However, / some "ugly" plants
식물들이 어떻게 생겼는지는 // 또한 영향을 줄 수 있다 / 과학자들의 연구 선택에. 하지만, / 일부 '못생긴' 식물들은

deserve more attention / for their role in nature. ⁷For instance, / in Australia, / milkweed is an important
더 많은 관심을 받을 만하다 / 그것들의 자연에서의 역할 때문에. 예를 들어, / 호주에서, / 박주가리는 중요한

food source / for butterflies, // and the grassy mat rushes are homes / for the rare sun moth. ⁸Despite their
식량원이다 / 나비를 위한, // 그리고 풀로 덮인 니염토는 서식지이다 / 희귀한 태양 나방을 위한. 그것들의

importance, / these plants often get less attention / from scientists / due to their appearance.
중요성에도 불구하고, / 이 식물들은 종종 더 적은 관심을 받는다 / 과학자들로부터 / 그것들의 겉모습 때문에.

9Scientists can truly understand // how important a species is / only after thorough research.
과학자들은 진정으로 이해할 수 있다   // 하나의 종이 얼마나 중요한지를   / 철저한 연구를 한 후에야.

10Losing even one / unnoticed species / could mean the loss / of an environmentally important plant.
하나라도 잃는 것은   / 눈에 띄지 않는 종을   / 손실을 의미할 수 있다   / 환경적으로 중요한 식물의.

11Therefore, / it's important / for scientists to focus / on ugly plants as well, / especially those in danger /
그러므로,   / (~은) 중요하다   / 과학자들이 초점을 맞추는 것은   / 못생긴 식물들에도,   / 특히 위험에 처한 그것들에   /

due to environmental threats.
환경의 위험으로 인해.

주요 구문

2 Interestingly, when <u>plant scientists</u> <u>chose</u> **what to research**, <u>colors</u> really <u>influenced</u> <u>their choice</u>, too.
　　　　　　　　　주어'　　　　동사'　　　목적어'　　　주어　　　　　동사　　　목적어

▶ <what+to-v>는 '무엇을 ~해야 할지'라고 해석한다. <의문사+to부정사>는 문장에서 명사처럼 쓰여 주어, 목적어 등의 역할을 할 수 있으며, 여기서는 동사 chose의 목적어로 쓰였다.

5 <u>**How** plants look</u> <u>can also affect</u> <u>scientists' choice of studies</u>.
　　　주어　　　　　　동사　　　　　　　　목적어

▶ 주어 자리에 <의문사 how(어떻게)+주어+동사>의 간접의문문이 쓰였다.

9 <u>Scientists</u> <u>can truly understand</u> <u>**how** *important* a species is</u> **only after** thorough research.
　　주어　　　　　동사　　　　　　　　　목적어

▶ 동사 can understand의 목적어로 <의문사 how(얼마나)+형용사+주어+동사>의 간접의문문이 쓰였다.

▶ <only after+명사>는 '오직 ~ 후에만'으로 해석할 수 있다.

10 <u>**Losing** even one unnoticed species</u> <u>could mean</u> <u>*the loss* [**of** an environmentally important plant]</u>.
　　　　　주어　　　　　　　　　　　　　동사　　　　　　　목적어

▶ 동명사구(Losing ~ species)가 문장에서 주어 역할을 한다.

▶ of ~ plant는 앞의 명사 the loss를 꾸며 주는 전치사구이다.

Review

단어

정답
A 1 ⓑ   2 ⓐ   3 ⓒ

B 1 stomach   2 receive   3 ignore   4 mental

C 1 apply to   2 Focus on   3 pay attention to

해석

A 1 intelligence(지능) - ⓑ 사물을 배우거나 이해하는 능력

   2 correct(바로잡다, 정정하다) - ⓐ 무언가를 올바르게 되도록 바꾸다

   3 anxious(불안한) - ⓒ 두려워하거나 긴장하는, 특히 일어날지도 모르는 일에 대해

B | 보기 |

| 받다, 얻다 | 위, 복부 | 선택 | 정신의 | 무시하다 |

   1 그 매운 음식을 먹고 나서 내 <u>위</u>가 아프다.

   2 학생들은 다음 주에 시험 결과를 <u>받게</u> 될 것이다.

   3 우리는 환경 문제들을 <u>무시해서는</u> 안 된다.

   4 많은 사람이 요가는 그들의 <u>정신</u> 건강에 좋다고 믿는다.

1일 1문장

정답
A 1 우리 선생님이 수학을 설명하시는 방식을

   2 내가 새로운 도시에서 친구를 사귀는 것은

   3 그 개가 밤에만 짖는 것이

B 1 important for children to get

   2 It is surprising that he knows

   3 how she learns new languages

C 1 how[the way] the chef tries

   2 possible for us to finish

   3 interesting that plants grow faster

16 도시들은 왜 슬로건을 만들까? 본책 pp.64~65

정답 1 ③ 2 ③ 3 ⑤ 4 사람들이 자신의 아이들을 무엇이라고[어떻게] 이름 지어주는지는

문제 해설

1 미국 도시의 슬로건 중 최고로 평가받는 몇 가지 사례들을 보여주며 슬로건이 도시의 특징 및 주민들의 정체성 등을 어떻게 표현하는지를 설명하는 글이므로 정답은 ③이다.

① 도시의 이름과 슬로건 사이의 연관성 　　　　② 좋은 도시 슬로건을 만드는 다양한 방법
③ 도시의 슬로건이 어떻게 그들의 진정한 정체성을 보여주는지 ④ 전 세계에서 가장 재미있는 도시 슬로건들
⑤ 도시 정부가 어떻게 자체 슬로건을 만드는지

2 도시 슬로건은 도시 생활의 흥미로운 점을 살려 '독특한' 특징을 나타내야 한다는 내용이 알맞다. 또한 도시 슬로건은 그 지역에 사는 사람들에 대해 말해주는 문구로 주민들의 '독특한' 정체성과 창의성을 담아야 한다는 내용이 문맥상 자연스러우므로 빈칸에는 ③ unique(독특한)가 공통으로 와야 한다.

① 새로운 　　　② 흔한 　　　③ 독특한 　　　④ 기본적인 　　　⑤ 인기 있는

3 12번 문장에서 도시 슬로건은 도시 정부의 창의성이 아닌 그곳에 사는 지역 주민들의 창의성을 반영한다고 했으므로 정답은 ⑤이다.

①은 2번 문장에, ②는 3번 문장에, ③은 8번 문장에, ④는 9번 문장에 언급되어 있다.

본문 해석

¹도시들은 다른 사람들에게 그들이 누구인지에 대해 알리기 위해 슬로건을 사용한다. ²최고의 슬로건은 몇 개의 강력한 단어들로 이야기를 해준다. ³일부 슬로건들은 관광객을 끌어모으기 위해 시(市)에 의해 만들어지는 반면, 다른 슬로건들은 도시 생활에 대해 흥미로운 점을 알아차린 주민들에 의해 만들어진다. ⁴주민들이 도시를 어떻게 부르는지는 때때로 그것에 대해 더 많은 것을 알려줄 수 있다. ⁵어떤 도시들은 <u>독특한</u> 특징과 명소를 기념하기 위해 유머를 사용했다. ⁶여기 미국 전역에서 가장 훌륭한 슬로건 몇 개가 있다.

⁷펜실베이니아주에 있는 허쉬의 슬로건은 '지구상에서 가장 달콤한 곳'이다. ⁸이것은 1990년부터 허쉬의 슬로건이었다. ⁹허쉬는 허쉬 초콜릿 공장의 본거지이고 마을 전체에 초콜릿과 같은 냄새가 난다! ¹⁰아이오와주에 있는 그래비티 사람들은 '우리는 현실적이다(또는 지구에 내디뎠다). 그래비티(또는 중력)가 사라지면 우리 모두 사라지게 된다.'라는 슬로건을 사용한다. ¹¹그들은 실제로는 현실적인 것을 의미하는 'down to earth'라는 말과 'gravity'라는 단어에 말장난을 쳤다. ¹²이러한 도시의 슬로건들은 그곳에 사는 사람들의 <u>독특한</u> 정체성과 창의성을 보여준다.

직독직해

¹Cities use slogans / to tell others about who they are. ²The best slogans tell a story / in a few powerful
도시들은 슬로건을 사용한다 / 다른 사람들에게 그들이 누구인지에 대해 알리기 위해. 최고의 슬로건은 이야기를 해준다 / 몇 개의 강력한 단어들로.

words. ³Some slogans are created by the city / to attract tourists, // while others are created by residents /
일부 슬로건들은 시(市)에 의해 만들어진다 / 관광객을 끌어모으기 위해, // 반면에 다른 슬로건들은 주민들에 의해 만들어진다 /

who noticed something interesting / about the city life. ⁴What residents call the city // can sometimes tell
흥미로운 것을 알아차린 / 도시 생활에 대해. 주민들이 도시를 어떻게 부르는지는 // 때때로 그것에 대해

more about it. ⁵Some cities have used humor / to celebrate their <u>unique</u> features and attractions.
더 많은 것을 알려줄 수 있다. 어떤 도시들은 유머를 사용했다 / 그것들의 독특한 특징과 명소를 기념하기 위해.

⁶Here are some of the best slogans / around the U.S.
여기 가장 훌륭한 슬로건 중 몇 개가 있다 / 미국 전역에서.

⁷The slogan of Hershey, Pennsylvania / is "The Sweetest Place On Earth." ⁸This has been Hershey's
펜실베이니아주에 있는 허쉬의 슬로건은 / '지구상에서 가장 달콤한 곳'이다. 이것은 허쉬의 슬로건이었다

slogan / since 1990. ⁹Hershey is home to the Hershey chocolate factory // and the whole town smells
/ 1990년부터. 허쉬는 허쉬 초콜릿 공장의 본거지이고 // 마을 전체에 초콜릿 같은 냄새가 난다!

like chocolate! ¹⁰People in Gravity, Iowa use the slogan / "We're Down to Earth. / If Gravity Goes,
아이오와주에 있는 그래비티의 사람들은 슬로건을 사용한다 / '우리는 현실적이다(또는 지구에 내디뎠다). / 그래비티(또는 중력)가 사라지면,

We All Go." ¹¹They played on the words "down to earth," // which actually means being practical, / and the
우리는 모두 사라지게 된다.' 그들은 'down to earth'라는 말에 말장난을 쳤다, // 실제로는 현실적인 것을 의미하는, / 그리고

word "gravity." ¹²These city slogans show / the unique identities and creativity / of the people who live
'gravity'라는 단어에. 이러한 도시 슬로건들은 보여준다 / 독특한 정체성과 창의성을 / 그곳에 사는 사람들의.

there.

주요 구문

¹ Cities use slogans **to tell** others **about who** they^{주'} are^{동'}
- ▶ to tell은 '말해주기 위해'라는 의미로 '목적'을 나타내는 부사적 용법의 to부정사이다.
- ▶ 전치사 about의 목적어로 쓰인 who they are는 간접의문문으로 '그들이 누구인지'라는 의미이다. 간접의문문은 <의문사+주어+동사> 어순으로 쓰는 것에 주의한다.

³ Some slogans **are created** *by the city* to attract tourists, **while** others **are created** *by residents* [**who** noticed
    주어   동사   주어'   동사'
something interesting about the city life].
- ▶ are created는 수동태로 '만들어지다'의 의미이며, 뒤에 <by+A(행위자)>를 각각 써주어 동작을 한 행위자를 강조하고 있다.
- ▶ while은 여기서 '반면에'라는 뜻의 '대조'를 나타내는 접속사로 쓰였다.
- ▶ 주격 관계대명사 who가 이끄는 절(who ~ the city life)은 선행사 residents를 꾸며 준다.
- ▶ something interesting은 '흥미로운 것'의 의미이며, –thing으로 끝나는 대명사는 형용사가 뒤에서 꾸며 준다.

⁸ This **has been** Hershey's slogan *since 1990*.
- ▶ 현재완료 has been은 since(~부터)와 함께 쓰여 '(지금까지) 쭉 ~해왔다'라는 '계속'의 의미를 나타낸다.

¹¹ They played on *the words "down to earth,"* **which** actually means being practical, and (played on) the word "gravity."
- ▶ which가 이끄는 관계대명사절은 선행사 the word "down to earth"를 보충 설명해주는 역할을 한다.
- ▶ and 뒤에는 반복되는 어구 played on이 생략되었다.

¹² These city slogans show *the unique identities* and *creativity* [**of** *the people* [**who** live there]].
      주어   동사   목적어
- ▶ 전치사구 of ~ there는 앞의 명사구 the unique ~ creativity를 꾸며 준다.
- ▶ 주격 관계대명사 who가 이끄는 절은 선행사 the people을 꾸며 준다.

정답 1 ③   2 ⑤   3 (1) T   (2) F   4 ④   5 그는 요리 수업에 참여해 왔다

문제 해설

1 '쌍둥이의 날'은 쌍둥이들뿐 아니라, 그들을 연구하는 과학자들도 함께 참여하는 즐거운 축제라고 하였으므로 정답은 ③이다.

① 쌍둥이의 날 축제가 어떻게 Twinsburg에서 시작되었는지
② Twinsburg가 어떻게 쌍둥이에 의해 만들어졌는지에 관한 이야기
③ 쌍둥이들과 과학자들이 함께 즐기는 쌍둥이의 날
④ 쌍둥이의 날에 쌍둥이들이 즐길 수 있는 다양한 활동들
⑤ 쌍둥이의 날 축제 동안 과학자들이 어떻게 자료를 모으는지

2 11번 문장에서 과학자들이 단 4시간 만에 1년 치의 정보를 모을 수도 있다고 했으므로, 전 세계 쌍둥이들이 한데 모여 있는 쌍둥이 축제에서 연구하는 것은 '효율적'이라고 할 수 있다. 따라서 ⓔ의 inefficient(비효율적인)를 efficient(효율적인)로 바꾸는 것이 문맥상 적절하다.

3 (1) 4번 문장에 언급되어 있다.
(2) 9번 문장에 쌍둥이들은 연구에 참여하여 보상을 즐긴다고 했다.

4 (B) 2번 문장에 쌍둥이 축제는 전 세계의 쌍둥이들이 축제에 모인다고 했다.
(D) 10번 문장에 과학자들은 축제에 참여하여 쌍둥이들에 대한 연구를 진행한다고 했다.
(A) 1번 문장에, (C) 8~11번 문장에 언급되어 있다.

> (A) 오하이오주 Twinsburg에서 개최되는 쌍둥이의 날은 쌍둥이들을 위한 축제이다. (B) 그들은 참여하기 위해 미국 전역에서 온다. (C) 그들은 연구에 자원하고, 과학자들은 쌍둥이들에 관한 많은 정보를 모을 수 있다. (D) 과학자들은 축제에 참여할 수는 없지만, 여전히 그것을 즐긴다!

본문 해석

¹쌍둥이의 날은 오하이오주의 Twinsburg에서 개최되는 축제이다. ²그것은 전 세계에서 약 3,000쌍의 쌍둥이들을 모은다. ³그 마을은 그곳을 만드는 것을 도운 쌍둥이 형제의 이름을 따서 지어졌다. ⁴그 축제는 1976년에 단 36쌍의 쌍둥이로 시작하여 그 이후로 빠르게 성장해 왔다. ⁵축제 동안, 쌍둥이들은 똑같이 옷을 입고 다양한 활동에 참여한다. ⁶그들은 대회, 퍼레이드, 장기 자랑, 그리고 단체 사진에 참여한다.

⁷하지만 쌍둥이의 날에는 재미보다 더 중요한 것이 있는데, 그것은 또한 과학적 연구를 위한 기회이다. ⁸커다란 텐트에서, 쌍둥이들은 유전학과 노화와 같은 주제에 관해 과학자들이 배울 수 있도록 도와주는 연구에 자원한다. ⁹그들은 참여하기 위해 오랫동안 줄을 설 수도 있지만, 쌍둥이들은 보상과 과학적 연구에 기여하는 기회를 즐긴다. ¹⁰과학자들은 이 비효율적인(→ 효율적인) 과정이 보기 드문 집단으로부터 귀중한 자료를 모을 수 있게끔 해주기 때문에 또한 행복하다. ¹¹그들은 단 4시간 만에 1년 치의 정보를 얻을 수도 있다!

직독직해

¹Twins Days is a festival // that takes place in Twinsburg, Ohio. ²It gathers about 3,000 pairs of twins /
쌍둥이의 날은 축제이다   // 오하이오주의 Twinsburg에서 개최되는.   그것은 약 3,000쌍의 쌍둥이들을 모은다   /

from around the world. ³The town is named / after twin brothers // who helped make the town.
전 세계로부터.   그 마을은 이름 지어졌다   / 쌍둥이 형제의 이름을 따라 // 그 마을을 만드는 것을 도왔던.

⁴The festival began in 1976 / with just 36 pairs of twins / and has grown fast / since then.
그 축제는 1976년에 시작되었다   / 단 36쌍의 쌍둥이로   / 그리고 빠르게 성장해 왔다   / 그 이후로.

⁵During the festival, / twins dress the same / and participate / in various activities. ⁶They join /
그 축제 동안, / 쌍둥이는 똑같이 입는다 / 그리고 참여한다 / 다양한 활동에. / 그들은 참여한다 /

contests, parades, talent shows, and group photos.
대회, 퍼레이드, 장기 자랑, 그리고 단체 사진에.

    ⁷But there's more to Twins Days / than fun; // it's also an opportunity / for scientific research.
하지만 쌍둥이의 날에는 그 이상의 것이 있다 / 재미보다; // 그것은 또한 기회이다 / 과학적 연구를 위한.

⁸In a large tent, / twins volunteer for studies // that help scientists learn / about topics / such as genetics
커다란 텐트에서, / 쌍둥이들은 연구에 자원한다 // 과학자들이 배울 수 있도록 돕는 / 주제들에 관해 / 유전학과 노화와 같은.

and aging. ⁹Although they may line up / for a long time / to participate, // twins enjoy the rewards /
그들은 줄을 설 수도 있지만 / 오랫동안 / 참여하기 위해, // 쌍둥이들은 보상을 즐긴다 /

and the chance to contribute / to scientific research. ¹⁰The scientists are also happy // because this efficient
그리고 기여할 기회를 / 과학적 연구에. / 과학자들 또한 행복하다 // 이 효율적인 과정이

process allows / scientists to collect valuable data / from a rare group. ¹¹They may get / a year's worth of
~하게 하기 때문에 / 과학자들이 귀중한 자료를 모으도록 / 보기 드문 집단으로부터. / 그들은 얻을 수도 있다 / 1년 치의 정보를

information / in just four hours!
/ 단 4시간 만에!

주요 구문

¹ Twins Days is *a festival* [**that** takes place in Twinsburg, Ohio].
- ▶ that이 이끄는 주격 관계대명사절(that ~ Ohio)은 선행사 a festival을 꾸며 준다.

³ The town **is named after** *twin brothers* [**who** helped make the town].
- ▶ is named after는 <name A after B>의 수동태이며, 'B의 이름을 따서 A에 붙여지다'로 해석한다.
- ▶ who가 이끄는 주격 관계대명사절(who ~ the town)은 선행사 twin brothers를 꾸며 준다.

⁸ In a large tent, twins volunteer for *studies* [**that help** scientists **learn** about *topics* **such as** genetics and aging].
                              동사' 목적어'   동사원형'   보어'
- ▶ that이 이끄는 주격 관계대명사절(that ~ aging)은 선행사 studies를 꾸며 준다.
- ▶ that절의 <help+목적어+동사원형>은 '~가 …하도록 돕다'라는 의미를 나타낸다. learn은 to learn으로도 바꿔 쓸 수 있다.
- ▶ such as는 '(예를 들어) ~와 같은'의 의미로 앞의 명사 topics의 예시를 나열하고 있다.

⁹ **Although** they may line up for a long time *to participate*, twins enjoy the rewards **and** *the chance* [**to contribute**
            주어'   동사'   수식어'   수식어'   주어' 동사'   목적어'
to scientific research].
- ▶ 접속사 although는 '(비록) ~이긴 하지만'의 뜻으로, 주절의 내용과 대비되는 정보나 조건을 나타내는 부사절을 이끈다.
- ▶ 부사절에서 to participate는 '~하기 위해'라는 뜻의 '목적'을 나타내는 부사적 용법의 to부정사이다.
- ▶ to contribute 이하는 앞의 명사 the chance를 꾸며 주는 to부정사의 형용사적 용법이며, '~하는, ~할'로 해석한다.

¹⁰ The scientists are also happy **because** this efficient process **allows** scientists **to collect** valuable data from a rare
     주어   동사   보어   주어'   동사'   목적어'   보어'
group.
- ▶ 접속사 because가 이끄는 부사절의 <allow+목적어+to-v>는 '~가 …하도록 허용하다'라는 의미를 나타낸다.

18 조금은 특별한 악어 미라

정답 1 ④ 2 ④ 3 ③ 4 ⓐ wrapped ⓑ offerings 5 편지를 보내는 것이 흔했다

문제 해설

1 이집트에서 발견된 악어 미라의 특징을 언급하고 이 미라들이 고대 이집트인들에게 어떤 의미였으며 무엇을 위한 제물이었는지를 설명한 글이므로 정답은 ④이다.

🅠 **글의 주제로 가장 알맞은 것은?**
① 이집트에서 발견된 동물 미라의 종류
② 악어 미라를 발견하는 것의 어려움
③ 동물 미라를 만드는 이집트인들의 기술
④ 고대 이집트에서 제물로서의 악어 미라
⑤ 고대 이집트인에게 미라의 중요성

2 고대 이집트인들이 신에게 악어 미라를 바친 목적과 그것의 의미에 관해 설명하고 있으므로, 동물들이 음식이나 반려 동물로서뿐만 아니라 종교적인 이유로도 중요했다는 내용의 (d)는 글의 전체 흐름과 관련이 없다.

🅠 **글의 (a)~(e) 중, 전체 흐름과 관계없는 문장은?**

3 3번 문장에서 대부분의 미라와는 달리 악어 미라들은 붕대로 싸여 있지 않았다는 언급은 있지만, 그 이유에 대해서는 언급되지 않았다.

🅠 **글을 읽고 대답할 수 없는 질문은?**
① 얼마나 많은 악어 미라가 발견되었는가? (1번 문장에 언급되어 있음)
② 악어 미라는 얼마나 오래됐을까? (2번 문장에 언급되어 있음)
③ 악어 미라들은 왜 붕대로 싸여 있지 않았는가?
④ 고대 이집트인들에게 Sobek은 누구였는가? (6번 문장에 언급되어 있음)
⑤ 이집트인들은 왜 Sobek에게 미라를 바쳤는가? (10~11번 문장에 언급되어 있음)

4 🅠 **글의 내용과 일치하도록 빈칸에 알맞은 말을 본문에서 찾아 쓰세요.**

> 오래된 악어 미라 열 구가 최근 이집트에서 발견되었다. 이것들은 붕대로 ⓐ 싸여 있지 않았다. 이 미라들은 풍작과 안전을 부탁하기 위한 Sobek 신에게 바치는 ⓑ 제물이었을 수도 있다.

5 🅠 **다음 빈칸에 알맞은 우리말 해석을 써보세요.**

본문 해석

¹전문가들은 최근에 이집트 나일강 근처에서 악어 미라 열 구를 발견했다. ²그것들은 2,500년 이상 되었을지도 모르지만 상태가 아주 좋았다. ³대부분의 미라는 붕대로 싸여 있지만, 이 악어들은 그렇지 않았다. ⁴이것은 연구원들이 특수한 기술을 사용하지 않고 바로 그것들을 연구할 수 있게 했다.

⁵고대 이집트에서는, 신들에게 바치는 제물로서 동물 미라를 만드는 것이 흔했다. ⁶이 악어들은 나일강의 창조자이자 강력한 신인 Sobek에게 바치는 특별한 제물이었을 수도 있다. ⁷Sobek은 악어 머리를 가진 모습으로 종종 보였다. ⁸고대 이집트인들은 Sobek에게 농작물을 위한 좋은 토양을 제공해 주고 위험한 파충류로부터 그들을 안전하게 보호해 주기를 요청했다. (⁹동물들은 식량과 반려동물로서뿐만 아니라 종교적인 이유로도 중요했다.) ¹⁰그들은 자신들이 그에게 무언가를 바쳐야 하며, 그렇지 않으면 그가 그들의 요청을 들어주지 않을지도 모른다고 믿었다. ¹¹그래서, 이 악어 미라들은 신들로부터 도움을 요청하는 그들의 방식이었을지도 모른다. ¹²이 발견은 우리에게 고대 이집트의 종교와 이 동물들이 제물로 어떻게 사용되었는지에 대한 새로운 이해를 준다.

¹Experts recently discovered ten crocodile mummies / near the Nile River in Egypt. ²They might be
전문가들은 최근에 악어 미라 열 구를 발견했다 / 이집트의 나일강 근처에서. 그것들은

over 2,500 years old / but were in great shape. ³Most mummies are wrapped in bandages, // but these
2,500년 이상 되었을지도 모른다 / 하지만 상태가 아주 좋았다. 대부분의 미라는 붕대로 싸여 있지만, //

crocodiles weren't. ⁴This allowed the researchers / to study them right away / without using special
이 악어들은 그렇지 않았다. 이것은 연구원들이 ~하게 했다 / 곧바로 그것들을 연구하도록 / 특수한 기술을 사용하지 않고.

technology.

⁵In ancient Egypt, / it was common / to make animal mummies / as offerings for the gods.
고대 이집트에서는, / (~이) 흔했다 / 동물 미라를 만드는 것이 / 신들에게 바치는 제물로서.

⁶These crocodiles could have been special offerings / to Sobek, the creator of the Nile and a powerful
이 악어들은 특별한 제물이었을 수도 있다 / 나일강의 창조자이자 강력한 신인 Sobek에게 바치는.

god. ⁷Sobek was often shown with a crocodile head. ⁸Ancient Egyptians asked Sobek / to give good soil
Sobek은 악어 머리를 가진 모습으로 종종 보였다. 고대 이집트인들은 Sobek에게 요청했다 / 그들의 농작물을 위한

for their crops / and to keep them safe / from dangerous reptiles. (⁹Animals were important /
좋은 토양을 주기를 / 그리고 그들을 안전하게 보호해 주기를 / 위험한 파충류들로부터. 동물들은 중요했다 /

not only as food and pets, / but also for religious reasons.) ¹⁰They believed // they had to give him
식량과 반려동물로서뿐만 아니라, / 종교적인 이유로도. 그들은 (~라고) 믿었다 // 그들이 그에게 무언가를 바쳐야 한다고,

something, / or he might not answer their requests. ¹¹So, / these crocodile mummies might have been
/ 그렇지 않으면 그가 그들의 요청을 들어주지 않을지도 모른다고. 그래서, / 이 악어 미라들은 그들의 방식이었을지도 모른다

their way / of asking for help from the gods. ¹²This discovery gives us a new understanding /
/ 신들로부터 도움을 요청하는. 이 발견은 우리에게 새로운 이해를 준다 /

of the ancient Egyptian religion // and how these animals were used as offerings.
고대 이집트의 종교에 대해 // 그리고 어떻게 이 동물들이 제물로 사용되었는지.

---

³ Most mummies **are wrapped** in bandages, but these crocodiles **weren't** (**wrapped** in bandages).

▶ but이 연결하는 두 절에는 모두 수동태가 쓰였는데, 두 번째 절에서는 weren't 뒤에 반복되는 부분이 생략되었다.

⁴ This **allowed** the researchers **to study** them right away **without using** special technology.
　　　주어　동사　　목적어　　　보어

▶ <allow+목적어+to-v>는 '~가 …하게 하다'라는 의미를 나타낸다.

▶ 전치사 without의 목적어로 동명사 using이 쓰였다.

⁶ These crocodiles **could have been** special offerings to Sobek, the creator of the Nile and a powerful god.

▶ <could have p.p.>는 '~였을 수도 있다'라는 의미로 과거의 일에 대한 추측을 나타낸다.

▶ Sobek과 the creator ~ a powerful god은 같은 것으로 콤마(,)로 연결된 동격의 관계이다.

⁸ Ancient Egyptians **asked** Sobek **to give**동 *good soil* [for their crops]목 and **to keep**동 them목 **safe**보 from dangerous
　　　주어　　　　동사　　목적어　　　　목적어　　　　　　　　　　　　　　　　　　　보어

reptiles.

▶ <ask+목적어+to-v>는 '~에게 …해달라고 요청하다[부탁하다]'의 의미로, 목적격보어인 to부정사구 두 개가 and로 연결되어 보어
　부분이 길어졌다.

▶ <keep+목적어+형용사>는 '~를 …한 상태로 두다[유지하다]'의 의미이다.

⁹ Animals were important **not only** *as* food and pets, **but also** *for* religious reasons.
　주어　동사　보어　　　　　　　　수식어1　　　　　　　　　수식어2

▶ <not only A but (also) B>는 'A뿐만 아니라 B도'의 의미이며, A와 B에는 문법적으로 성격이 같은 어구가 와야 하므로 둘 다
　<전치사+명사구> 형태가 쓰였다.

¹¹ So, these crocodile mummies **might have been** their way of asking for help from the gods.

▶ <might have p.p.>는 '(어쩌면) ~했을 수도 있다, ~였을지도 모른다'라는 의미로 과거의 일에 대한 추측을 나타낸다.

¹² This discovery **gives** us *a new understanding* [**of** the ancient Egyptian religion] and [**(of) how** these animals^{주'} were

A(간접목적어)   B(직접목적어)

used^{동'} **as offerings**].

▶ <give A B>는 'A에게 B를 주다'라는 의미이며, 직접목적어의 전치사구 of ~ religion과 (of) how ~ as offerings는 둘 다 명사구 a new understanding을 꾸며 주고 있다. 이때 and 뒤에는 반복되는 전치사 of가 생략되었다.

▶ 두 번째 전치사구에서 <how+주어+동사 ~>형태의 간접의문문이 쓰였으며, '어떻게 …가 ~하는지'로 해석한다.

Review

본책 p.70

단어

정답

A 1 ⓑ   2 ⓐ   3 ⓒ

B 1 volunteer   2 gravity   3 expert   4 rare

C 1 named after   2 participate in   3 contributed to

해석

A 1 tourist(관광객) - ⓑ 즐거움을 위해 어떤 곳으로 여행하는 사람

2 opportunity(기회) - ⓐ 무언가를 할 기회

3 topic(주제) - ⓒ 사람들이 이야기하거나 글을 쓰는 (대상인) 누군가 또는 무언가

B | 보기 |

| 드문, 희귀한 | 자원하다, 자원봉사하다 | 전문가 | 중력 | 슬로건 |

1 그녀는 학교 연극에 자원하고 싶어 한다.

2 우주 비행사들은 지구보다 우주에서 중력을 덜 느낀다.

3 그는 전문가에게 토마토 재배에 관한 조언을 요청했다.

4 이 꽃은 매우 희귀하며 산악 지대에서만 발견될 수 있다.

본책 p.71

1일 1문장

정답

A 1 쭉 다이어트 중이다

2 환경을 깨끗하게 유지하는 것은 중요하다

3 그들이 그 오래된 상자에서 무엇을 찾았는지는

B 1 She has lived in New York

2 What he eats for breakfast

3 It's necessary to stay focused

C 1 I have[I've] been a member

2 It is[It's] difficult to make everyone happy

3 What she wears

19 바다 생물의 미래가 보여요 본책 pp.74~75

1 ③ 2 (1) F (2) F 3 ⓐ struggling ⓑ temperatures ⓒ soil ⓓ library
4 사람들이 무료로 컴퓨터를 사용하도록 허락한다

문제 해설

1 기후 변화로 따뜻해진 수온 때문에 산호초들이 사라지게 되는 위험에 처했지만 eDNA(환경 유전자)라는 새로운 기술의 도움으로 산호의 재생을 돕는 것이 가능해졌다는 내용이므로 정답은 ③이다.

① 바다 생물의 다양한 DNA   ② 산호로부터 eDNA를 수집하는 방법
③ 산호초를 보호하는 것의 새로운 형태: eDNA   ④ 산호초가 해양 생물에게 중요한 이유
⑤ 기후 변화가 산호초에 어떻게 영향을 미치고 있는가

2 (1) 2번 문장에서 산호초는 수온 변화에 극도로 민감하다고 했다.
(2) 6번 문장에서 과학자들은 산호초를 손상시키지 않고 eDNA를 수집할 수 있다고 했다.

3

보기
토양, 흙   고군분투하고 있는   도서관   온도, 기온

문제	산호초는 기후 변화 때문에 ⓐ 고군분투하고 있다.
원인	더 따뜻해진 바다 ⓑ 온도는 전 세계의 산호에 영향을 미치고 있다.
해결책	과학자들은 산호를 연구하고 보호하기 위해 환경 DNA(eDNA)를 사용하고 있다.
방법	• 과학자들은 eDNA를 위해 산호 근처의 물이나 ⓒ 토양을 수집하고 있다. • 그들은 다양한 해양 종의 대형 DNA ⓓ 도서관을 짓고 있다.

본문 해석

¹많은 바다 생물들의 서식지인 산호초는 기후 변화 때문에 고군분투하고 있다. ²산호는 수온에 극도로 민감하지만, 바닷물은 점점 더 따뜻해지고 있다. ³그래서, 전 세계의 많은 산호초가 죽어가고 있다.

⁴다행스럽게도, 과학자들은 산호들이 살아 있도록 도와줄 새로운 기술을 발견했다. ⁵그들은 환경 DNA(eDNA)를 사용하는 새로운 방법을 시도하고 있다. ⁶그들은 산호초 근처의 해양 생물에 대해 알아내기 위해 산호를 손상시키지 않으면서 그곳의 물이나 토양을 수집한다. ⁷이 방법은 산호초의 상태를 명확하게 보여 준다.

⁸eDNA의 도움으로 과학자들은 어떤 산호들이 위험에 처해있는지와 기후 변화가 그것들에 미치는 영향에 대해 더 잘 이해할 수 있다. ⁹그들은 다양한 산호초로부터 대형 DNA 도서관을 만들고 있다. ¹⁰이 DNA 도서관은 미래에 과학자들이 그것들을 쉽게 추적 관찰하도록 도와줄 것이다. ¹¹그것은 과학자들이 다양한 산호 종들이 어디에 사는지와 어떤 종이 가장 위협받는지를 알 수 있게 해줄 것이다. ¹²이것은 그들이 손상된 산호초를 복구할 수 있고 그것들에 의존하는 많은 종류의 생물을 보호할 수 있다는 것을 의미한다.

직독직해

¹Coral reefs, home to many sea creatures, / are struggling / because of climate change. ²Coral is
많은 바다 생물들의 서식지인 산호초는,   / 고군분투하고 있다 / 기후 변화 때문에.   산호는

extremely sensitive to water temperature, // but the water is getting warmer. ³So, / many of them around
수온에 극도로 민감하다,   // 하지만 바닷물은 점점 더 따뜻해지고 있다.   그래서, / 전 세계에 있는 그것들의 다수가

the world / are dying.
／ 죽어가고 있다.

⁴Fortunately, / scientists have discovered new techniques / to help keep corals alive.
다행스럽게도, ／ 과학자들은 새로운 기술들을 발견했다 ／ 산호들이 살아 있도록 도와줄.

⁵They're trying a new method / using environmental DNA (eDNA). ⁶They collect water or soil near
그들은 새로운 방법을 시도하고 있다 ／ 환경 DNA(eDNA)를 사용하는. 그들은 산호초 근처의 물이나 토양을 수집한다

the reefs / to learn about the sea life there, / without harming the corals. ⁷This method gives a clear view /
／ 그곳의 해양 생물에 대해 알아내기 위해, ／ 산호를 손상시키지 않고. 이 방법은 명확한 전망을 제공한다 ／

of a reef's condition.
산호초의 상태에 대한.

⁸With the help of eDNA, / scientists can better understand // which corals are in danger / and the
eDNA의 도움으로, ／ 과학자들은 (~을) 더 잘 이해할 수 있다 // 어떤 산호들이 위험에 처해있는지 ／ 그리고

effects of climate change on them. ⁹They're creating a large DNA library / from various coral reefs.
그것들에 미치는 기후 변화의 영향을. 그들은 대형 DNA 도서관을 만들고 있다 ／ 다양한 산호초로부터.

¹⁰This DNA library will help / the scientists to monitor them easily / in the future. ¹¹It will let the scientists
이 DNA 도서관은 도와줄 것이다 ／ 과학자들이 그것들을 쉽게 추적 관찰하도록 ／ 미래에. 그것은 과학자들이 (~을) 알게 해줄 것이다

know // where various coral species live / and which species are most threatened. ¹²This means // they
// 다양한 산호 종들이 어디에 사는지 ／ 그리고 어떤 종이 가장 위협받는지를. 이것은 (~을) 의미한다 // 그들이

can fix damaged reefs / and protect the many types of life / depending on them.
손상된 산호초를 복구할 수 있고 ／ 많은 종류의 생물을 보호할 수 있다는 것을 ／ 그것들에 의존하는.

주요 구문

¹ Coral reefs, home to many sea creatures, are struggling **because of** climate change.
　　　 ＝
▶ Coral reefs와 home to many sea creatures는 같은 것으로 콤마(,)로 연결된 동격의 관계이다.
▶ because of(~ 때문에)는 전치사로, 뒤에 명사구가 온다.

⁴ Fortunately, scientists have discovered *new techniques* [**to help keep** corals **alive**].
　　　　　　　　 주어　　　　 동사　　　　　　　 목적어
▶ to help는 '도와줄'의 의미이며, 앞의 명사구 new techniques를 꾸며 주는 형용사적 용법의 to부정사이다.
▶ keep 이하는 to help의 목적어로, <keep+목적어+형용사>는 '~가 (계속) …한 상태에 있게 하다'의 의미이다.

⁵ They're trying *a new method* [**using** environmental DNA (eDNA)].
▶ 현재분사구(using ~ (eDNA))는 '~을 사용하는'의 의미이며, 앞의 명사구 a new method를 꾸며 준다.

⁶ They collect *water or soil* [near the reefs] **to learn about** the sea life there, **without harming** the corals.
　　주어　 동사　　　　목적어　　　　　　　　　　　수식어
▶ to learn about은 '~에 대해 알아내기 위해'라는 의미로 쓰였으며 '목적'을 나타내는 부사적 용법의 to부정사이다.
▶ harming은 전치사 without의 목적어 역할을 하는 동명사이다.

⁸ ~, scientists can better understand **which** *corals* are in danger ⎡and⎦ *the effects* [of climate change on them].
　　　　　 주어　 └── 동사 ──┘　　　　목적어1　　　　　　　　　目的語2
▶ 동사 can understand의 목적어로 쓰인 which ~ danger는 간접의문문으로 '어느[어떤] ~'의 의미이다. 이때, 의문사 which 뒤에
　 명사가 함께 쓰여 <의문사+명사+동사 ~>의 어순으로 쓰였다.

¹⁰ This DNA library **will help** the scientists **to monitor** them easily in the future.
　　　　 주어　　　　 동사　　　 목적어　　　　 보어
▶ <help+목적어+to-v>는 '~가 …하도록 도와주다'의 의미이다.

11 It will let the scientists know **where** various coral species live │and│ **which** *species* are most **threatened**.

<u>간접의문문1</u> <u>간접의문문2</u>

▶ 목적격보어 자리에 쓰인 동사원형 know의 목적어로 간접의문문 두 개가 접속사 and로 연결되었다.

▶ 첫 번째 간접의문문은 <의문사+주어+동사>의 형태이며, 두 번째 간접의문문은 <의문사+명사+동사>의 형태이다. 이때, 의문사 which가 명사 species를 꾸미며 주어 '어느[어떤] ~'라고 해석한다.

▶ 동사 are threatened는 수동태로 '위협받다'의 의미이다. most(가장)는 동사를 꾸며 주는 부사로 쓰였다.

12 This means **(that)** they **can fix damaged** *reefs* │and│ **(can) protect** *the many types of life* [**depending on** them].

주어' 동사'1 목적어'1 동사'2 목적어'2

▶ 동사 means 뒤에 목적어절을 이끄는 접속사 that은 생략되었다.

▶ 과거분사 damaged는 명사 reefs를 앞에서 꾸며 주며, 현재분사구 depending on them은 명사구 the many types of life를 뒤에서 꾸며 주고 있다.

---

20 귀여운 외모에 그렇지 못한 독성

본책 pp.76~77

정답 1 ⑤   2 ⑤   3 ③   4 공원을 청소하는 것뿐만 아니라 새 나무들을 심느라

문제 해설

1 늘보로리스는 귀여운 외모와 달리 독을 가진 포유동물이고 자기와 같은 종의 동물에게 독을 사용하는 놀라운 특성을 보였다는 내용이므로 정답은 ⑤이다.

① 늘보로리스 독의 위험성
② 늘보로리스가 위험으로부터 안전하게 지내는 방법
③ 늘보로리스가 먹는 것과 그들이 먹이를 찾는 방법
④ 전 세계에 있는 다양한 종류의 늘보로리스
⑤ 놀랍게도 서로에게 독을 사용하는 늘보로리스

2 ⑤ 9번 문장에 늘보로리스는 짝이나 영역과 같은 것을 놓고 싸울 때 독을 사용한다고 했다.

①은 1번 문장에, ②는 2번 문장에, ③은 3번 문장에, ④는 9번 문장에 언급되어 있다.

3 빈칸 앞 문장에서 늘보로리스는 짝이나 영역을 두고 싸우기 위해 서로에게 독을 사용한다는 내용이 언급되었으므로, 빈칸에는 동물이 '같은 종을 향해' 독을 사용한다는 내용의 ③ against their own species가 가장 알맞다.

① 음식을 두고 싸우기 위해
② 새끼들을 안전하게 지키기 위해
③ 같은 종을 향해
④ 다른 동물에 대한 경고로서
⑤ 다른 구성원들과 의사소통하기 위해

본문 해석

¹늘보로리스는 아시아에 사는 작은 야행성 동물이다. ²그것들은 귀여워 보이지만 세계에서 몇 안 되는 독이 있는 포유동물들 중 하나이다. ³이상하게도, 그것들은 독을 만들기 위해 머리 위로 팔을 올려 팔에 있는 독성이 있는 지방 분비샘을 재빨리 핥는다. ⁴그러면 독은 그것들의 날카로운 이빨로 들어간다.

⁵연구원들은 인도네시아에서 82마리의 늘보로리스를 연구했다. ⁶그들은 놀라운 것을 발견했다: 이 동물들은 종종 서로에게 독을 사용하는데, 이는 흔치 않다. ⁷그들은 늘보로리스의 20%가 새로 생긴 물린 상처가 있었는데 때로는 매우 심각하다는 것을 알게 되었다. ⁸수컷들은 암컷보다 더 자주 물리는 일을 겪었다. ⁹이러한 물린 상처는 늘보로리스가 자기 영역에 대해 매우 방어적이고 짝이나 영역과 같은 것을 두고 싸우기 위해 독을 사용한다는 것을 보여주었다.

¹⁰동물들이 <u>자신의 종을 향해</u> 독을 사용하는 것을 보는 일은 드물기 때문에 이 연구는 중요하다. ¹¹그것은 동물들이 사냥이나 자기방어뿐 아니라 같은 종족 내에서 싸우는 데에도 독을 사용한다는 것을 우리가 이해하도록 도와준다.

¹Slow lorises are small, night-active animals / from Asia. ²They look cute // but they are one of the
늘보로리스는 작은 야행성 동물이다 / 아시아에 사는. 그것들은 귀여워 보인다 // 하지만 그것들은 세계에서 몇 안 되는

world's few poisonous mammals. ³Strangely, / to produce the poison, / they raise their arms / above their
독이 있는 포유동물들 중 하나이다. 이상하게도, / 독을 만들기 위해, / 그것들은 그것들의 팔을 올린다 / 그것들의

head / and quickly lick poisonous oil-producing glands / on their arms. ⁴The poison then goes into their
머리 위로 / 그리고 독성이 있는 지방 분비샘을 재빨리 핥는다 / 그것들의 팔에 있는. 그러면 독은 그것들의 날카로운 이빨로 들어간다.

sharp teeth.

⁵Researchers studied 82 slow lorises / in Indonesia. ⁶They found something surprising: // these animals
연구원들은 82마리의 늘보로리스를 연구했다 / 인도네시아에서. 그들은 놀라운 것을 발견했다: // 이 동물들은

often use their poison on each other, / which is unusual. ⁷They noticed // that 20% of them had new bite
종종 서로에게 그것들의 독을 사용하는데, / 이는 흔치 않다. 그들은 (~을) 알게 되었다 // 그것들의 20%가 새로 생긴 물린 상처가 있었다는 것을,

wounds, / sometimes very serious. ⁸Males suffered more frequent bites / than females. ⁹These bite
/ 때로는 매우 심각한. 수컷들은 더 자주 물리는 일을 겪었다 / 암컷보다. 이러한 물린 상처는

wounds showed // that slow lorises are very protective / of their own area / and use their poison to fight /
(~을) 보여주었다 // 늘보로리스가 매우 방어적이라는 것을 / 그것들 자신의 영역에 대해 / 그리고 싸우기 위해 그것들의 독을 사용한다는 것을 /

over things like mates or territory.
짝이나 영역과 같은 것들을 두고.

¹⁰This study is important // because it's rare / to see animals use poison / against their own species.
이 연구는 중요하다 // (~은) 드물기 때문에 / 동물들이 독을 사용하는 것을 보는 일은 / 그것들 자신과 같은 종을 향해.

¹¹It helps us understand // that animals use poison / not only for hunting or protecting themselves /
그것은 우리가 이해하도록 도와준다 // 동물들이 독을 사용한다는 것을 / 사냥이나 자기방어뿐 아니라 /

but also for fighting within a species.
같은 종 안에서 싸우는 데에도.

² They **look cute** but they are *one* [**of the world's few poisonous mammals**].

▶ <look+형용사>는 '~해 보이다'라는 의미이다.

▶ <one of+복수명사>는 '~중 하나'라는 의미이다.

³ Strangely, **to produce** the poison, they **raise** their arms above their head and quickly **lick** *poisonous oil-producing*
　　　　　　　　　　　　　　　　　　　　주어　　　　　동사1　　　　　　　　　　　　　동사2

glands [on their arms].

▶ to produce는 '만들기 위해'라는 의미로 '목적'을 나타내는 부사적 용법의 to부정사이다.

▶ 동사구 두 개(raise ~, quickly lick ~)가 접속사 and로 연결되었다.

⁶ They found something surprising: *these animals often use their poison on each other*, **which** is unusual.

▶ 콜론(:) 뒤의 문장은 앞 문장에서 그들이 찾은 놀라운 것이 어떤 것인지 부연 설명해 주고 있다.

▶ which 이하는 관계대명사의 계속적 용법으로 앞에 콤마(,)를 붙여서 선행사에 대한 부가적인 정보를 나타낸다. 여기서는 앞 절 전체
(these animals ~ each other)가 선행사에 해당한다.

⁹ These bite wounds showed **that** slow lorises **are** very protective of their own area and **use** their poison **to fight**
　　　　　　　　　　　　　　　　　주어'　 동사'1　　　　　　보어'1　　　　　　　　　동사'2　목적어'2　수식어'2

over things like mates or territory.

▶ 접속사 that이 이끄는 절(that ~ territory)이 동사 showed의 목적어로 쓰였으며, that절 안에는 동사구 두 개(are ~, use ~)가
접속사 and로 연결되었다.

▶ to fight는 '싸우기 위해'라는 의미로 '목적'을 나타내는 부사적 용법의 to부정사이다.

10 This study is important because **it's** rare **to see**^{동'} animals^{목'} **use** poison against their own species.^{보'}

가주어   진주어

▶ 접속사 because가 이끄는 부사절 내의 it은 가주어, to부정사구(to see ~ species)는 진주어이다.

▶ <see+목적어+동사원형>은 '~가 …하는 것을 보다'의 의미이다.

---

21 사막 도시의 친환경 에어컨

본책 pp.78~79

정답 　 1 ⑤ 　　 2 ⑤ 　　 3 ⑤ 　　 4 어제 세탁된 옷은

문제 해설

1 무더운 이란의 사막 도시에서, 오랜 옛날부터 냉각 장치로 사용되어 온 윈드캐처에 대한 글이므로 정답은 ⑤이다.

① 사막 도시에서 유용한 윈드캐처 　　　　　　② 이집트에 있는 윈드캐처의 기원
③ 윈드캐처의 문화적인 중요성 　　　　　　　④ 윈드캐처: 에어컨보다 더 낫다
⑤ 이란의 윈드캐처: 전통적인 냉각 기술

2 윈드캐처를 누가 발명했는지에 대해서는 언급되지 않았으므로 정답은 ⑤이다.

① 2번 문장에 언급되어 있다. (윈드캐처는 이란의 많은 사막 도시들에서 사용됨)
② 5번 문장에 언급되어 있다. (윈드캐처는 지붕 위 또는 집의 가장 높은 곳에 위치함)
③ 6번 문장에 언급되어 있다. (윈드캐처는 사방에 열린 면들이 있는 높은 굴뚝처럼 보임)
④ 9번 문장에 언급되어 있다. (연구에 따르면 윈드캐처는 실내 온도를 8도에서 12도까지 낮출 수 있음)

3 7~9번 문장에 윈드캐처의 작동원리가 언급되어 있다.

ⓒ 윈드캐처는 사방의 열린 면들을 통해 지면 위 높은 곳에서부터 바람을 받는다.
→ ⓑ 그런 다음 바람이 집 내부로 내려간다.
→ ⓓ 들어오는 공기가 윈드캐처의 반대편을 통해 더 따뜻한 공기를 밀어낸다.
→ ⓐ 건물 내부가 더 시원해진다.

본문 해석

　¹더운 여름에, 사람들은 에어컨을 자주 더 많이 사용하는데, 그것은 전기를 많이 소비한다. ²그러나 이란의 사막 도시들에서는, 많은 집에서 윈드캐처라고 알려진 전통적이며 전기를 사용하지 않는 냉각 장치를 아직 사용한다. ³이 발명품은 간단해 보이지만 매우 기술적이다. ⁴윈드캐처는 매우 오랜 시간 동안 이란의 인상적인 상징 중 하나였다.

　⁵윈드캐처는 지붕 위 또는 집의 가장 높은 부분에 위치한다. ⁶그것은 사방에 열린 면들이 있는 높은 굴뚝처럼 보인다. ⁷그것은 높은 곳에서 바람을 포착하여 아래의 집 안으로 시원한 공기를 내려보낸다. ⁸이것은 윈드캐처의 반대편 면을 통해 따뜻한 공기를 밀어낸다. ⁹연구들은 이것이 건물 안 온도를 섭씨 8도에서 12도까지 낮출 수 있다는 것을 보여준다.

　¹⁰윈드캐처는 3,000년이 넘는 고대 이집트의 미술품에서 나타나긴 하지만, 그 정확한 기원은 분명하지 않다. ¹¹몇몇 학자들은 페르시아 사원의 유적에서 발견된 구조물들이 가장 오래된 윈드캐처일지도 모른다고 주장한다.

직독직해

¹In the hot summer, / people often use air conditioners more, // which consume a lot of electricity.
　더운 여름에, 　　　　　　 / 사람들은 에어컨을 더 많이 자주 사용한다, 　　　　 // 그리고 그것은 많은 전기를 소비한다.

²But in Iran's desert cities, / many houses still use / a traditional, electricity-free cooling device / known as a
　그러나 이란의 사막 도시들에서는, 　 / 많은 집에서 아직 사용한다 　 / 전통적이고, 전기를 사용하지 않는 냉각 장치를 　　　　 / 윈드캐처라고 알려진.

windcatcher. ³This invention looks simple / but is very technical. ⁴The windcatcher has been / one of the
이 발명품은 간단해 보인다 / 하지만 매우 기술적이다. 윈드캐처는 쭉 ~였다 /

impressive symbols of Iran / for a very long time.
이란의 인상적인 상징 중 하나 / 매우 오랜 시간 동안.

⁵A windcatcher is located on the roof / or the tallest part of the house. ⁶It looks like a tall chimney /
윈드캐처는 지붕 위에 위치해있다 / 또는 집의 가장 높은 부분에. 그것은 높은 굴뚝처럼 보인다 /

with open sides around. ⁷It catches the wind / from high above / and sends cool air down / into the house
열린 면들이 사방에 있는. 그것은 바람을 포착한다 / 높은 곳에서 / 그리고 시원한 공기를 내려보낸다 / 아래에 있는 집 안쪽으로.

below. ⁸This pushes out the warm air / through the opposite side / of the windcatcher. ⁹Studies show //
이것은 따뜻한 공기를 밀어낸다 / 반대편 면을 통해 / 윈드캐처의. 연구들은 보여준다 //

that this can reduce the temperature / inside a building / by 8℃ to 12℃.
이것은 온도를 낮출 수 있다고 / 건물 안의 / 섭씨 8도에서 12도까지.

¹⁰The exact origin of windcatchers / is not clear, // though they appear / in ancient Egyptian art /
윈드캐처의 정확한 기원은 / 분명하지 않다, // 그것들이 나타나긴 하지만 / 고대 이집트의 미술품에서 /

over 3,000 years old. ¹¹Some scholars insist // that structures / found on the remains / of a Persian temple /
3,000년이 넘는. 몇몇 학자들은 주장한다 // 구조물들이 / 유적에서 발견된 / 페르시아 사원의 /

may be the oldest windcatchers.
가장 오래된 윈드캐처일지도 모른다고.

주요 구문

¹ In the hot summer, people often use *air conditioners* more, **which** consume a lot of electricity.
  ▶ which는 주격 관계대명사로 선행사 air conditioners에 대한 부가적인 정보를 제공한다.

² But in Iran's desert cities, many houses still use *a traditional, electricity-free cooling device* [**known** as a windcatcher].
  ▶ 과거분사구 known as a windcatcher가 앞의 명사구 a traditional, electricity-free cooling device를 꾸며 주는 구조이다.

⁴ The windcatcher **has been** *one* [**of** the impressive symbols of Iran] *for a very long time*.
  ▶ 현재완료 has been이 기간을 나타내는 표현(for a very long time)과 함께 쓰여 '(쭉) ~해 왔다'라는 '계속'의 의미를 나타낸다.
  ▶ <one of the+복수명사>는 '~중 하나'라는 의미로 쓰이며, of the ~ of Iran이 앞의 대명사 one을 꾸며 준다.

⁵ A windcatcher **is located on** the roof or (on) the tallest part of the house.
                          전치사구1   전치사구2
  ▶ <be located on>은 '~에 위치하다'의 의미이며, 전치사구 두 개가 접속사 or로 연결되었다. 이때, 두 번째 전치사구 앞에는 반복되는 전치사 on이 생략되었다.

¹⁰ *The exact origin* [**of** windcatchers] is not clear, **though** they appear in *ancient Egyptian art* [**over** 3,000 years old].
      주어   동사 보어   주어' 동사'   수식어'
  ▶ 주절에서 of ~ windcatchers는 앞의 명사구 The exact origin을 꾸며 주는 전치사구이다.
  ▶ though는 '(비록) ~이긴 하지만'이라는 의미로, 대조를 나타내는 부사절을 이끄는 접속사이다.
  ▶ 부사절에서 over ~ old는 앞의 명사구 ancient Egyptian art를 꾸며 주는 전치사구이다. 전치사 over는 '~이 넘는, ~이상의'라는 뜻으로 쓰였다.

Review

단어

정답

A 1 impressive   2 opposite   3 consume   4 reduce

B 1 ②   2 ③

C 1 wound   2 device   3 appear   4 alive

해석

A 1 산의 경치가 너무 인상적이었다.
   2 언니와 나는 정반대의 음악 취향을 가지고 있다.
   3 긴 도보 여행은 내 에너지 대부분을 소비할 것이다.
   4 많은 가게들은 비닐봉지 사용을 줄이려고 노력하고 있다.

B 1 이 약은 그의 건강에 긍정적인 영향을 미쳤다.
     ① 상징   ② 영향, 효과   ③ 기원, 근원   ④ 봄, 바라봄   ⑤ 방법, 방식
   2 그 가게에는 흔치 않고 희귀한 물건이 가득했다.
     ① 다양한   ② 손상된   ③ 흔치 않은   ④ 심각한   ⑤ 보호하려고 하는

C ┌─ 보기 ─┐
| 나타나다 | 장치, 기기 | 상처, 부상 | 빈번한 | 살아 있는 |

   1 그는 팔에 사고로 입은 깊은 상처가 있었다.
   2 스마트폰은 의사소통을 위한 중요한 기기이다.
   3 봄에는 새로운 잎들이 나무에 나타난다.
   4 수조 속 물고기들은 살아 있기 위해 깨끗한 물이 필요하다.

1일 1문장

정답

A 1 작년에 출판된 그 책은
   2 우리가 저녁 식사를 위한 식당을 선택하게 하셨다
   3 어른들을 위한 것일 뿐만 아니라 아이들을 위한 것이다

B 1 let the students have a break
   2 not only won the game but also set
   3 The building built in the 19th century

C 1 let his dog run
   2 The dish prepared with fresh vegetables
   3 not only in history but (also) in science

정답　1 ④　　2 ③　　3 데이터 센터의 폐열을 수영장 물을 데우는 데 사용하도록 설치한 것
　　　4 ⓐ installed　ⓑ free　ⓒ expenses　　5 과학자들이 연구를 하는 건물

문제 해설

1 데이터 센터에서 나오는 폐열로 수영장 물을 데워, 수영장은 가스 소비를 줄이고, 데이터 센터는 컴퓨터의 냉각 비용을 절감할 수 있으므로 일석이조의 효과를 얻고 있다고 할 수 있다. 따라서 정답은 ④이다.

① 쉽게 얻은 것은 쉽게 잃는다.
② 뛰기 전에 살펴보아라. (돌다리도 두드려 보고 건너라.)
③ 연습이 완벽을 만든다.
④ 한 개의 돌멩이로 두 마리의 새를 잡는다. (일석이조)
⑤ 행동은 말보다 더 큰 소리로 말한다. (말보다 행동이 더 중요하다.)

2 문맥상 Deep Green이라는 회사가 데이터 센터에서 나오는 폐열로 어떻게 수영장 물을 데우는지를 설명하고 있으므로 유럽에 있는 데이터 센터들의 전력 사용량에 대해 언급하는 내용의 (c)는 글의 전체 흐름과 관련이 없다.

3 5~7번 문장에서 This smart setup(이 똑똑한 장치)은 '데이터 센터의 폐열을 수영장 물을 데우는 데 사용하도록 설치한 것'이라고 언급되었다.

4

수영장 밑에 ⓐ 설치된 작은 데이터 센터

수영장의 이득	Deep Green의 이득
수영장은 ⓑ 무료의 난방을 얻어 가스 사용을 62%까지 줄인다.	컴퓨터의 냉각 ⓒ 비용에 드는 돈을 절약한다.

본문 해석

　¹데이터 센터는 컴퓨터들과 기계들이 많은 정보를 저장하는 장소이다. ²심지어 작은 것들도 많은 폐열을 생산한다. ³영국에서는 Deep Green이라는 이름의 스타트업이 Devon에 있는 수영장 물을 데우기 위해 데이터 센터에서 나오는 폐열을 이용하고 있다. (⁴유럽에서는 데이터 센터가 전체 전력의 대략 3%를 사용한다.) ⁵세탁기 크기만 한 이 센터는 수영장 밑에 설치되었다. ⁶그곳은 열을 가두는 기름으로 둘러싸인 컴퓨터들이 있다. ⁷이 열은 그 다음 열 교환 장치로 이동되어 수영장의 물을 데운다.

　⁸이 똑똑한 장치는 수영장과 데이터 센터 둘 다에게 도움이 된다. ⁹수영장은 무료로 열을 얻어서 가스 소비를 62%까지 줄인다. ¹⁰Deep Green도 컴퓨터를 냉각하는 데 드는 비용을 줄여서 돈을 절약한다. ¹¹Deep Green의 CEO는 그것을 양쪽이 다 유리한 상황으로 여긴다. ¹²이 아이디어는 아주 훌륭해서 Deep Green은 더 많은 수영장에 이것을 실행할 계획인데, 그것은 그 자체와 환경 둘 다에 도움이 될 것이다.

¹Data centers are places // where computers and machines store lots of information. ²Even small
데이터 센터는 (~인) 장소이다   // 컴퓨터들과 기계들이 많은 정보를 저장하는.   심지어 작은

ones produce a lot of waste heat. ³In the U.K., / a start-up named Deep Green / is using the waste heat /
것들도 많은 폐열을 생산한다.   영국에서는,   / Deep Green이라는 이름의 스타트업이   / 폐열을 이용하고 있다   /

from its data center / to warm a pool in Devon. (⁴In Europe, / data centers use / around 3% of all electricity.)
그것의 데이터 센터에서 나오는 / Devon에 있는 수영장 물을 데우기 위해.   유럽에서는,   / 데이터 센터가 사용한다   / 전체 전력의 약 3%를.

⁵This center, about the size of a washing machine, / has been installed / underneath the pool.
세탁기 크기만 한 이 센터는,   / 설치되었다   / 수영장 밑에.

⁶It has computers surrounded by oil // that captures their heat. ⁷This heat is then transferred into a heat
그것은 기름으로 둘러싸인 컴퓨터들을 가지고 있다   // 그것들의 열을 가두는.   이 열은 그 다음 열 교환 장치로 이동된다

exchanger / and warms the pool's water.
          / 그리고 수영장의 물을 데운다.

⁸This smart setup helps / both the pool and the data center. ⁹The pool gets free heat, /
이 똑똑한 장치는 도움이 된다   / 수영장과 데이터 센터 둘 다에게.   수영장은 무료의 열을 얻어서,   /

cutting its gas consumption by 62%. ¹⁰Deep Green saves money too, / by cutting expenses / on cooling
그곳의 가스 소비를 62%까지 줄인다.   Deep Green도 돈을 절약한다,   / 비용을 줄임으로써   / 컴퓨터를 냉각하는 데 드는.

its computers. ¹¹The CEO of Deep Green / sees it as a win-win situation. ¹²This idea is so good //
           Deep Green의 CEO는   / 그것을 양쪽이 다 유리한 상황으로 본다.   이 아이디어는 아주 훌륭해서 //

that Deep Green plans to do this / for more pools, / which will help both itself and the environment.
Deep Green은 이것을 할 계획인데   / 더 많은 수영장에,   / 그것은 그 자체와 환경 둘 다에 도움이 될 것이다.

³ In the U.K., *a start-up* [**named** Deep Green] is using the waste heat from its data center **to warm** a pool in Devon.
  ▶ 과거분사구 named Deep Green은 바로 앞의 명사 a start-up을 꾸며 준다. 이때 named는 '~라는 이름의'라는 의미이다.
  ▶ to warm은 '데우기 위해'라는 뜻으로 '목적'을 나타내는 to부정사이다.

⁵ This center, about the size of a washing machine, **has been installed** underneath the pool.
  ▶ This center와 about the size of a washing machine은 같은 것으로 동격의 관계이다.
  ▶ <have/has been p.p.>는 수동태 현재완료형으로 '~ 되었다[되어왔다]'의 의미를 나타낸다.

⁶ It has *computers* [**surrounded by** oil [**that** captures their heat]].
  ▶ surrounded by는 '~로 둘러싸인'의 의미이며, 과거분사구(surrounded by ~ heat)가 명사 computers를 꾸며 주고 있다.
  ▶ 주격 관계대명사 that이 이끄는 절(that ~ heat)이 선행사 oil을 꾸며 준다.

⁷ This heat **is** then **transferred** into a heat exchanger and warms the pool's water.
  ▶ is transferred는 수동태로 '전달되다'의 의미이다.

⁸ This smart setup helps **both** the pool **and** the data center.
                              A   B
  ▶ <both A and B>는 'A와 B 둘 다'라는 의미이다. 짝을 이루는 접속사가 연결하는 어구 또한 문법적으로 성격이 같아야 한다.

⁹ The pool gets free heat, **cutting** its gas consumption by 62%.
  ▶ cutting 이하는 분사구문으로, so it cuts ~의 의미이다.

¹² This idea is so good that *Deep Green plans to do this for more pools*, **which** will help both itself and the environment.
              <원인>   <결과>
  ▶ <so+형용사/부사+that절>은 '매우 ~해서(원인) …하다(결과)'의 의미를 나타낸다.
  ▶ 주격 관계대명사 which는 앞에 나온 that절의 내용을 보충 설명하는 절을 이끈다.

23 달에서의 임무를 위해 이것이 필수!

정답
1 ⑤   2 ⑤   3 (1) F (2) T
4 ⓐ to make a special time zone for the moon ⓑ each mission's time zone
5 일단 네가 자전거 타는 것을 배우면

문제 해설

1 각기 다른 나라의 사람들이 달에 관한 임무를 함께 수행하기 위해 통일된 시간 체계가 필요하지만, 실현하는 데는 어려운 부분이 있다는 내용의 글이므로 주제로는 ⑤가 가장 알맞다.

① 시간대가 달의 영향을 받는 방법   ② 우주선을 우주로 발사하기 위한 단계
③ 우주에서 시간대를 바꾸는 것이 위험한 이유   ④ 지구의 시간과 달의 시간 사이의 차이
⑤ 달의 표준 시간대를 만드는 것이 중요하고 어려운 이유

2 빈칸 앞에서 유럽 우주국은 달의 표준시간대를 만들고자 하며, 이것이 각기 다른 나라 출신의 사람들이 함께 일하는 데 도움을 줄 것이라는 내용이 나온다. 따라서, 빈칸을 포함한 문장에서 현재 각 임무의 시간대는 '다르다'는 것을 알 수 있다.

① 큰   ② 긴   ③ 단일의   ④ 분명한   ⑤ 다른

3 (1) 5번 문장에서 달의 시간 체계를 만드는 것은 모두(다양한 국가의 사람들)가 임무를 수행하는 것을 더 쉽게 만들 것이라고 했다.
(2) 9번 문장에 언급되어 있다.

4 ⓐ는 1번 문장에서 언급한 to make a special time zone for the moon을, ⓑ는 3번 문장에서 언급한 each mission's time zone를 가리킨다.

본문 해석

¹유럽 우주국(ESA)은 달을 위한 특별한 시간대를 만들고 싶어한다. ²그들은 그것이 다양한 나라의 사람들이 달 임무를 함께 하는 것을 도울 것이라고 생각한다. ³지금은, 각각 임무의 시간대가 다르다. ⁴우주선을 발사하는 나라가 그것을 결정하기 때문이다. ⁵달에서의 새로운 시간 체계는 일들을 모두에게 더 쉽게 만들 것이다.
⁶하지만 이것을 실현하기 위한 최선의 방법을 찾는 것은 쉽지 않다. ⁷문제들 중 하나는 달과 달 주변의 우주에서 시계가 다르게 작동한다는 것이다. ⁸달에서의 시계는 지구에서보다 매일 56마이크로초 더 빨리 간다. ⁹또 다른 문제는 달에서의 하루가 지구의 29.5일과 같다는 것이다. ¹⁰이러한 문제들은 달에서의 정확한 시간을 알기 어렵게 만든다. ¹¹그러나 일단 그들이 달의 표준 시간 체계를 마련하면, 다른 행성들에서도 같은 체계를 빠르게 만들어 관리할 수 있다.

직독직해

¹The European Space Agency (ESA) wants / to make a special time zone / for the moon. ²They think //
유럽 우주국은 원한다 / 특별한 시간대를 만드는 것을 / 달을 위한. 그들은 생각한다 //

it will help / people from different countries / work together / on moon missions. ³Right now, /
그것이 도울 것이라고 / 다양한 국가의 사람들이 / 함께 수행하는 것을 / 달 임무에. 지금은, /

each mission's time zone / is different. ⁴That's // because the country that launches the spaceship /
각 임무의 시간대가 / 다르다. 그것은 ~이다 // 우주선을 발사하는 나라가 (~하기) 때문이다 /

decides it. ⁵A new system for time / on the moon / would make things easier / for everyone.
그것을 결정하기. 새로운 시간 체계는 / 달의 / 일들을 더 쉽게 만들 것이다 / 모두에게.

⁶But / finding the best way / to make this happen / is not easy. ⁷One of the problems is // that clocks
그러나 / 가장 좋은 방법을 찾는 것은 / 이것을 일어나게 만드는 / 쉽지 않다. 그 문제들 중 하나는 ~이다 // 시계가

work differently / on the moon / and in space / around the moon. ⁸Clocks on the moon /
다르게 작동한다는 것 / 달에서 / 그리고 우주에서 / 달 주변의. 달에서의 시계는 /

go 56 microseconds faster / than on Earth / each day. ⁹Another problem is // that a day on the moon is
56마이크로초 더 빠르게 간다 / 지구에서보다 / 매일. 또 다른 문제는 ~이다 // 달에서의 하루는 같다

the same / as 29.5 Earth days. ¹⁰These problems make it hard / to know the correct time / on the moon.
/ 지구의 29.5일과. 이 문제들은 어렵게 만든다 / 정확한 시간을 아는 것을 / 달에서의.

¹¹But / once they set up a standard time system / for the moon, // they can quickly make and manage /
그러나 / 일단 그들이 표준 시간 체계를 마련하면 / 달을 위한, // 그들은 빠르게 만들어 관리할 수 있다 /

the same system / for other planets too.
같은 체계를 / 다른 행성들을 위해서도.

² They think [(that) it **will help** *people* [from different countries] **work** together on moon missions].
　　　　　　　　　주어' 동사' 　　　목적어' 　　　　보어'
  ▶ 동사 think 뒤에는 목적어절을 이끄는 접속사 that이 생략되어 있다.
  ▶ <help+목적어+동사원형>은 '~가 …하도록 돕다'라는 의미이며, 이때 동사원형은 to부정사로 바꿔 쓸 수 있다.

⁴ **That's because** *the country* [**that** launches the spaceship] decides it.
  ▶ <That's because>는 '그것은 ~이기 때문이다'라는 의미이다.
  ▶ 주격 관계대명사 that이 이끄는 절(that ~ the spaceship)은 선행사 the country를 꾸며 준다.

⁵ A new system for time on the moon **would make** things **easier** for everyone.
　　　　　　　주어 　　　　　　　　　동사 　　 목적어 　보어
  ▶ would는 '~할 것이다'의 의미를 가진 조동사이다.
  ▶ <make+목적어+형용사>는 '~가 …하게 만들다'의 의미로 형용사 자리에는 비교급인 easier가 쓰였다.

⁶ But **finding** *the best way* [**to make** this 목' happen 보'] is not easy.
　　　　　　　　주어 　　　　　　　　 동사 보어
  ▶ finding ~ happen은 주어로 쓰인 동명사구이며, '~하는 것은'으로 해석한다.
  ▶ to make this happen은 the best way를 꾸며 주는 형용사적 용법의 to부정사구이다. 이때, '~를 …하게 만들다'라는 의미의
  　<make+목적어+동사원형> 구조가 쓰였다.

⁹ Another problem is **that** *a day on the moon* **is the same as** *29.5 Earth days*.
　　　　주어 　　　 동사 　　　　　　　　　　　　보어
  ▶ 접속사 that이 이끄는 절(that ~ 29.5 Earth days)은 주어 Another problem을 보충 설명하는 보어이다.
  ▶ <A be the same as B>는 'A는 B와 같다'라는 의미로, 비교대상인 A(a day on the moon)와 B(29.5 Earth days)를 비교하고 있다.

¹⁰ These problems make **it** hard **to know** the correct time on the moon.
　　　　　　　　　　 가목적어 보어 　　　진목적어
  ▶ <make+it+형용사+to-v>는 '…하는 것을 ~하게 만들다'라고 해석한다. to know 이하가 진목적어이며, it은 뜻이 없는 가목적어이
  　므로 '그것'으로 해석하지 않도록 주의해야 한다.

---

24 현재의 나 vs. 미래의 나　　　　　　　　　본책 pp.88~89

정답 ▶ 1 ④　　 2 ④　　 3 ⓐ Future　ⓑ miss　ⓒ Present　ⓓ specific
　　　　 4 우리 집이 페인트칠 되도록 했다

1 자기 자신을 통제하는 전략을 '율리시스 계약'으로 부른다는 내용 이후에, 이 전략은 그리스의 영웅 율리시스가 했던 것과 비슷하다는 내용의 (C), 율리시스는 세이렌의 노래를 듣고 싶었지만, 세이렌의 노래는 선원들을 위험하게 만든다고 여겨졌다는 내용의 (A), 율리시스는 자신의 사람들을 위험에 처하게 하고 싶지는 않았다는 내용의 (B)의 흐름이 가장 알맞다.

Q 문장 (A)~(C)를 글의 흐름에 알맞게 배열한 것은?

2 '율리시스 계약'은 미래의 목표를 위해 현재의 자신을 통제하는 전략을 가리킨다. 따라서, 이러한 자기 통제로 보기 어려운 ④가 정답이다.

Q 본문에 따르면 율리시스 계약과 관련된 행동이 아닌 것은?

① 매일 운동하기 위해 알람을 맞추는 것 ② 쇼핑을 피함으로써 돈을 절약하는 것
③ 일주일에 한 번으로 탄산음료를 마시는 것을 줄이는 것 ④ 시험 전날 한꺼번에 공부하는 것
⑤ 특정 시간 동안만 온라인 게임을 하는 것

3 Q 글의 내용과 일치하도록 빈칸에 알맞은 말을 상자에서 찾아 쓰세요.

놓치다	허락하다	현재의	미래의	명확한

율리시스 계약

ⓐ 미래의 자신의 문제

율리시스	그와 그의 선원들이 세이렌의 노래 때문에 위험에 처할지도 모른다.
학생들	그들은 게을러서 리포트 마감 기한을 ⓑ 놓칠지도 모른다.

ⓒ 현재의 자신의 해결책

율리시스	그는 자신을 자기 배에 묶이도록 했고 그의 선원들의 귀가 밀랍으로 채워지도록 했다.
학생들	그들은 리포트마다 ⓓ 명확한 마감 기한을 정했다.

4 Q 다음 빈칸에 알맞은 우리말 해석을 써보세요.

[1]한 대학교수는 리포트 마감 기한이 그의 학생들을 더 잘 작업하게 할지 알아보기 위해 그들에게 실험을 했다. [2]그는 세 그룹을 만들었다. [3]한 그룹은 엄격한 마감 기한이 주어진 반면, 또 다른 그룹은 리포트를 언제든 제출할 수 있었다. [4]세 번째 그룹에서, 그는 학생들이 각자 마감 기한을 선택하도록 허용했다. [5]흥미롭게도, 세 번째 그룹의 학생들 대부분이 그들이 게을러질 수도 있다는 것을 알아서, 더 열심히 작업하기 위해 각 리포트 별로 명확한 마감 기한을 정했다.

[6]자신을 통제하는 이 전략은 '율리시스 계약'이라고 불린다. (C) [9]그것은 그리스의 영웅 율리시스가 했던 것과 비슷하다. (A) [7]율리시스는 세이렌의 노래를 매우 듣고 싶었지만, 세이렌은 그들의 노래를 선원들의 마음을 끌어 배를 가라앉게 하는 데 사용하는 것으로 여겨졌다. (B) [8]율리시스는 그의 사람들이 위험에 처하는 것을 원하지 않았다. [10]그래서, 율리시스는 자신을 자기 배에 묶이도록 하고 그의 선원들의 귀가 밀랍으로 채워지도록 했다. [11]'현재의 율리시스'는 통제권을 가지고 있었으며 '미래의 율리시스'를 위한 계획을 세웠다. [12]율리시스 계약은 자기 통제력을 향상시키고 우리의 목표를 달성하는 훌륭한 방법이다.

¹A university professor did an experiment / with his students / to see // if deadlines for their reports
한 대학교수는 실험을 했다 / 그의 학생들에게 / 알아보기 위해 // 그들의 리포트 마감 기한이

would make / them work better. ²He created three groups. ³One group was given strict deadlines, // while
~하게 할지 / 그들이 더 잘 작업하도록. 그는 세 그룹을 만들었다. 한 그룹은 엄격한 마감 기한이 주어졌다, // 한편

another could turn in their reports / anytime. ⁴In the third group, / he allowed students to choose / their
또 다른 그룹은 그들의 리포트를 제출할 수 있었다 / 언제든지. 세 번째 그룹에서, / 그는 학생들이 선택하도록 허락했다 / 그들

own deadlines. ⁵Interestingly, / most of the third group knew / they might be lazy, // so they set specific
자신의 마감 기한을. 흥미롭게도, / 세 번째 그룹의 대부분이 알았다 / 그들이 게을러질 수도 있다는 것을, // 그래서 그들은 명확한

deadlines / for each report / to work harder.
마감 기한을 정했다 / 리포트마다 / 더 열심히 작업하기 위해.

⁶This strategy for controlling oneself is called / a "Ulysses contract." ⁹It's similar to // what the Greek
자기 자신을 통제하는 이 전략은 ~라고 불린다 / '율리시스 계약'이라고. 그것은 ~와 비슷하다 // 그리스의

hero Ulysses did. ⁷Ulysses really wanted / to hear Sirens' songs, // but Sirens were believed / to use their
영웅 율리시스가 했던 것과. 율리시스는 정말로 원했다 / 세이렌의 노래를 듣기를, // 하지만 세이렌은 여겨졌다 / 그들의 노래를 사용하는 것으로

songs / to attract sailors and make their ships sink. ⁸Ulysses didn't want / his people to be in danger.
/ 선원들의 마음을 끌어 그들의 배를 가라앉게 하기 위해. 율리시스는 원하지 않았다 / 그의 사람들이 위험에 처하는 것을.

¹⁰So, / Ulysses had himself tied to his ship / and had his sailors' ears filled with wax. ¹¹The "present Ulysses"
그래서, / 율리시스는 자신을 자기 배에 묶이도록 했다 / 그리고 그의 선원들의 귀가 밀랍으로 채워지도록 했다. '현재의 율리시스'는

was in control / and made plans / for the "future Ulysses." ¹²Ulysses contracts are a great way /
통제권을 쥐었고 / 계획을 세웠다 / '미래의 율리시스'를 위해. 율리시스 계약은 훌륭한 방법이다 /

to improve self-control / and achieve our goals.
자기 통제력을 향상시키는 / 그리고 우리의 목표를 달성하는.

¹ A university professor did an experiment with his students **to see if** deadlines for their reports **would make** them **work** better.

▸ to see는 '보기 위해'라는 의미로 '목적'을 나타내는 부사적 용법의 to부정사이다.
▸ 접속사 if는 '~인지 (아닌지)'의 의미이며, if가 이끄는 명사절(if deadlines ~ better)이 to see의 목적어로 쓰였다.
▸ <make＋목적어＋동사원형>은 '~가 …하게 만들다'라는 의미이다.

³ One group **was given** strict deadlines, **while** another could turn in their reports anytime.

▸ was given은 '주어졌다'라는 의미로 수동태 과거 표현이다.
▸ 접속사 while은 '~인 반면에'라는 의미이며, 앞뒤 문장의 관계가 반대의 상황을 나타낼 때 사용한다.

⁴ In the third group, he **allowed** students **to choose** their own deadlines.
　　　　　　　　　　　　　주어　동사　　목적어　　　보어
▸ <allow＋목적어＋to부정사>는 '~가 …하도록 허용[허락]하다'라는 의미이다.

⁷ Ulysses really wanted to hear Sirens' songs, but Sirens **were believed to use** their songs **to attract** sailors and (to) make their ships sink.

▸ <be believed to-v>는 '~하는 것으로 여겨지다'라는 의미로 쓰인다.
▸ to attract과 (to) make는 접속사 and로 연결된 구조이며, 둘 다 '~하기 위해'라는 의미로 '목적'을 나타내는 부사적 용법의 to부정사이다. 이때, and 뒤에 오는 to부정사의 to는 중복되어 생략되었다.

⁹ It's similar **to** [**what** the Greek hero Ulysses^{주'} did.^{동'}]
▸ 관계대명사 what이 이끄는 절은 '~하는 것(들)'을 의미하며 문장에서 전치사 to의 목적어로 쓰였다.

¹² Ulysses contracts are *a great way* [**to improve** self-control |and| **(to) achieve** our goals].

▶ to improve ~ our goals는 선행사 a great way를 꾸며 주는 to부정사구이며, to improve와 (to) achieve가 접속사 and로 연결되었다.

Review

본책 p.90

단어

정답
A 1 situation 2 mission 3 transfer 4 specific
B 1 ④ 2 ②
C 1 strategy 2 tie 3 correct 4 capture

해석
A 1 그의 행동은 상황을 더 나쁘게 만들었다.
  2 우주 비행사들은 우주 임무를 위해 훈련받는다.
  3 그녀는 그 파일들을 다른 폴더로 옮겨야 한다.
  4 Paul은 네게 우리가 만날 수 있는 구체적인 주소를 알려줄 거야.

B 1 그 선수는 금메달 획득이라는 그녀의 목표를 달성했다.
  ① 영향을 주었다 ② 뜨겁게 했다 ③ 설치했다 ④ 달성했다 ⑤ 둘러쌌다
  2 그 회사는 세일을 위해 의류 가격을 인하하기로 결정했다.
  ① 저장하다 ② 줄이다 ③ 생산하다 ④ 데우다 ⑤ 발사하다

C ┤ 보기 ├
  정확한   붙잡다   전략   묶다   마음을 끌다

  1 그의 효과적인 전략은 그가 경기에서 이기도록 도왔다.
  2 그녀는 파티를 위해 풍선을 의자에 묶을 것이다.
  3 그는 항상 정확한 철자를 위해 자신의 작업을 두 번 확인한다.
  4 Sally는 반려견과 함께한 순간을 그녀의 휴대전화로 붙잡고 싶었다.

본책 p.91

1일 1문장

정답
A 1 내가 태어난 도시를
  2 일단 내가 이메일을 받으면
  3 그녀가 가장 좋아하는 셔츠가 세탁되도록 했다

B 1 Once the movie begins
  2 the beach where we like to swim
  3 had his old phone replaced

C 1 Once the guests arrive
  2 had the document printed
  3 the restaurant where we had

25 우주를 떠다니는 마시멜로?   본책 pp.94~95

정답 1 ③   2 ⑤   3 (1) F (2) F   4 ⓐ fit ⓑ float   5 정말 재미있어서 우리는 모두 웃었다

문제 해설

1 천문학자들이 발견한 거대 행성에 관한 내용으로, 목성보다 크지만 마시멜로처럼 가볍고, 적색 왜성 주변에서 발견됐다는 행성의 특이점을 설명하고 있으므로 정답은 ③이다.

① 우주에서 거대 행성이 형성되는 방법　② 우주에 있는 다양한 종류의 별
③ 거대한 마시멜로 행성의 발견　④ 천문학자들이 새로운 적색 왜성을 발견하다
⑤ 목성에 관한 사실과 정보

2 흐름상 TOI-3757 b 행성의 주요 특징에 대해 구체적으로 설명하고 있으므로, 때때로 망원경 없이도 밤에 목성을 볼 수 있다는 내용의 (e)는 글의 전체 흐름과 관련이 없다.

3 (1) 5번 문장에 TOI-3757 b 행성은 목성보다 훨씬 더 가볍다고 했다.
(2) 10번 문장에 지금까지 적색 왜성과 멀리 떨어진 곳에서만 거대 행성이 발견되었다고 했다.

4

명칭	TOI-3757 b
발견	애리조나주의 천문학자들에 의해 발견됨
위치	지구로부터 약 580광년 떨어진 곳
크기	목성보다 약간 더 큼; 안에 지구 1,300개 이상을 ⓐ 맞춰 넣을 수 있음
무게	매우 가벼움; 거대한 욕조 물 위에 ⓑ 뜰 수 있음

본문 해석

¹애리조나주의 천문학자들이 마시멜로만큼 가벼운 거대 행성을 발견했다! ²TOI-3757 b라는 이름의 이 행성은 우리로부터 약 580광년 떨어진 먼 우주에 떠 있다. ³그것은 정말 커서 목성보다도 약간 더 크다. ⁴다시 말해, 이 '마시멜로'는 너무 거대해서 그 안에 지구가 1,300개 이상 들어갈 수 있다! ⁵비록 이 행성은 목성만큼 크지만 훨씬 더 가볍다. (⁶당신은 때때로 밤에 망원경 없이 목성을 볼 수 있다.) ⁷그것은 매우 가벼워서 거대한 욕조 물 위에 뜰 것이다!

⁸TOI-3757 b를 발견한 것은 천문학자들에게 놀라운 일이다. ⁹그들은 거대 행성이 적색 왜성 주변에서 형성되기가 어렵다고 생각했기 때문이다. ¹⁰지금까지 천문학자들은 적색 왜성에서 멀리 떨어진 곳에서만 목성 크기의 거대 행성들을 발견할 수 있었다. ¹¹거대 행성들을 가진 그러한 행성계를 더 많이 발견하는 것은 어떻게 행성이 형성되는지를 이해하는 그들의 목표 중 일부이다.

직독직해

¹Astronomers in Arizona / found a giant planet // that's as light as a marshmallow!
애리조나주의 천문학자들은 / 거대 행성을 발견했다 // 마시멜로만큼 가벼운!

²This planet, named TOI-3757 b, is floating / in space far away, / about 580 light years from us.
TOI-3757 b라는 이름의 이 행성은 떠 있다 / 먼 우주에, / 우리로부터 약 580광년 떨어진.

³It's so big // that it's a little larger than Jupiter. ⁴In other words, / this "marshmallow" is so huge //
그것은 정말 커서 // 그것은 목성보다도 약간 더 크다. 다시 말해, / 이 '마시멜로'는 너무 거대해서 //

that it could fit more than 1,300 Earths / inside! ⁵Even though this planet is as big as Jupiter, //
그것은 지구를 1,300개 이상 맞춰 넣을 수 있다 / 안에! 비록 이 행성은 목성만큼 크지만, //

it's much lighter. (⁶You can sometimes see Jupiter at night / without a telescope.) ⁷It's so light //
그것은 훨씬 더 가볍다. 당신은 때때로 밤에 목성을 볼 수 있다 / 망원경 없이. 그것은 매우 가벼워서 //

that it would float / in a huge bathtub of water!
그것은 뜰 것이다 / 물로 찬 거대한 욕조에!

⁸To discover TOI-3757 b is a surprise / to astronomers. ⁹That's because // they thought / it was hard
TOI-3757 b를 발견한 것은 놀라운 일이다 / 천문학자들에게. 그것은 ~ 때문이나 // 그들이 생각했나 /

for giant planets to form / around red dwarf stars. ¹⁰Until now, / astronomers have only been able to find /
거대 행성이 형성되는 것이 어렵다고 / 적색 왜성 주변에서. 지금까지, / 천문학자들은 단지 발견할 수 있었다 /

giant Jupiter-sized planets / far away from red dwarf stars. ¹¹Finding more such systems with giant planets /
목성 크기의 거대 행성들만 / 적색 왜성에서 멀리 떨어져. 거대 행성들을 가진 그러한 행성계를 더 많이 발견하는 것은 /

is part of their goal / to understand how planets form.
그들의 목표 중 일부이다 / 어떻게 행성이 형성되는지를 이해하는.

주요 구문

¹ Astronomers in Arizona found *a giant planet* [**that**'s **as light as** a marshmallow]!
$\qquad$ A $\qquad$ B
▸ that은 주격 관계대명사로 that's ~ a marshmallow는 선행사 a giant planet을 꾸며 준다.
▸ <A as 형용사/부사 as B>는 'A만큼 B는 ~한/~하게'의 의미의 원급 표현으로, as ~ as 사이에는 형용사나 부사의 원래 형태가 와야 한다.

⁴ In other words, this "marshmallow" is so huge that it could fit more than 1300 Earths inside!
주어 $\quad$ 동사 $\quad$ 보어 $\quad$ 주어' 동사' $\qquad$ 목적어'
▸ <so+형용사/부사+that ...>은 '너무[정말] ~해서(원인) …하다(결과)'의 의미이다.

⁵ **Even though** this planet is as big as Jupiter, it's *much* **lighter**.
▸ Even though는 '비록 ~일지라도'라는 의미의 접속사로 대조를 나타내는 부사절을 이끈다.
▸ 부사 much는 비교급(lighter)의 의미를 강조하여 '훨씬'이라는 뜻으로 쓰인다.

⁸ **To discover** TOI-3757 b is a surprise to astronomers.
$\quad$ 주어 $\qquad$ 동사 $\qquad$ 보어
▸ To discover는 '발견한 것은'의 의미로 to부정사의 명사적 용법이며, 문장에서 주어로 쓰였다.

⁹ That's because they thought **it** was hard **for giant planets to form** around red dwarf stars.
$\qquad$ 가주어 $\qquad$ 의미상 주어 $\qquad$ 진주어
▸ it은 가주어, to부정사구(to form ~ stars)는 진주어이며, for giant planets는 to form의 의미상 주어이다. 의미상 주어는
<for+A>로 나타내며 주어처럼 'A가'라고 해석한다.

¹⁰ Until now, astronomers **have** only **been able to find** giant Jupiter-sized planets far away from red dwarf stars.
▸ '~해 왔다'라는 뜻의 현재완료 <have/has+과거분사(p.p.)>와 '~할 수 있다'를 의미하는 be able to-v가 결합되었다.

¹¹ **Finding** more such systems with giant planets is part of *their goal* [**to understand** *how planets*주' *form*동']
$\qquad$ 주어 $\qquad$ 동사 $\qquad$ 보어
▸ Finding ~ giant planets는 문장에서 주어로 쓰인 동명사구이다.
▸ to understand 이하는 앞의 명사구 their goal을 꾸며 주는 to부정사의 형용사적 용법이다.
▸ how planets form은 to understand의 목적어로 쓰인 간접의문문으로, '어떻게 행성이 형성되는지'로 해석한다. 간접의문문은
<의문사+주어+동사>의 어순으로 쓰는 것에 주의한다.

정답 ▶ 1 ⑤   2 ②   3 nutrients   4 더 작은 나무들보다 더 많은 그늘을 제공한다

문제 해설 ▶ **1** 현재 재배되는 과일과 채소들은 과거에 비해 영양소의 함량이 더 적다는 연구 결과를 언급하며, 그 이유와 해결 방안을 제시하는 글이므로 정답은 ⑤이다.

① 오늘날 토양이 손상된 이유   ② 농부들이 더 많은 식량을 생산할 수 있는 방법
③ 농사에 있어서 건강한 토양의 중요성   ④ 채소를 통해 충분한 영양소를 얻는 방법
⑤ 오늘날의 과일과 채소에서 영양소가 더 적은 이유

2 ② 4~5번 문장에서 많은 식량을 빠르게 재배하는 데 주력하는 현재의 농작법은 식물들이 토양에서 충분한 영양분을 얻을 수 없게 만든다고 했다.

①은 2번 문장에, ③은 6번 문장에, ④는 8번 문장에, ⑤는 10번 문장에 언급되어 있다.

3
> 과일과 채소는 과거에 비해 현재 더 적은 <u>영양소</u>를 가지고 있다. 이것은 농부들이 많은 식량을 빠르게 재배하고 같은 토양을 너무 많이 사용하기 때문이다. 빠른 농사와 손상된 토양은 식물들이 더 적은 <u>영양소</u>를 얻게 한다.

본문 해석 ▶ ¹여러 연구들은 20세기 초 이후로 과일과 채소의 비타민과 미네랄의 함량 수준이 줄어들었다는 것을 보여 주었다. ²당신이 70년 전의 당근과 오늘날 재배되는 당근을 비교한다면, 오늘날의 당근이 그것의 조상보다 더 낮은 영양소 수준을 가지고 있다는 것을 알게 될 것이다. ³그런데 왜 이 일이 발생했을까?

⁴가장 주요한 이유는 농부들이 현재 많은 식량을 빠르게 재배하는 데 주력한다는 것이다. ⁵그것은 식물들이 토양으로부터 충분한 영양소를 얻을 수 없거나 스스로 영양소를 만들 수 없다는 것을 의미한다. ⁶또 다른 이유는 농부들이 같은 토양에서 너무 많은 식량을 재배하면, 그것이 토양을 손상시킬 수 있다는 것이다. ⁷이것은 식물들이 건강하게 자라는 것을 어렵게 한다.

⁸이 문제를 해결하기 위해 가장 먼저 해야 하는 일은 토양을 쉬게 하는 것이다. ⁹또한, 농부들은 미네랄을 없애는 농작법을 피해야 한다. ¹⁰대신에, 재배할 식물의 종류를 바꾸는 것은 다음 농작물을 위해 토양을 더 좋게 만들 수 있다.

직독직해 ▶

¹Several studies have shown // that the levels of vitamins and minerals / in fruits and vegetables /
여러 연구들은 (~을) 보여 주었다   // 비타민과 미네랄의 수준이   / 과일과 채소에 있는

have reduced / since the early 20th century. ²If you compare a carrot / from 70 years ago / with one
줄어들었다는 것을 / 20세기 초 이후로.   당신이 당근을 비교한다면   / 70년 전의   /

that is grown today, // you'll find / that today's carrot has lower nutrient levels / than its ancestor.
오늘날 재배되는 것과,   // 당신은 (~을) 알게 될 것이다 / 오늘날의 당근이 더 낮은 영양소 수준을 가지고 있다는 것을 / 그것의 조상보다.

³But why did this happen?
그런데 왜 이 일이 발생했을까?

⁴The major reason is // that farmers now focus / on growing lots of food quickly. ⁵It means //
가장 주요한 이유는 ~이다   // 농부들이 현재 주력한다는 것   / 많은 식량을 빠르게 재배하는 데.   그것은 ~을 의미한다 //

plants can't get enough nutrients / from the soil / or make their own nutrients. ⁶Another reason is //
식물들이 충분한 영양소를 얻을 수 없다는 것을 / 토양으로부터   / 또는 그것들만의 영양소를 만들 수 없다는 것을. 또 다른 이유는 ~이다   //

that when farmers grow too much food / in the same soil, / it can damage the soil. ⁷This makes it difficult /
농부들이 너무 많은 식량을 재배할 때   / 같은 토양에서,   / 그것이 토양을 손상시킬 수 있다는 것. 이것은 ~을 어렵게 만든다   /

for the plants to grow healthy.
식물들이 건강하게 자라는 것을.

⁸To fix this problem, / the first thing to do / is to let the soil rest. ⁹Also, / farmers should avoid
이 문제를 해결하기 위해, / 해야 하는 첫 번째 일은 / 토양을 쉬게 하는 것이다. 또한, / 농부들은

a farming method // that takes away minerals. ¹⁰Instead, / changing the types of plants to grow /
농작법을 피해야 한다 // 미네랄을 없애는. 대신에, / 재배할 식물의 종류를 바꾸는 것은 /

can make the soil better / for the next crops.
토양을 더 좋게 만들 수 있다 / 다음 농작물을 위해.

주요 구문

¹ Several studies **have shown that** *the levels* [of *vitamins and minerals* [in fruits and vegetables]] **have reduced since** the early 20th century.

▶ <have/has + 과거분사(p.p.)>는 과거의 일이 현재에 영향을 미치는 현재완료로, since(~이후로)와 함께 쓰여 '계속'의 의미를 나타낸다.

▶ 접속사 that이 이끄는 절(that ~ the early 20th century)은 동사 have shown의 목적어로 쓰였다.

² If you **compare** *a carrot* [from 70 years ago] **with** *one* [**that** *is grown* today], you'll find **that** today's carrot has lower
                                          = a carrot   주어   동사   목적어

nutrient levels than its ancestor.

▶ <compare A with B>는 'A를 B와 비교하다'의 의미이다.

▶ 첫 번째 that은 주격 관계대명사로 선행사 one을 꾸며 주는 절을 이끌며, 두 번째 that은 접속사로 동사 will find의 목적어절을 이끈다.

▶ is grown은 수동태로 '재배되다'의 의미를 나타낸다.

⁴ The major reason is **that** farmers now focus **on growing** lots of food quickly.
       주어   동사   보어

▶ that은 명사절을 이끄는 접속사로 that ~ quickly는 문장에서 보어 역할을 한다.

▶ growing은 전치사 on의 목적어로 쓰인 동명사이다.

⁷ This **makes it difficult** *for the plants* **to grow**동 *healthy*.보

        가목적어 보어   의미상 주어   진목적어

▶ <make + it + 보어 + for + 명사 + to-v>는 '~가 …하는 것을 ~하게 만들다'의 의미이다. 이때 it은 진짜 목적어인 to부정사 자리를 대신하는 가짜 목적어로 뜻이 없으며, <for + 명사>는 to부정사의 의미상 주어이다.

▶ grow는 '~이 되다, ~해지다'라는 의미의 상태 동사로 뒤에 형용사 보어(healthy)가 왔다.

⁸ **To fix** this problem, *the first thing* [**to do**] is **to let** the soil목' rest.보'
                         주어   동사   보어

▶ To fix는 '~하기 위해'라는 뜻의 '목적'을 나타내는 부사적 용법, to do는 '~할, ~하는'의 의미로 앞의 명사구를 꾸며 주는 형용사적 용법, to let은 '~하는 것'의 의미로 문장에서 보어 역할을 하는 명사적 용법으로 각각 쓰였다.

▶ <let + 목적어 + 동사원형>은 '~가 …하게 하다, …하도록 허락하다'의 의미이다.

⁹ Also, farmers should avoid *a farming method* [**that** takes away minerals].

▶ 주격 관계대명사 that이 이끄는 절(that takes away minerals)은 선행사 a farming method를 꾸며 준다.

¹⁰ Instead, **changing** the types of *plants* [**to grow**] **can make** *the soil* **better** for the next crops.
                    주어   동사   목적어   보어   수식어

▶ 동명사구인 changing ~ to grow가 문장에서 주어로 쓰였다. 여기서 to grow는 명사 plants를 꾸며 주는 형용사적 용법으로 쓰였다.

▶ <make + 목적어 + 형용사>는 '~를 …한 상태로 만들다'의 의미이며, 보어로 형용사의 비교급 형태인 better가 쓰였다.

정답 ▶ 1 ⑤ 　　 2 ④ 　　 3 내가 가장 좋아하는 곡들을 연주하기 위해

문제 해설 ▶ 1 '골수 이식 이후, 새로운 세포들은 그 사람 자신의 조직을 낯설게 여겨 건강한 세포들을 공격할 수 있다.'는 의미의 주어진 문장은 골수 이식이 부작용을 초래할 수 있는 가능성에 관해 언급하는 문장의 뒤인 ⑤에 위치하는 것이 가장 알맞다.

2 ④는 대변 이식(Poo Transplant)이 아닌 골수 이식의 부작용에 관한 내용이다.

① 목적	면역 체계를 향상시키고 질병을 이겨내기 위해
② 방법	건강한 사람의 대변의 건강한 박테리아를 사용함
③ 대상 환자	특히 골수 이식 이후의 혈액암 환자들
④ 부작용	새로운 세포들이 환자 자신의 신체를 공격하게 할 수 있음
⑤ 희망	면역 체계를 약화하지 않는 더 안전한 치료법

본문 해석 ▶ ¹당신은 호주의 과학자들이 혈액암에 걸린 사람들을 돕기 위해 '대변'을 실험하고 있다는 것이 믿어지는가? ²이상하게 들릴지도 모르지만, 그것은 사실이다! ³이 특이한 방법은 건강한 사람의 대변에서 건강한 박테리아를 추출해서 그것을 아픈 사람의 장에 주입하는 것을 포함한다. ⁴이것은 사람의 면역 체계를 향상시킬 수 있고 질병을 이겨내는 것을 도울 수 있다.

⁵그 치료법은 특히 골수 이식을 받은 환자들을 대상으로 한다. ⁶비록 골수 이식이 일부 암에는 일반적이라 하더라도, 그것은 때때로 심각한 부작용을 일으킬 수 있다. 골수 이식 이후, 새로운 세포들은 그 사람 자신의 조직을 낯설게 여겨 건강한 세포들을 공격할 수 있다. ⁷이 부작용이 있는 많은 환자들은 결국 오랫동안 병원에 입원하게 된다.

⁸만약 이 새로운 치료법이 효과가 있다면, 그것은 이 환자들의 면역 체계를 약화시키지 않고 더 안전한 방식으로 낫게 할 수 있다. ⁹과학자들은 그 치료법을 안전하고 효과적으로 만들기 위해서 열심히 일하고 있다.

직독직해 ▶

¹Can you believe // that scientists in Australia / are testing "poo" / to help people with blood cancer?
당신은 믿을 수 있는가 // 호주의 과학자들이 　　　　　　　 / '대변'을 실험하고 있다는 것을 / 혈액암이 있는 사람들을 돕기 위해?

²It might sound strange, // but it's true! ³This unusual method involves / taking healthy bacteria /
그것은 이상하게 들릴지도 모른다, // 하지만 그것은 사실이다! 이 특이한 방법은 포함한다 　　 / 건강한 박테리아를 추출하는 것을 /

from a healthy person's poo / and putting them / into a sick person's gut. ⁴This can improve a person's
건강한 사람의 대변에서 　　　　 / 그리고 그것들을 넣는 것을 / 아픈 사람의 장에. 　　　　 이것은 사람의 면역 체계를 향상시킬 수 있다

immune system / and help fight diseases.
　　　　　　　 / 그리고 질병과 싸우는 것을 도울 수 있다.

⁵The treatment is particularly aimed at patients // who have had bone marrow transplants.
그 치료법은 특히 (~한) 환자들을 대상으로 한다 　　　　 // 골수 이식을 받은.

⁶Although a bone marrow transplant is common / for some cancers, // it can sometimes cause a serious
비록 골수 이식이 일반적이더라도 　　　　　　　　　　　 / 어떤 암에, 　　　 // 그것은 때때로 심각한 부작용을 일으킬 수 있다.

side effect. After a bone marrow transplant, / the new cells can see the person's own tissue as unfamiliar /
골수 이식 후에, 　　　　　　　　　 / 새로운 세포들은 그 사람 자신의 조직을 낯설게 여길 수 있다 　　　　　 /

and attack the healthy cells. ⁷Many patients with this side effect / end up in the hospital / for a long time.
그리고 건강한 세포들을 공격할 수 있다. 이 부작용이 있는 많은 환자가 　　　　 / 결국 병원에 입원하게 된다 / 오랫동안.

8If this new treatment works, // it could make these patients better / in a safer way, / without
만약 이 새로운 치료법이 효과가 있다면,   // 그것은 이 환자들을 낫게 할 수 있다   / 더 안전한 방식으로,   /

weakening their immune system. **9**The scientists have been working hard // so that they can make /
그들의 면역 체계를 약화시키지 않고.   과학자들은 열심히 일하고 있다   // 그들이 만들 수 있도록   /

the treatment safe and effective.
그 치료법을 안전하고 효과적으로.

3 This unusual method **involves taking** healthy bacteria **from** a healthy person's poo │and│ **putting** them **into** a sick
　　　　　　　주어　　　　　　　동사　　　　　　　　　목적어1　　　　　　　　　　　　　　　　목적어2

person's gut.

- ▸ 동사 involves의 목적어로 동명사구 두 개(taking ~ poo, putting ~ gut)가 접속사 and로 연결되었다.
- ▸ 동명사구에는 각각 'B에서 A를 꺼내다'라는 뜻의 <take A from B>, 'A를 B에 넣다'라는 뜻의 <put A into B> 표현이 쓰였다.

5 The treatment **is** particularly **aimed at** *patients* [**who** have had bone marrow transplants].

- ▸ <aim A at B>의 수동태인 be aimed at(~을 대상으로 하다)이 쓰였다.
- ▸ 주격 관계대명사 who가 이끄는 절(who ~ transplants)은 선행사 patients를 꾸며 준다.

6 Although a bone marrow transplant is common for some cancers, it can sometimes cause a serious side effect.

- ▸ 접속사 Although는 양보의 내용을 나타내는 부사절을 이끌며, '비록 ~일지라도'라고 해석한다.

8 If this new treatment works, it **could make** these patients **better** in a safer way, **without weakening** their immune system.

- ▸ 접속사 If는 '~한다면'이라는 의미의 '조건'을 나타내는 부사절을 이끈다.
- ▸ 주절에 쓰인 <make + 목적어 + 형용사>는 '~를 …한 상태로 만들다'라는 의미이다.
- ▸ 전치사 without의 목적어로 동명사가 쓰였으며, <without v-ing>는 '~하지 않고'라고 해석한다.

9 The scientists **have been working** hard so that they can make the treatment safe and effective.

- ▸ have been working은 '~해 오고 있다, ~하고 있는 중이다'라는 의미의 현재완료진행형으로 과거에 시작한 동작이 현재에도 계속 진행 중임을 나타낸다.

Review

단어

본책 p.100

정답

A 1 ⓑ   2 ⓒ   3 ⓐ

B 1 major   2 rest   3 involve   4 vitamin

C 1 compare, with   2 is able to   3 see, as

해석

A 1 attack(공격하다) - ⓑ 어떤 것을 해치거나 파괴하기 시작하다

2 patient(환자) - ⓒ 의료적인 보살핌 또는 치료를 받는 사람

3 planet(행성) - ⓐ 별 주위를 이동하는 우주의 크고 둥근 물체

B ┤ 보기 ├

| 쉬다 | 주요한 | 포함하다 | 놀라운 일 | 비타민 |

1 그녀의 인생에서 <u>주요한</u> 목표는 다른 사람들을 돕는 것이다.

2 그는 소파에서 잠시 <u>쉬기</u>로 결정했다.

3 어린아이들을 가르치는 것은 많은 인내를 <u>포함할</u> 수 있다.

4 우유에는 <u>비타민</u> D가 풍부한데, 그것은 튼튼한 뼈에 필수적이다.

1일 1문장

본책 p.101

정답

A 1 정말 맛있어서 나는 그것을 다 먹었다

2 시험에 합격할 수 있도록

3 독서보다 더 많은 경험을 줄 수 있다

B 1 so that he could buy a new car

2 so annoying that I couldn't concentrate

3 a larger backyard than the old one

C 1 so that he would not[wouldn't] catch a cold

2 contain more wisdom than newer books

3 so hard that it took hours

3 빈칸 앞에서 화성에서 만약 오케스트라가 연주한다면 더블 베이스 소리보다 바이올린 소리가 먼저 들릴 것이라고 하였으므로, 오케스트라의 연주는 지구에서처럼 '화음'을 만들어 내기 어려울 것이다. 따라서 정답은 ③이다.

① 속도　　　② 소음　　　③ 화음　　　④ 평화　　　⑤ 녹음

4

> 과학자들은 화성에서 소리의 속도를 ⓐ 측정하고 있다. 화성의 희박한 ⓑ 대기 때문에 그곳에서 소리의 속도는 지구에서보다 느리다.

본문 해석

¹퍼서비어런스 로버(the Perseverance rover)라고 불리는 NASA의 우주 로봇은 2021년 2월 상륙한 이후로 화성에서 쭉 소리를 녹음해왔다. ²과학자들은 이 녹음된 것 중 일부를 분석했다. ³최초로, 인간은 다른 행성의 소리를 들을 수 있었다!

⁴과학자들은 화성에서 소리의 속도가 지구보다 느리다는 것을 발견했다. ⁵지구에서는 소리가 초당 343미터의 속도로 이동한다. ⁶화성에서 그것은 초당 약 240미터의 속도로 이동한다. ⁷이는 대부분 이산화탄소로 이루어진 화성의 희박한 대기가 소리를 잘 전달하지 못하기 때문이다. ⁸만약 누군가가 여러분 옆에서 말을 한다면, 그들의 목소리는 매우 작게 들릴 것이다.

⁹그들은 또한 화성에서 더 높은 음조의 소리가 좀 더 빨리 들릴 수 있다는 것을 발견했다. ¹⁰만약 오케스트라가 화성에서 연주한다면, 여러분은 바이올린 소리를 먼저 듣고 더블 베이스 소리를 나중에 들을 것이다. ¹¹이것은 그들이 지구에서처럼 화음을 만들어 낼 수 없을 것이라는 것을 의미한다.

¹²소리의 속도를 측정하는 것은 과학자들에게 화성의 대기와 환경에 대해 배울 수 있는 더 나은 방법을 제공할 수 있다.

직독직해

¹NASA's space robot / called the Perseverance rover / has recorded sounds / on Mars /
NASA의 우주 로봇은 / 퍼서비어런스 로버라고 불리는 / 소리를 쭉 녹음해왔다 / 화성에서 /

since its landing in February 2021. ²Scientists analyzed / some of these recordings. ³For the first time, /
2021년 2월에 그것의 상륙 이후로. 과학자들은 분석했다 / 이 녹음된 것 중 일부를. 최초로, /

humans could hear / sounds from another planet!
인간은 들을 수 있었다 / 다른 행성으로부터의 소리를!

⁴Scientists found // that the speed of sound on Mars / is slower than on Earth. ⁵On Earth, /
과학자들은 발견했다 // 화성에서의 소리의 속도가 / 지구에서보다 더 느리다는 것을. 지구에서는, /

sound travels / at a speed of 343 meters / per second. ⁶On Mars, / it travels / at around 240 meters /
소리는 이동한다 / 343미터의 속도로 / 초당. 화성에서는, / 그것은 이동한다 / 약 240미터로 /

per second. ⁷This is // because Mars' thin atmosphere / of mostly carbon dioxide / doesn't carry sound
초당. 이것은 ~이다 // 화성의 희박한 대기가 / 대부분 이산화탄소로 된 / 소리를 잘 전달하지 못하기 때문.

very well. ⁸If someone spoke next to you, // their voice would sound so quiet.
만약 누군가가 당신의 옆에서 말한다면, // 그들의 목소리는 매우 조용하게 들릴 것이다.

⁹They also found // that higher-pitched sounds / can be heard slightly faster / on Mars.
그들은 또한 발견했다 // 더 높은 음조의 소리가 / 좀 더 빨리 들릴 수 있다 / 화성에서.

¹⁰If an orchestra played on Mars, // you would hear the violins first / and the double bass later.
만약 화성에서 오케스트라가 연주한다면, // 여러분은 바이올린을 먼저 들을 것이다 / 그리고 더블 베이스는 나중에.

¹¹This means // they wouldn't be able to create harmony / as they do on Earth.
이것은 의미한다 // 그들이 화음을 만들어 낼 수 없을 것이라는 것을 / 그들이 지구에서 하듯이.

¹²Measuring the speed of sound / can give scientists a better way / to learn about Mars' atmosphere
소리의 속도를 측정하는 것은 / 과학자들에게 더 나은 방법을 제공할 수 있다 / 화성의 대기와 환경에 대해 배울.

and environment.

1 *NASA's space robot* [**called** the Perseverance rover] **has recorded** sounds on Mars *since its landing in February 2021.*
　　　　주어　　　　　　　　　　　　　　　　　　　　동사　　　　목적어

▶ 과거분사구 called ~ rover는 앞의 명사구를 꾸며 준다. '~라고 불리는'으로 해석한다.

▶ 현재완료 <have/has+과거분사(p.p.)>가 since와 함께 쓰여 '(지금까지) 쭉 ~해왔다'라고 해석한다. 과거에 일어난 일이 현재까지도 계속되고 있음을 나타낸다.

9 They also found **that** higher-pitched sounds **can be heard** slightly faster on Mars.
　　주어　　　동사　　　　　　　　　　　목적어

▶ that은 명사절을 이끄는 접속사로서, that절은 동사 found의 목적어 역할을 한다.

▶ can be heard는 동사 hear의 수동태(be heard)와 조동사 can이 결합한 형태로 '들릴 수 있다'로 해석한다.

10 **If** an orchestra **played** on Mars, you **would hear** the violins first ⃞and⃞ (**would hear**) the double bass later.
　　　　주어'　　　동사　　수식어'　주어　　동사　　　목적어1　수식어1　　　　　　　　목적어2　　수식어2

▶ <If+주어'+동사의 과거형/were ~, 주어+would/could+동사원형 ...>은 '만약 주어'가 ~라면 주어가 …할 텐데'를 의미한다. if 가정법 과거는 '현재'의 사실과 반대로 가정하거나, '현재'나 '미래'에 일어날 가능성이 거의 없는 일을 가정하거나 상상할 때 쓰이는데, 여기서는 '화성에서 오케스트라가 연주한다'라는 비현실적인 상황을 가정하였다.

12 **Measuring** the speed of sound can give scientists *a better way* [**to learn** about Mars' atmosphere and
　　　　　　주어　　　　　　　　　　　동사　A(간접목적어) B(직접목적어)

environment].

▶ 동명사구를 주어로 하는 <give A B> 구조가 쓰여 '~하는 것은 A에게 B를 준다'로 해석한다.

▶ to learn이 이끄는 to부정사구는 앞에 오는 명사구 a better way를 꾸며 주는 형용사 역할을 한다.

---

30 한 세탁부의 따뜻한 마음　　　　　　　　　　　　　　본책 pp.108~109

정답 ▶　1 ⑤　　2 ④　　3 대학 학비를 낼 여유가 없는 아프리카계 미국인 학생들　　4 ⓐ symbol　ⓑ afford
5 할아버지로부터 받은 선물인 그 책은

문제 해설 ▶

1 기부를 하고 싶었던 McCarty가 한 은행가에게 도움을 청했다는 내용의 (C), 은행가가 그녀에게 동전 10개로 기부할 금액을 분배하도록 요청했다는 내용의 (B), 그녀가 동전 10개를 어떻게 분배했는지에 대한 내용인 (A)의 흐름이 가장 알맞다.

Q 문장 (A)~(C)를 글의 흐름에 알맞게 배열한 것은?

2 8번 문장에서 McCarty는 본인이 가지지 못했던 교육의 기회를 학생들이 가질 수 있다고 했으므로 ④가 정답이다.

Q Oseola McCarty에 관한 글의 내용과 일치하지 않는 것은?

① 그녀는 일생 동안 다른 사람들을 위해 옷을 세탁했다. (1번 문장에 언급됨)

② 그녀는 저축액의 10퍼센트를 교회에 기부했다. (2번 문장에 언급됨)

③ 그녀는 은행가로부터 동전 10개를 받았다. (3번 문장에 언급됨)

④ 그녀는 한때 대학에 갈 기회가 있었다.

⑤ 그녀는 한 대학에 15만 달러를 기부했다. (5번 문장에 언급됨)

3 글의 밑줄 친 They는 5번 문장의 African American students who couldn't afford college fees를 가리킨다.

Q 밑줄 친 They가 가리키는 것을 글에서 찾아 우리말로 쓰세요.

4 ⓠ 글의 내용과 일치하도록 빈칸에 알맞은 말을 본문에서 찾아 쓰세요.

> McCarty Legacy Society의 ⓐ 상징은 여섯 개의 동전이 달린 나무 한 그루이다. 그것은 McCarty 가 대학 학비를 낼 ⓑ 형편이 안 되는 학생들을 위해 기부했던 동전 여섯 개를 상징한다.

5 ⓠ 다음 빈칸에 알맞은 우리말 해석을 써보세요.

¹Oseola McCarty라는 이름의 한 노년의 여성은 다른 사람들을 위해 옷을 세탁하는 데 평생을 보냈고 25만 달러 이 상을 저축했다. (C) ⁴어느 날, 그녀는 돈을 기부하고 싶어서 소도시의 은행가에게 도움을 청했다. (B) ³그 은행가는 그녀 에게 각각 그녀의 저축액의 10퍼센트만큼 가치가 있는 동전 10개를 주었고, 그녀에게 그 동전들을 나누어달라고 요청 했다. (A) ²McCarty는 동전 한 개를 그녀의 교회에, 동전 세 개를 그녀의 사촌들에게, 그리고 나머지 여섯 개는 남미시시 피 대학에 분배했다.

⁵그녀는 대학 학비를 낼 형편이 안 되는 아프리카계 미국인 학생들을 위해 15만 달러를 그 대학에 기부했다. ⁶"저는 그들이 교육받기를 원해요. ⁷저는 제 평생 일을 해야만 했거든요. ⁸그들은 제가 가지지 못했던 기회를 가질 수 있어요," 라고 McCarty는 말했다.

⁹오늘날, 그 대학에 기부하는 사람들은 McCarty Legacy Society로 알려진 그룹의 일원이다. ¹⁰그 그룹의 상징은 나 뭇가지 끝에 여섯 개의 동전이 달린 한 그루의 나무이다. ¹¹그것은 McCarty가 그 대학에 한 너그러운 기여를 상징한다.

¹An elderly lady / named Oseola McCarty / had spent her whole life / doing laundry for others /
한 노년의 여성은 / Oseola McCarty라는 이름의 / 그녀의 평생을 보냈다 / 다른 사람들을 위해 세탁하는 것에 /

and saved more than $250,000. ⁴One day, / she wanted to donate her money, // so she asked for help /
그리고 25만 달러 이상을 저축했다. 어느 날, / 그녀는 자신의 돈을 기부하고 싶었다, // 그래서 그녀는 도움을 청했다 /

from a small-town banker. ³The banker gave her 10 coins, / each worth 10 percent of her savings, // and
소도시의 은행가의. 그 은행가는 그녀에게 동전 10개를 주었다, / 각각 그녀의 저축액의 10퍼센트만큼 가치가 있는, // 그리고

asked her to divide the coins. ²McCarty distributed / one coin to her church, / three coins to her cousins, /
그녀에게 그 동전들을 나누어달라고 요청했다. McCarty는 분배했다 / 동전 한 개를 그녀의 교회에, / 동전 세 개를 그녀의 사촌들에게, /

and the remaining six to the University of Southern Mississippi.
그리고 나머지 여섯 개는 남미시시피 대학에.

⁵She donated $150,000 to the university / for African American students // who couldn't afford
그녀는 15만 달러를 그 대학에 기부했다 / 아프리카계 미국인 학생들을 위해 // 대학 학비를 낼 형편이 안 되는.

college fees. ⁶"I want them to have an education. ⁷I had to work hard / all my life. ⁸They can have the
"저는 그들이 교육받기를 원해요. 저는 일해야만 했어요 / 제 평생. 그들은 기회를 가질 수 있어요

chance // that I didn't have," / said McCarty.
// 제가 가지지 못했던," / 라고 McCarty는 말했다.

⁹Today, / those who donate to the university / are part of a group / known as the McCarty Legacy
오늘날, / 그 대학에 기부하는 사람들은 / 그룹의 일원이다 / McCarty Legacy Society라고 알려진.

Society. ¹⁰The group's symbol is a tree / with six coins / at the end of its branches. ¹¹It symbolizes
그 그룹의 상징은 나무 한 그루이다 / 동전 여섯 개가 달린 / 그것의 나뭇가지들 끝에. 그것은 McCarty의

McCarty's generous contribution / to the university.
너그러운 기여를 상징한다 / 그 대학에의.

1 *An elderly lady* [**named** Oseola McCarty] **had spent** her whole life doing laundry for others and (**had**) **saved**
<u>주어</u>   <u>동사1</u>   <u>목적어1</u>   <u>동사2</u>

<u>more than $250,000.</u>
    <u>목적어2</u>

▶ 과거분사구 named ~ McCarty는 '~라는 이름의'라는 뜻으로 앞의 An elderly lady를 꾸며 주고 있다.

▶ 과거완료 <had+과거분사(p.p.)>는 과거의 어느 시점보다 더 이전에 일어난 일이 과거까지 계속된 일을 나타낸다.

5 She donated $150,000 to the university for *African American students* [**who** couldn't afford college fees].

▶ 주격 관계대명사 who가 이끄는 절은 선행사 African American students를 꾸며 주고 있다.

8 They can have *the chance* [**that** I didn't have ●]," said McCarty.
  <u>주어</u>   <u>동사</u>   <u>목적어</u>

▶ that은 선행사 the chance를 꾸며 주는 목적격 관계대명사절을 이끈다. 목적격 관계대명사절 안에는 원래 목적어(the chance)가 있던 자리(●)가 비어 있다.

9 Today, *those* [**who** donate to the university] are part of *a group* [**known as** the McCarty Legacy Society].
          <u>주어</u>   <u>동사</u>   <u>보어</u>

▶ <those who+동사 ~>는 '~하는 사람들'이라고 해석한다. 주격 관계대명사 who가 이끄는 절이 선행사 those를 꾸며 준다.

▶ 과거분사 known as는 '~라고 알려진'이라는 의미로 바로 앞의 a group을 꾸며 준다.

Review

본책 p.110

단어

정답
A 1 curious   2 fee   3 measure   4 generous
B 1 ②   2 ⑤
C 1 branch   2 analysis   3 current   4 atmosphere

해석
A 1 아이들은 항상 새로운 것에 호기심이 많다.
   2 평일에는 공원 입장 요금이 없다.
   3 우리는 가구를 구입하기 전에 방 크기를 측정해야 했다.
   4 그의 후한 팁은 택시 기사를 미소 짓게 했다.

B 1 올해의 이맘때 날씨는 평범했다.
     ① 남아 있는   ② 평범한, 보통의   ③ 독특한   ④ 지속적인   ⑤ 전체의, 전부의
   2 플라스틱 쓰레기를 재활용하는 것을 잊지 마세요.
     ① 자국, 흔적   ② 상징   ③ 물질   ④ 증거   ⑤ 쓰레기

C ┤ 보기 ├
     나뭇가지   혼합물   분석   (물의) 흐름   대기

   1 나는 높은 나뭇가지에 닿기 위해 긴 막대기를 사용했다.
   2 그 실험 결과의 분석은 놀라웠다.
   3 그 배는 강력한 해류에 휩쓸려 갔다.
   4 그 우주선은 지구의 대기에 진입했다.

본책 p.111

1일 1문장

정답
A 1 그가 콘서트를 놓쳐서
   2 (만약) 그들이 더 열심히 공부한다면
   3 그 카페는 내가 가장 좋아하는 장소인데

B 1 My friend, a talented musician
   2 If I knew the truth
   3 the cake had disappeared

C 1 I would save people
   2 Harry, my new neighbor
   3 her friends had remembered her birthday

31 감자는 먹기만 하는 게 아니에요
본책 pp.114~115

정답 1 ② 2 (1) T (2) F (3) T 3 ⓐ strong ⓑ cheaper 4 운동을 더 많이 할수록, 더 강해진다

문제 해설

1 주어진 문장에서 스타크리트의 가장 좋은 점은 그것의 내구력만이 아니라고 했으므로, 또 다른 장점이 뒤에 이어질 것임을 알 수 있다. 따라서 두 번째 장점인 가벼운 무게에 대한 설명이 시작되는 8번 문장 앞에 들어가는 것이 가장 적절하다.

> 하지만 스타크리트의 가장 좋은 점은 단지 그것의 내구력이 아니다.

2 (1) 4번 문장에 언급되어 있다.
(2) 7번 문장에서 스타크리트는 지구에서 사용하는 콘크리트보다 두 배 더 단단하다고 했다.
(3) 11번 문장에 언급되어 있다.

3

> 감자로 만들어진 ⓐ 단단하고 가벼운 콘크리트인 스타크리트는 화성에서의 건축을 더 쉽고 ⓑ 더 저렴하게 만들 수 있다.

본문 해석

¹우리가 화성에 구조물을 지을 수 있다고 생각하는가? ²놀랍게도, 단지 벽돌 하나를 그곳에 보내는 것에 2백만 달러가 들 수 있다! ³그것은 영국의 과학자들이 '스타크리트'를 발명한 이유이다. ⁴그것은 우주 먼지, 소금, 그리고 감자 전분의 특별한 조합으로 만들어진 콘크리트이다. ⁵감자로 화성에 집을 짓는 것을 상상해 보아라. 재미있는 공상 과학 이야기처럼 들리지만, 그것은 일어날 수 있다!

⁶스타크리트는 접착제로 전분을 사용하기 때문에 독특하다. ⁷이 '우주 콘크리트'는 우리가 지구에서 사용하는 콘크리트보다 두 배 더 단단하다. 하지만 스타크리트의 가장 좋은 점은 단지 그것의 내구력이 아니다. ⁸위성이나 건축 자재와 같이 우리가 우주로 보내는 모든 것은 가벼워야 한다. ⁹그것이 무거우면 무거울수록, 그곳으로 올려 보내는 데 비용이 더 많이 든다. ¹⁰그것은 스타크리트가 우주 임무에 아주 좋은 이유이다. ¹¹단 25킬로그램의 말린 감자가 약 5백 킬로그램의 스타크리트를 만드는 데 사용될 수 있다! ¹²스타크리트는 추가의 기술이나 장비를 필요로 하지 않을 것이기 때문에 우주 비행사의 임무는 더 단순해지고 비용이 더 적게 들 수 있다.

직독직해

¹Do you think // we can build structures on Mars? ²Surprisingly, / sending just one brick there /
당신은 (~라고) 생각하는가 // 우리가 화성에 구조물을 지을 수 있다고?　놀랍게도,　/ 단지 벽돌 하나를 그곳에 보내는 것에　/

could cost $2 million! ³That's why // scientists in the U.K. invented "StarCrete." ⁴It's concrete　/
2백만 달러의 비용이 들 수 있다!　그것은 (~인) 이유이다 // 영국의 과학자들이 '스타크리트'를 발명한.　　그것은 콘크리트이다 /

made from a special combination / of space dust, salt, and potato starch. ⁵Imagine making houses on Mars /
특별한 조합으로 만들어진　　　/ 우주 먼지, 소금, 그리고 감자 전분의.　　　화성에 집을 짓는 것을 상상해 봐라　/

from potatoes — // it sounds like / a funny science fiction story, // but it could happen!
감자로 —　　// 그것은 (~처럼) 들린다 / 재미있는 공상 과학 이야기처럼,　// 하지만 그것은 일어날 수 있다!

⁶StarCrete is unique // because it uses starch as a glue. ⁷This "space concrete" is twice as strong /
스타크리트는 독특하다　// 그것은 접착제로 전분을 사용하기 때문에.　　이 '우주 콘크리트'는 두 배 더 단단하다　　/

as the concrete we use on Earth. But / the best thing about StarCrete / isn't just its strength.
우리가 지구에서 사용하는 콘크리트보다.　하지만 / 스타크리트의 가장 좋은 점은 / 단지 그것의 내구력이 아니다.

⁸Everything // we send to space, / like satellites or building materials, / needs to be light. ⁹The heavier it is, //
모든 것은 // 우리가 우주로 보내는, / 위성이나 건축 자재와 같은, / 가벼워야 한다. 그것이 무거우면 무거울수록, //

the more it costs / to send up there. ¹⁰That's why // StarCrete is great for space missions.
그것은 비용이 더 많이 든다 / 그곳에 올려 보내기 위해. 그것은 (~인) 이유이다 // 스타크리트가 우주 임무에 아주 좋은.

¹¹Just 25 kilograms of dried potatoes / could be used / to produce about 500 kilograms of StarCrete!
단 25킬로그램의 건조된 감자가 / 사용될 수 있다 / 약 5백 킬로그램의 스타크리트를 만들어 내는 데!

¹²Since StarCrete won't need / any additional technology or equipment, // astronauts' missions /
스타크리트는 필요하지 않을 것이기 때문에 / 어떠한 추가적인 기술이나 장비도, // 우주 비행사의 임무는 /

could be simpler and cheaper.
더 단순해지고 비용이 더 적게 들 수 있다.

주요 구문

⁴ It's *concrete* [**made from** *a special combination* [of space dust, salt, and potato starch]].
  ▶ made from 이하는 과거분사구이고 바로 앞에 있는 명사 concrete를 꾸며 준다. 이때 made from은 '~로 만들어진'의 의미이다.

⁷ This "space concrete" is **twice as strong as** *the concrete* [(**that/which**) we use ● on Earth].
  ▶ <A+배수사+as+형용사/부사+as+B>는 'A는 B보다 몇 배 더 ~한/~하게'의 의미로, 배수사(twice, three times ...)를 as ~ as 앞에 붙여 나타낸다.
  ▶ the concrete 뒤에는 목적격 관계대명사 that 또는 which가 생략되어 있으며, 이 관계사절은 선행사 the concrete를 꾸며 준다.

⁸ *Everything* [(**that**) we send ● to space], like satellites or building materials, needs to be light.
　　　주어　　　　　　　　　　　　　　　　　　　　　　　동사
  ▶ Everything 뒤에는 목적격 관계대명사 that이 생략되어 있으며, 이 관계사절은 선행사 Everything을 꾸며 준다.

¹¹ Just 25 kilograms of dried potatoes **could be used** *to produce* about 500 kilograms of StarCrete!
  ▶ could be used는 조동사와 수동태가 결합된 형태로 '사용될 수 있다'의 의미를 나타낸다.
  ▶ <be used to-v>는 '~하는 데 사용되다'의 의미이다. 참고로 <used to-v>는 '~하곤 했다'이고, <be used to v-ing>는 '~하는 데 익숙하다'의 의미로, 유사한 관용 표현과 구분하여 알아두는 것이 좋다.

¹² **Since** StarCrete won't need any additional technology or equipment, astronauts' missions could be simpler and
　　　　　주어'　　동사'　　　　　　　목적어'　　　　　　　　　주어　　　동사　　　보어
cheaper.
  ▶ since가 접속사로 쓰일 때 여러 의미가 있는데, 여기서는 '~ 때문에'의 의미로 쓰였다.

---

32 호주의 지폐에 무슨 일이?
본책 pp.116~117

정답 　1 ⑤　　2 ②　　3 영국 왕실의 이미지를 호주 화폐에 사용하는 전통
　　　　4 그녀가 휴식을 취하고 그녀의 취미를 즐기는

문제 해설 　1 엘리자베스 2세 여왕의 서거 이후, 호주 화폐에서 여왕의 초상화를 교체하기로 한 결정과 이에 따른 새로운 화폐 디자인 도입이 주는 의미를 설명하므로 정답은 ⑤이다.

　　① 호주 화폐의 다양한 디자인　　　　　　② 영국 왕실의 역사
　　③ 새 화폐 디자인을 만드는 데 있어서의 난제　　④ 호주와 영국 간 관계의 역사
　　⑤ 호주 화폐에서 엘리자베스 여왕의 교체

2 영국의 지배를 받았던 일부 국가만 언급되었고, 몇 개국을 지배했는지는 언급되지 않았으므로 정답은 ②이다.

① 왜 호주 화폐에 여왕이 그려져 있었는가?　　　　　　　　　　　　(5번 문장에 언급되어 있다.)
② 영국의 지배를 받은 나라는 몇 개국이었는가?
③ 엘리자베스 2세 여왕은 언제 서거하였는가?　　　　　　　　　　　(6번 문장에 언급되어 있다.)
④ 엘리자베스 2세 여왕의 뒤를 이어 누가 영국의 왕이 되었는가?　　 (7번 문장에 언급되어 있다.)
⑤ 새로운 지폐 디자인은 호주에 어떤 영향을 미칠지도 모르는가?　 (10번 문장에 언급되어 있다.)

3 밑줄 친 this tradition이 가리키는 것은 영국의 지배를 받았던 국가들이 공통으로 해오던 것으로 5번 문장에서 설명하였듯이 '영국 왕실의 이미지를 화폐에 사용하는 전통'을 의미한다.

본문 해석

¹호주 중앙은행은 호주가 5달러짜리 지폐에서 엘리자베스 2세 여왕의 그림을 교체할 것이라고 말했다. ²새로운 디자인은 호주의 역사와 유산을 더 잘 나타낼 것이다.

³그런데 왜 영국 여왕의 그림이 호주 화폐에 그려져 있던 걸까? ⁴오래전에, 캐나다, 호주, 그리고 뉴질랜드와 같은 나라들은 영국의 지배를 받았다. ⁵그래서 이 나라들은 영국 왕실의 이미지를 화폐에 넣음으로써 그들을 예우해 왔다.

⁶그러나, 호주에서는 특히 2022년에 엘리자베스 2세 여왕이 서거한 후 이 전통을 바꾸려는 움직임이 있다. ⁷그녀의 서거 이후, 아들인 찰스 3세가 영국의 왕이 되었다. ⁸이 변화에도 불구하고, 호주는 5달러짜리 지폐의 여왕의 그림을 찰스 3세의 그림으로 대체하지 않기로 결정했다.

⁹1953년 이후 엘리자베스 여왕의 초상화가 호주 화폐에 계속 있었기 때문에, 새로운 화폐 디자인은 큰 변화가 될 것이다. ¹⁰하지만 그것은 호주가 더 독립적으로 되고 그것만의 독자성을 보여주는 기회일 수도 있다.

직독직해

¹Australia will replace the image of Queen Elizabeth II / from its 5-dollar note, / said the country's
호주는 엘리자베스 2세 여왕의 그림을 교체할 것이다　　　　　　/ 그것의 5달러짜리 지폐에서,　　/ ~라고 그 나라의 중앙은행은 말했다.

central bank . ²The new design will better represent / Australia's history and heritage.
새로운 디자인은 더 잘 나타낼 것이다　　　　　　　　　 / 호주의 역사와 유산을.

³But why was the Queen of England's image / on Australian money? ⁴A long time ago, /
그런데 왜 영국 여왕의 그림이 있었을까　　　　　　　/ 호주의 화폐에?　　　 오래전에,　　　　　/

countries such as Canada, Australia, and New Zealand / were ruled by Britain. ⁵So, / these countries
캐나다, 호주, 그리고 뉴질랜드와 같은 나라들은　　　　　　　/ 영국에 의해 지배받았다.　　그래서, / 이 나라들은

have honored the British monarchy / by putting their image on money.
영국 왕실을 예우해 왔다　　　　　　　　/ 화폐에 그들의 이미지를 넣음으로써.

⁶However, / there's a movement in Australia / to change this tradition, // especially after
그러나,　　/ 호주에서는 움직임이 있다　　　　　/ 이 전통을 바꾸려는,　　　// 특히

Queen Elizabeth II passed away / in 2022. ⁷Following her death, / her son, King Charles III, / became
엘리자베스 2세 여왕이 서거한 후　　　/ 2022년에.　　그녀의 서거 이후,　　/ 그녀의 아들인 찰스 3세가　　/

the British king. ⁸Despite this change, / Australia has decided / not to replace the Queen's image /
영국의 왕이 되었다.　　이 변화에도 불구하고,　　/ 호주는 결정했다　　　　/ 여왕의 그림을 대체하지 않기로　　　/

with King Charles III's / on its 5-dollar note.
찰스 3세의 (그림으로)　　/ 그것의 5달러짜리 지폐에.

⁹Queen Elizabeth's image has been on Australian money / since 1953, // so a new money design /
엘리자베스 여왕의 그림은 호주 화폐에 계속 있었다　　　　　　/ 1953년 이후로,　// 그래서 새로운 화폐 디자인은　/

will be a big change. ¹⁰But it could be a chance / for Australia to be more independent / and show its own
큰 변화가 될 것이다.　　　　하지만 그것은 기회일 수 있다　/ 호주가 더 독립적으로 되고　　　　/ 그것만의 독자성을 보여주는.

identity.

4 A long time ago, *countries* **such as** Canada, Australia, and New Zealand **were ruled** by Britain.
　　　　　　　　　　　　　　　　　주어　　　　　　　　　　　　　　　　　　　　　동사　　by+행위자
▸ were ruled by는 수동태의 과거형으로 '~에 의해 지배받았다'의 의미이다.
▸ 주어 countries 뒤에는 such as((예를 들어) ~와 같은)가 이끄는 어구가 쓰여 주어 부분이 길어졌다.

5 So, these countries **have honored** the British monarchy **by putting** their image on money.
　　　　　　　　　　　　　　　　　　　　　　　　　　　　　　　　　　= the British monarchy's
▸ <have+과거분사(p.p.)>는 현재완료이며 여기서는 '계속'의 의미를 나타낸다.
▸ <by v-ing>는 '~을 해서, ~함으로써'라는 의미로 '수단'을 나타낸다.

6 However, there's *a movement* in Australia [**to change** this tradition], especially after Queen Elizabeth II passed away in 2022.
▸ to change는 '바꾸려는'의 의미로 명사구 a movement를 꾸며 주는 형용사적 용법의 to부정사이다.

8 Despite this change, Australia **has decided not to** ⬚replace⬚ the Queen's image ⬚with⬚ King Charles III's (image) on its
　　　　　　　　　　　　　　　　　　　　　　　　　　　　A　　　　　　　　　　　　　B
5-dollar note.
▸ Despite는 '~에도 불구하고'라는 의미를 나타내는 전치사이므로, 명사(구)의 형태가 뒤따른다.
▸ <decide not to-v>는 '~하지 않기로 결정하다'라는 뜻으로, to부정사의 부정은 <not to-v>로 나타낸다.
▸ <replace A with B>는 'A를 B로 대체하다[바꾸다]'라는 의미이다.

10 But it could be *a chance* [*for Australia* **to be** more independent ⬚and⬚ **(to) show** its own identity].
▸ to be ~ identity는 명사구 a chance를 꾸며 주는 형용사적 용법의 to부정사이다. for Australia는 to부정사의 의미상의 주어를 나타낸다. 문장의 주어 it는 가주어가 아닌 앞 문장에 나온 a new money design을 가리키는 대명사이다.

---

33 현재 오존층의 상태는요?
본책 pp.118~119

정답　　**1** ③　　**2** ③　　**3 ⓐ** pollution　**ⓑ** agreement　**ⓒ** harmful
　　　　　4 목소리가 매우 독특한 가수이다

문제 해설

1 오염으로 파괴되었던 오존층이 세계 각국이 맺은 협약을 통해 점차 회복되고 있다는 내용이므로 제목으로는 ③이 적절하다.
　① 오존 구멍이 다시 커지다　　　　　　② 가장 큰 환경적 승리
　③ 오존층의 느린 치유　　　　　　　　④ 오존층을 치유하는 최고의 방법
　⑤ 오존층은 어떻게 피부암에 영향을 주는가

2 ③ 8번 문장에 오존층은 2066년까지 1980년도 수준으로 회복될 것이라고 했고 완전한 복구는 언급되지 않았다.
　①은 2번 문장에, ②는 5번 문장에, ④는 9번 문장에, ⑤는 11번 문장에 언급되어 있다.

3

• 오존층은 **ⓐ** 오염으로 인해 파괴되었다.

⬇

• 오존층을 치유하기 위해, 세계 각국은 **ⓑ** 협약을 맺었다.
• 그들은 오존층에 **ⓒ** 해로운 화학물질의 사용을 중단하기로 합의했다.

- 오존층은 비록 시간이 걸리긴 하지만, 점점 건강해지고 있다.

본문 해석

¹오존층은 지구 표면 위 높은 곳에 가스로 덮여있는 것이다. ²그것은 태양의 해로운 광선으로부터 우리를 보호해 주는데, 그것은 피부암을 유발하고 농작물에 피해를 줄 수 있다. ³이 층은 오염으로 파괴되었지만, 지금은 천천히 회복되고 있다. ⁴새로운 유엔 보고서에 따르면, 그것은 약 50년 안에 남극 대륙 위의 큰 구멍을 완전히 회복할 것이다.

⁵1987년, 세계 각국은 몬트리올 의정서에 서명했다. ⁶그것은 오존층에 손상을 주는 화학물질의 사용을 중단하는 것을 포함하는 조건이 있는 협약이다. ⁷그것 때문에, 오존층은 점점 더 건강해지고 있지만, 시간이 걸리기는 한다. ⁸그것은 2066년쯤에는 1980년이었을 때만큼 건강해질 것으로 예상된다.

⁹과학자들은 이 협약이 인류에게 가장 큰 환경적 승리 중 하나라고 말한다. ¹⁰오존층을 회복시키는 것은 모두가 지구를 돕기 위해 함께 할 때 무엇이 가능한지를 보여준다. ¹¹유엔 환경 계획의 책임자는 오존 구멍을 치유하는 것이 매년 2백만 명의 사람들을 피부암으로부터 구하고 있다고 말했다.

직독직해

¹The ozone layer is a blanket of gas / high above / the Earth's surface. ²It protects us /
오존층은 가스로 덮여있는 것이다 / 위쪽 높은 곳에 있는 / 지구 표면의. 그것은 우리를 보호하는데 /

from the sun's harmful rays, // which can cause skin cancer and damage crops. ³This layer was destroyed /
태양의 해로운 광선으로부터, // 그것은 피부암을 유발하고 농작물에 피해를 입힐 수 있다. 이 층은 파괴되었다 /

by pollution, // but now / it's healing slowly. ⁴According to a new UN report, / it will fully recover /
오염에 의해, // 그러나 지금은 / 그것이 천천히 회복하고 있다. 새로운 유엔 보고서에 따르면, / 그것은 완전히 회복할 것이다 /

the big hole over Antarctica / in about 50 years.
남극 대륙 위의 큰 구멍을 / 약 50년 안에.

⁵In 1987, / countries around the world / signed the *Montreal Protocol*. ⁶It's an agreement // whose
1987년에, / 전 세계의 국가들은 / 몬트리올 의정서에 서명했다. 그것은 협약이다 //

terms include / stopping the use of chemicals / damaging the ozone layer. ⁷Because of that, / the ozone
그것의 조건이 포함하는 / 화학물질의 사용을 멈추는 것을 / 오존층에 손상을 주는. 그것 때문에, / 오존층은

layer / is getting healthier, // but it takes time. ⁸It is expected to be as healthy // as it was in 1980 /
/ 점점 건강해지고 있다, // 하지만 그것은 시간이 걸린다. 그것은 건강할 것으로 예상된다 // 그것이 1980년도에 그랬던 만큼 /

by the year 2066.
2066년쯤에는.

⁹Scientists say // this agreement is / one of the biggest environmental victories / for humans.
과학자들은 말한다 // 이 협약은 ~라고 / 가장 큰 환경적인 승리 중 하나 / 인류에게.

¹⁰Healing the ozone layer shows // what's possible / when everyone works together / to help our planet.
오존층을 치유하는 것은 보여준다 // 무엇이 가능한지 / 모두가 함께 할 때 / 지구를 돕기 위해.

¹¹The director of the UN Environment Program said // that healing the ozone hole /
유엔 환경 계획의 책임자는 말했다 // 오존 구멍을 치유하는 것은 /

has been saving two million people / from skin cancer / every year.
2백만 명의 사람들을 구하고 있다고 / 피부암으로부터 / 매년.

2 It protects us from *the sun's harmful rays*, **which** can cause skin cancer and damage crops.

▶ 주격 관계대명사 which는 선행사 the sun's harmful rays에 대해 보충 설명하는 절을 이끈다.

6 It's *an agreement* [**whose terms**^{주'} **include**^{동'} stopping the use of *chemicals* [**damaging** the ozone layer^{목'}]].

▶ 소유격 관계대명사 whose가 이끄는 절(whose ~ layer)은 선행사 an agreement를 꾸며 준다.

▶ 현재분사구 damaging ~ layer는 앞의 명사 chemicals를 꾸며 준다.

8 It **is expected to be as healthy as** it was in 1980 by the year 2066.

= it was healthy in 1980

▶ <be expected to-v>는 '~할 것으로 예상되다'로 해석한다. <expect A to-v>의 수동 형태라고 보면 된다.

▶ <as 형용사/부사 as>는 '~만큼 …한/…하게'의 의미를 나타낸다.

10 **Healing** the ozone layer shows **what**'s possible **when** everyone works together **to help** our planet.

　　　주어　　　　　동사　　　목적어

▶ 의문사 what이 이끄는 간접의문문(what ~ planet)이 동사 shows의 목적어 역할을 한다.

▶ what절 안에 접속사 when이 이끄는 부사절이 쓰여 목적어가 길어졌다.

▶ to help는 '돕기 위해'라는 '목적'의 의미를 나타낸다.

11 *The director* [of the UN Environment Program] said **that** healing the ozone hole^{주'} has been saving^{동'}

　　주어　　　　　　　　　　　　　　　동사　　　　　　목적어

two million people^{목'} from skin cancer every year.^{수'}

▶ 접속사 that은 동사 said의 목적어절(that ~ year)을 이끈다.

Review

단어

정답
- A 1 structure   2 represents   3 sign   4 identity
- B 1 ④   2 ②
- C 1 equipment   2 surface   3 imagine   4 chemicals

해석
- A 1 그 낡은 집은 목재 구조로 되어 있었다.
  2 그 오래된 기차역은 그 도시의 긴 역사를 나타낸다.
  3 페이지 하단에 서명해 주세요.
  4 그 예술가는 그의 작품을 통해 자신의 독자성을 표현한다.

- B 1 그 행사에 대한 추가적인 세부 사항을 제공해 주세요.
    ① 중앙의   ② 간결한   ③ 가능한   ④ 추가의   ⑤ 특별한
  2 그들은 상을 통해 최우수 학생을 예우할 계획이다.
    ① 치유되다, 치유하다   ② 예우하다, 존중하다   ③ 영향을 미치다   ④ 포함하다   ⑤ 대체하다

- C ┤ 보기 ├
    | 상상하다 | 화학 물질 | 표면, 겉 | 장비 | 파괴하다 |

  1 그들은 여행을 위해 캠핑 장비를 빌렸다.
  2 태양빛이 도로의 표면을 따뜻하게 했다.
  3 너는 다른 행성에 사는 것을 상상할 수 있니?
  4 자외선 차단제는 당신의 피부를 보호하는 화학 물질이 들어 있다.

1일 1문장

정답
- A 1 아이들이 먹을 간식을
  2 저자가 잘 알려진 책이다
  3 그림자가 길면 길수록

- B 1 whose lyrics are meaningful
  2 The more often you smile
  3 for fresh air to come in

- C 1 for her son to wear
  2 the movie whose director won an award
  3 The cleaner, the more comfortable you feel

Unit 12

정답   1 ⑤   2 ④   3 ④   **4** 축구 경기가 취소되어서

문제 해설

1 블루 홀에는 멸종 위기종을 포함하여 다양한 해양 생물들이 서식하고 있어서 연구적 가치가 높지만 접근하는 데 위험이 따르는 곳임을 설명하는 글이므로 정답은 ⑤이다.

① 블루 홀에 사는 멸종 위기종   ② 잠수부들이 블루 홀에서 생존할 수 있는 방법
③ 과거에 블루 홀이 어떻게 형성되었는가   ④ 많은 과학자들이 블루 홀을 연구하고 싶어 하는 이유
⑤ 무엇이 블루 홀을 신비하면서 위험하게 만드는가

2 빈칸 (A) 앞에서는 멸종 위기의 상어가 블루 홀에서 발견됐다는 내용이고 그 뒤에는 블루 홀을 통해 알아낼 수 있는 또 다른 내용이 이어지므로 정보를 추가할 때 쓰이는 In addition(게다가)이 알맞다. 빈칸 (B) 앞에서는 많은 잠수부가 죽은 블루 홀이 있다는 내용이고 그 뒤에는 블루 홀 탐험에 적절한 훈련과 장비가 필요하다는 내용으로 앞뒤 문장의 인과관계가 성립하므로 Therefore(그러므로)가 어울린다.

① 그러나 … 그러므로   ② 그러나 … 게다가
③ 게다가 … 그렇지 않으면   ⑤ 다시 말해서 … 게다가

3 7번 문장에서 블루 홀은 수천 년 전 해수면이 더 낮았을 때 형성된 것으로 여겨진다고 했으므로 정답은 ④이다.

①은 2번 문장에, ②는 3번 문장에, ③은 4번 문장에, ⑤는 11번 문장에 언급되어 있다.

본문 해석

¹당신은 블랙홀에 대해 들어본 적 있지만, 블루 홀에 대해서는 어떠한가? ²블루 홀은 바다에 있는 깊고 어두운 원형처럼 보이는 수중 동굴이다. ³가장 깊은 것은 약 300미터 깊이이다!

⁴블루 홀은 다양한 종류의 해양 생물로 가득하기 때문에 과학자들은 그것들에 정말로 관심이 많다. ⁵과학자들은 한때 멸종 위기종인 작은 이빨 톱상어 두 마리의 사체를 거기서 발견했다. ⁶게다가, 그 구멍들은 바다와 해양 생물이 시간이 지나면서 어떻게 변했는지를 보여준다. ⁷블루 홀은 해수면이 훨씬 더 낮았을 때인 수천 년 전에 형성된 것으로 여겨진다.

⁸잠수함이 내려보내질 수 없기 때문에, 반드시 탐험가들이 블루 홀로 들어가야 한다. ⁹그것은 극도로 위험할 수 있다. ¹⁰예를 들면, 블루 홀 중 한 곳에서는 100명 이상의 잠수부들이 죽었다. ¹¹그러므로, 블루 홀에서 연구를 수행하기 위해 적절한 훈련과 장비는 필수적이다. ¹²그 독특한 환경은 이 수중 동굴들을 오늘날 연구가 가장 덜 된 경이로운 자연경관 중 하나로 만든다.

직독직해

¹You've heard of black holes, // but what about blue holes? ²Blue holes are underwater caves //
당신은 블랙홀에 대해 들어본 적 있지만,   // 블루 홀에 대해서는 어떠한가?   블루 홀은 수중 동굴이다   //

that look like deep, dark circles / in the sea. ³The deepest one / is about 300 meters deep!
깊고 어두운 원형처럼 보이는   / 바다에서.   가장 깊은 것은   / 약 300미터 깊이이다!

⁴Scientists are really interested in blue holes // because they are full / of different kinds of sea life.
과학자들은 블루 홀에 정말 관심이 많다   // 그것들은 가득하기 때문에   / 다양한 종류의 해양 생물로.

⁵Scientists once discovered / two dead smalltooth sawfish there, // which are an endangered species.
과학자들은 한때 발견했다   / 죽은 작은 이빨 톱상어 두 마리를 거기서,   // 그리고 그것들은 멸종 위기종이다.

⁶In addition, / the holes show // how the sea and marine life have changed / over time. ⁷It is believed //
게다가, / 그 구멍들은 보여준다 // 바다와 해양 생물이 어떻게 변화했는지를 / 시간이 지나면서. (~라고) 여겨진다 //

that blue holes were formed / thousands of years ago / when sea levels were much lower.
블루 홀은 형성되었다고 / 수천 년 전에 / 해수면이 훨씬 더 낮았을 때.

⁸Since submarines cannot be sent down, // explorers must enter the blue holes. ⁹That can be
잠수함이 내려보내질 수 없기 때문에, // 반드시 탐험가들이 블루 홀로 들어가야 한다. 그것은

extremely dangerous. ¹⁰For example, / in one of the blue holes, / more than 100 divers have died.
극도로 위험할 수 있다. 예를 들어, / 블루 홀 중 한 곳에서는, / 100명 이상의 잠수부들이 죽었다.

¹¹Therefore, / proper training and equipment are necessary / to carry out research in a blue hole.
그러므로, / 적절한 훈련과 장비는 필수적이다 / 블루 홀에서 연구를 수행하기 위해.

¹²The unique environment makes these underwater caves / one of the least studied natural wonders /
그 독특한 환경은 이 수중 동굴들을 (~로) 만든다 / 연구가 가장 덜 된 경이로운 자연경관 중 하나로 /

today.
오늘날.

주요 구문

² Blue holes are *underwater caves* [that look** like deep, dark circles in the sea].**

▶ 주격 관계대명사 that이 이끄는 절이 선행사 underwater caves를 꾸며 준다. 이때 관계대명사절 내의 동사와 선행사의 수일치에 주의해야 하며, underwater caves가 복수명사이므로 복수동사인 look이 쓰였다.

⁵ Scientists once discovered two dead *smalltooth sawfish* there, **which are an endangered species.**

▶ which가 이끄는 절은 앞에 있는 명사구(smalltooth sawfish)를 보충 설명하는 계속적 용법의 관계사절이다.

⁶ In addition, the holes show **how the sea and marine life **have changed** over time.**
　　　　　　　　　　　　주어　　동사　　　　　　　　　　　　목적어

▶ <의문사(how)+주어+동사 ~> 어순의 간접의문문이 동사 show의 목적어 역할을 한다.
▶ 현재완료 have changed는 '(지금까지) 쭉 ~해왔다'라는 '계속'의 의미를 나타낸다.

⁷ It is believed that blue holes **were formed** thousands of years ago when sea levels were *much* lower.

▶ <It is believed that ~>은 '~라고 여겨지다'의 의미로, 사람들 사이에서 일반적으로 여겨지는 사실에 대해 말할 때 쓰인다. 믿는 사람들이 특정하지 않거나 중요하지 않을 때 수동태(be believed)를 사용하여 여겨지는 내용에 더 초점을 둔다.
▶ were formed는 수동태 과거형으로 '형성되었다'의 의미이다.
▶ much는 비교급(lower)을 강조하여 '훨씬'의 의미를 나타낸다. much 이외에 even, still, far 등도 비교급을 강조하는 부사로 쓰인다.

¹² The unique environment **makes these underwater caves **one** [**of the least** studied *natural wonders* today].**
　　　　　주어　　　　　　　　동사　　　　　　　　목적어　　　　　　　　　　　　　　　보어

▶ <make+목적어+보어> 구조에서 보어 자리에 명사(구)가 쓰이면 '~를 …으로[…이 되게] 만들다'로 해석한다.
▶ <one of the+최상급+복수명사>가 쓰여 '…중 가장 ~한 하나'라는 의미를 나타낸다. least는 부사로 쓰인 little의 최상급으로, the least studied는 '가장 덜[적게] 연구된'이라고 해석한다.

---

35 **땅을 파지 않아도 유적지가 보인다고요?**　　　　　　　본책 pp.126~127

정답　 1 ⑤　　 2 (1) T　 (2) F　 (3) T　　 3 ⓐ technology　 ⓑ ancient　　 4 거리 예술가가 그린 것의

1 라이다는 레이저 광선을 이용하여 땅 밑에 있는 것의 지도를 그리는 기술이므로 땅을 파내지 (A) 않고도 유물들을 발견할 수 있음을 알 수 있다. 또한, 라이다는 드러난 곳이 아닌 숲 아래나 정글 깊숙이 (B) 숨겨진 고대의 유적을 발견하고 인간의 (C) 과거 유물로부터 새로운 이야기를 찾는 방법이므로 (A)에는 without, (B)에는 hidden, (C)에는 past가 적절하다.

2 (1) 4번 문장에 언급되어 있다.
(2) 5번 문장에서 라이다는 나무들을 관통해서 나무 아래를 볼 수 있다고 했으므로 장애물이 있는 지역에서도 사용 가능하다.
(3) 10번 문장에 언급되어 있다.

3

라이다란 무엇인가?	라이다는 레이저 광선을 사용하여 상세한 3D 지도를 만드는 ⓐ 기술이다.
라이다는 어떻게 사용되는가?	고고학자들은 숲 아래나 정글 깊숙이 숨겨진 ⓑ 고대의 건물과 도로를 찾는 데 그것을 사용한다.

¹Light Detection and Ranging(빛을 이용한 탐지 및 거리 측정)의 줄임말인 라이다(Lidar) 기술은 우리가 역사를 탐구하는 방법을 바꾸고 있다. ²라이다는 헬리콥터에서 땅을 향해 레이저 광선을 보내서 작동한다. ³그다음, 그것은 광선이 센서로 다시 반사되어 오는 데 얼마나 걸리는지를 측정한다. ⁴이것은 상세한 3D 지도를 빠르게 만들어 낸다. ⁵라이다는 나무들을 관통해서 볼 수 있고 아래에 있는 것의 선명한 그림들을 만들어 낼 수 있기 때문에 정말로 유용하다. ⁶이 방식으로 과학자들과 탐험가들은 모든 것을 파내지 않고도 우리의 세계와 역사에 대한 새로운 것을 발견할 수 있다.

⁷고고학에서 라이다는 숲 아래나 정글 깊숙이 숨겨진 고대의 건물과 도로를 찾는 데 도움을 준다. ⁸라이다 이전에는 고대 유적지는 파내는 데만 수년이 걸렸다. ⁹하지만 이제 그 장소들을 위한 3D 지도가 하루도 안 되어서 만들어질 수 있다. ¹⁰영국에서는, 한 고고학자가 라이다 자료를 사용하여 수 세기 동안 숨겨진 로마의 도로를 찾았다. ¹¹라이다는 정말 인간의 과거에서 새로운 이야기를 찾는 가장 좋은 방법일지도 모른다.

¹Lidar technology / — short for *Light Detection and Ranging* — / is changing // how we explore history.
라이다 기술은 / — Light Detection and Ranging(빛을 이용한 탐지 및 거리 측정)의 줄임말인 — / 바꾸고 있다 // 우리가 역사를 탐구하는 방식을.

²Lidar works / by sending laser beams / from a helicopter down to the ground. ³Then, / it measures //
라이다는 작동한다 / 레이저 광선을 보냄으로써 / 헬리콥터에서 땅으로. 그다음, / 그것은 (~을) 측정한다 //

how long it takes / for the beams to bounce back / to a sensor. ⁴This creates detailed 3D maps fast.
얼마나 걸리는지를 / 광선이 다시 반사되어 오는 데 / 센서로. 이것은 상세한 3D 지도를 빠르게 만들어 낸다.

⁵Lidar is really helpful // because it can see through trees / and make clear pictures / of what's below.
라이다는 정말로 유용하다 // 그것은 나무들을 관통해 볼 수 있기 때문에 / 그리고 선명한 그림들을 만들어 낼 수 있기 (때문에) / 아래에 있는 것의.

⁶This way, / scientists and explorers can discover new things / about our world and history /
이 방식으로, / 과학자들과 탐험가들은 새로운 것을 발견할 수 있다 / 우리의 세계와 역사에 대한 /

without digging up everything.
모든 것을 파내지 않고도.

⁷In archaeology, / Lidar helps to find ancient buildings and roads / hidden under forests or deep
고고학에서, / 라이다는 고대의 건물과 도로를 찾는 데 도움을 준다 / 숲 아래나 정글 깊숙이 숨겨진.

in the jungle. ⁸Before Lidar, / ancient sites / took years to dig up. ⁹But now, / 3D maps for the
라이다 이전에는, / 고대 유적지는 / 파내는 데 수년이 걸렸다. 하지만 이제, / 그 장소들을 위한 3D 지도가

places / can be made / in less than a day. ¹⁰In the U.K., / an archaeologist used Lidar data / to find Roman
만들어질 수 있다 / 하루도 안 되어서. 영국에서는, / 한 고고학자가 라이다 자료를 사용했다 / 로마의 도로를 찾는 데

roads / hidden for centuries. ¹¹Lidar just might be the best way / to find new stories / from the human past.
/ 수 세기 동안 숨겨진. 라이다는 정말 가장 좋은 방법일지도 모른다 / 새로운 이야기를 찾는 / 인간의 과거로부터.

1 Lidar technology — short for *Light Detection and Ranging* — is changing **how** we explore history.
    주어   동사   목적어
                                                    (= ~ *the way* we explore history.)

▶ 대시(—)는 'Lidar technology'라는 용어에 대한 추가 설명을 제공하는 역할을 한다.

▶ how 이하는 동사 is changing의 목적어로 쓰였는데, 이때 how는 관계부사로 '~하는 방식[방법]'으로 해석할 수 있다. 관계부사 how는 the way로 바꿔 쓸 수 있지만, the way how로는 쓸 수 없으므로 주의한다.

3 Then, it measures **how long it takes** *for the beams* **to bounce** back to a sensor.
           주어   동사   목적어

▶ <의문사(how)+부사(long)+주어(it)+동사(takes) ~> 형태의 간접의문문이 동사 measures의 목적어로 쓰였다.

▶ <it takes for A to-v>는 'A가 ~하는 데 (시간이) 걸리다'라는 의미로, <for A>가 to부정사(to bounce)의 의미상 주어가 된다.

7 In archaeology, Lidar helps to find *ancient buildings and roads* [**hidden** under forests or deep in the jungle].
                      주어   동사   목적어

▶ hidden 이하는 과거분사구로 앞에 있는 명사구(ancient buildings and roads)를 꾸며 준다.

9 But now, *3D maps* [for the places] **can be made** in less than a day.
               주어   동사   수식어

▶ can be made는 조동사와 수동태가 결합한 것으로, 주어(3D maps)와 동사(make)의 관계가 '수동(3D 지도가 만들어지다)'이므로 수동태가 쓰였다.

10 In the U.K., an archaeologist used Lidar data **to find** *Roman roads* [**hidden** for centuries].

▶ to find는 '~하기 위해, ~하는 데'의 '목적'을 나타내는 부사적 용법의 to부정사이다.

▶ hidden 이하의 과거분사구가 바로 앞의 명사구 Roman roads를 꾸며 준다.

11 Lidar just might be *the best way* [**to find** new stories from the human past].

▶ to find는 '찾는'의 의미로 the best way를 꾸며 주는 형용사적 용법의 to부정사이다.

---

36 우리 몸속의 좀비?
본책 pp.128~129

정답 1 ⑤   2 ③   3 ⓐ dividing ⓑ increase ⓒ remove ⓓ manage
     4 책 읽는 것을 정말 좋아한다

문제 해설

1 좀비 세포로 알려진 노화 세포에 대한 특징을 설명하고, 이러한 좀비 세포를 이해하려는 노력으로 어떤 연구가 이루어지는지를 전달하는 내용이므로 정답은 ⑤이다.

Q 글의 제목으로 가장 알맞은 것은?
① 노화를 효과적으로 늦추는 방법   ② 노화를 막는 것의 부작용
③ 좀비 세포 증가의 위험성   ④ 노화를 늦추는 놀라운 세포
⑤ 인간의 노화에서 좀비 세포에 대한 이해

2 첫 문장에서 좀비의 특징을 언급한 후, 우리 몸에도 좀비와 유사한 노화 세포가 있다는 내용의 (B), 세포들은 결국 죽지만 노화 세포는 이러한 규칙을 따르지 않는다는 내용의 (C), 즉 노화 세포는 분열을 멈추지만 죽지 않는다는 내용의 (A)가 연결되어야 가장 알맞다.

Q 문장 (A)~(C)를 글의 흐름에 알맞게 배열한 것은?

3 Q 상자에서 알맞은 단어를 골라 빈칸에 쓰세요.

제거하다, 없애다	분열하는 것	관리하다, 운영하다	증가; 증가하다

노화 세포 연구

정의	노화 세포는 좀비와 같다.
특징	그것들은 ⓐ 분열하는 것을 멈추고 몸 안에서 돌아다닌다.
노화에 미치는 영향	그것들의 ⓑ 증가는 노화를 일으킬지도 모른다.
연구	약물은 그것들을 ⓒ 제거할 수 있고, 이것은 쥐와 인간 모두에게 효과가 있음이 드러났다.
목표	연구원들은 노화를 더 잘 이해하고 ⓓ 관리하기 위해 그것들의 지도를 만들고 있다.

4 ⓠ **다음 빈칸에 알맞은 우리말 해석을 써보세요.**

본문 해석 ▶ ¹죽은 것처럼 보이지만 절대 죽지 않는 좀비에 대해 당신은 들어봤을지도 모른다. (B) ³우리 몸에는 노화 세포라고 불리는 유사한 것이 있다. (C) ⁴정상 세포들은 자라서 분열하며 결국에는 죽게끔 되어 있지만, 노화 세포들은 좀비처럼 이 규칙을 따르지 않는다. (A) ²대신에 그것들은 분열하는 것을 멈추지만 죽지 않는다. ⁵그것들은 우리 몸 안에서 돌아다닌다. ⁶우리가 나이 듦에 따라, 이 좀비 세포들은 증가하고 우리가 늙게 되는 이유 중 하나가 될지도 모른다.

⁷미국의 한 병원의 과학자들이 노인들을 대상으로 실험을 하여 우리가 실제로 이 노화 세포들을 약물로 제거할 수 있다는 것을 발견했다. ⁸이전에는, 이 방법이 쥐들에게만 실험되었지만, 이제 그들은 그것이 인간에게도 정말 효과가 있다는 것을 안다.

⁹최근에 연구원들은 뇌 안을 포함하여 몸 전체에 걸쳐 이 좀비 세포들의 지도를 만들고 있다. ¹⁰그들은 이 세포들이 정확히 어디에 있는지, 그것들이 무엇을 하는지와 그들이 그것들을 어떻게 효과적으로 제거할 수 있는지를 알아내길 원한다. ¹¹그들의 목표는 이 좀비 세포들을 더 잘 이해하고 관리함으로써 우리가 나이 들수록 건강을 더 잘 유지하도록 돕는 것이다.

직독직해 ▶

¹You might have heard of zombies, // which seem dead but never die. ³Our bodies have something
당신은 좀비에 대해 들어봤을지도 모른다, // 그런데 그것들은 죽은 것처럼 보이지만 절대 죽지 않는다. 우리 몸은 유사한 것을 가지고 있다

similar / called aging cells. ⁴Normal cells are supposed / to grow, divide, and eventually die, //
/ 노화 세포라고 불리는. 정상 세포들은 (~하게) 되어 있다 / 자라서 분열하며 결국에는 죽게, //

but aging cells, / like zombies, / don't follow this rule. ²Instead, / they stop dividing but don't die.
하지만 노화 세포들은, / 좀비처럼, / 이 규칙을 따르지 않는다. 대신에, / 그것들은 분열하는 것을 멈추지만 죽지는 않는다.

⁵They move around in our bodies. ⁶As we get older, // these zombie cells increase / and might become
그것들은 우리 몸 안에서 돌아다닌다. 우리가 나이 들면서, // 이 좀비 세포들은 증가한다 / 그리고 이유 중 하나가 될지도 모른다

one of the reasons / why we age.
/ 우리가 늙게 되는.

⁷Scientists in a U.S. clinic / did an experiment with elderly people / and discovered // that we can
미국 한 병원의 과학자들은 / 노인들에게 실험을 했다 / 그리고 발견했다 // 우리가

actually remove these aging cells / with medicine. ⁸Before, / this method was only tested on mice, //
실제로 이 노화 세포들을 제거할 수 있다는 것을 / 약물로. 이전에는, / 이 방법이 쥐들에게만 실험되었다, //

but now they know / it does work on humans, too.
하지만 이제 그들은 안다 / 그것이 인간에게도 정말 효과가 있다는 것을.

⁹Recently, / researchers are mapping these zombie cells / throughout the body, / including in the brain.
최근에, / 연구원들은 이 좀비 세포들의 지도를 만들고 있다 / 몸 전체에 걸쳐, / 뇌 안을 포함하여.

¹⁰They want to find out // exactly where these cells are, // what they're doing, / and how they can remove
그들은 알아내길 원한다   // 이 세포들이 정확히 어디에 있는지,   // 그것들이 무엇을 하는지,   / 그리고 어떻게 그들이 그것들을

them effectively. ¹¹Their goal / is to help us stay healthier // as we get older / by understanding and
효과적으로 제거할 수 있는지. 그들의 목표는 / 우리가 더 건강하게 유지하도록 돕는 것이다 // 우리가 나이 들수록 / 이해하고

managing / these zombie cells better.
관리함으로써 / 이 좀비 세포들을 더 잘.

▶ 주요 구문 ◀

¹ You might have heard of *zombies*, ***which*** seem dead but never die.

▶ <might have p.p.>는 '~였을지도 모른다'의 의미로 과거 사실에 대한 추측을 나타낸다.

▶ which가 이끄는 절은 선행사 zombies를 보충 설명하는 계속적 용법의 관계사절이다.

⁴ Normal cells are supposed to grow, (to) divide, and **(to)** eventually **die**, but ~.

▶ <be supposed to-v>는 '(규칙·관습 등에 따르면) ~하기로 되어 있다, ~해야 한다'라는 의미로, to부정사 세 개가 접속사 and로 연결되었다. 이때 반복되는 to부정사의 to는 생략되었다.

⁶ As we get older, these zombie cells increase and might become one of *the reasons* [**why** we age].
　　주어'동사' 보어'　　　주어　　　　동사1　　　동사2　　　　보어2

▶ as는 접속사로 쓰였으며 여기서는 '~함에 따라, ~일수록'의 의미이다.

▶ why 이하의 관계부사절은 이유를 나타내는 선행사인 the reasons를 수식한다.

⁸ Before, this method **was** only **tested** on mice, but now they know **(that)** it does work on humans, too.
　　　　주어1　　　└동사1┘　　　　　　주어2 동사2　　　　　목적어2

▶ was tested는 수동태 과거형으로 '실험되었다'의 의미이다.

▶ 동사 know 뒤에는 목적어절을 이끄는 접속사 that이 생략되었다.

¹⁰ They want **to find out** exactly **where** these cells are, **what** they're doing, and **how** they can remove them effectively.

▶ to find out의 목적어로 <의문사+주어+동사 ~> 어순의 간접의문문 세 개가 접속사 and로 연결되었다.

¹¹ Their goal is **to help** us **stay** healthier as we get older ***by*** **understanding** (these zombie cells better) and
　　　주어　　동사　　　　　　보어

managing these zombie cells better.

▶ 여기서 to help는 명사처럼 쓰여 문장에서 be동사 is의 보어 역할을 한다. to부정사구에는 <help+목적어+동사원형>이 쓰였다. (Their goal = to help ~ older)

▶ 전치사 by의 목적어 자리에는 동명사 understanding과 managing이 접속사 and로 연결되었다. 이때 understanding 뒤에 중복되는 어구(these zombie cells better)는 생략되었다.

Review

본책 p.130

단어

정답
A 1 ⓒ   2 ⓑ   3 ⓐ
B 1 detailed   2 proper   3 wonders   4 detection
C 1 are supposed to   2 are full of   3 is believed that

해석
A 1 marine(해양의, 바다의) - ⓒ 바다 또는 바다에 사는 식물, 동물과 관련된
2 expose(드러내다) - ⓑ 무언가를 덮거나 보호하지 않고 그대로 두다
3 throughout(~의 전체에 걸쳐, 구석구석까지) - ⓐ 어떤 것의 모든 부분에 또는 모든 부분으로

B

보기
경이   적절한   장비   탐지   상세한

1 우리는 프로젝트를 위해 상세한 계획이 필요하다.
2 하이킹을 위해서는 적절한 신발을 신는 것이 중요하다.
3 그랜드 캐니언은 세계에서 경이로운 자연경관 중 하나이다.
4 그녀는 식물 질병의 탐지를 위한 새로운 방법을 개발했다.

본책 p.131

1일 1문장

정답
A 1 그녀가 받은 것에
2 자전거를 사고 싶어서
3 정말 영화 보러 가고 싶어

B 1 She did try her best
2 for what occurs here
3 Since the tickets are sold out

C 1 since it is[it's] too cold outside
2 different from what I remembered
3 She does know the answer

독해를 바라보는 재미있는 시각

리딩그라피

Reading
Graphy

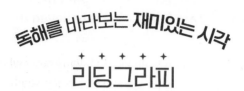

| Level |

정답과 해설
WORKBOOK

Unit 01

01

직독직해가 쉬워지는 구문

1일 1문장 남동생이 자전거 타는 것을 배우도록 도왔다
Plus ❶ 세 부분으로 나뉘어져 있다
❷ 풍경을 그리고 예술을 창조하는

직독직해 Practice

1 Honeybees (are) important insects // because they (help) / plants produce fruits and seeds.

➔ 꿀벌들은 중요한 곤충이다 // 그것들은 돕기 때문에 / 식물이 열매와 씨앗을 생산하도록.

2 Instead of giving the bees a shot, / the medicine (is mixed) / into the queen bee's food.

➔ 벌들에게 주사를 놓는 대신에, / 약이 섞인다 / 여왕벌의 먹이에.

3 Thanks to the vaccine, / more bees (can continue) their important work / of spreading pollen and producing honey.

➔ 백신 덕분에, / 더 많은 벌이 그것들의 중요한 일을 계속할 수 있다 / 꽃가루를 퍼뜨리고 꿀을 만들어 내는.

내신 맛보기

1 (1) ⓒ (2) ⓐ (3) ⓑ   **2** ③
3 (1) ○ (2) × (3) ○
4 This medicine will help you stop coughing
5 about saving money and spending it wisely
6 are produced

해석

1 (1) continue(계속하다) - ⓒ 멈추지 않고 무언가를 하다
(2) disappear(사라지다) - ⓐ 더 이상 존재하지 않다
(3) introduce(도입하다, 들여오다) - ⓑ 처음으로 무언가를 가져오다

2

매년 수천 명의 사람들이 심장병으로 사망한다.

① 씨앗   ② 곤충   ③ 병, 질병
④ 기후   ⑤ 백신

3 (1) 씨앗을 퍼뜨리는 것은 식물 기르기의 첫 번째 단계이다.
(2) 음식 알레르기로 고통받고 있을 때, 당신은 무엇이든 먹을 수 있다.
(3) 지금은 그에게 질문을 할 좋은 때가 아니다.

02

직독직해가 쉬워지는 구문

1일 1문장 소설을 쓰는데
Plus ❶ 읽은 책 중에 가장 재미있는 책이다
❷ 파괴되었다

직독직해 Practice

1 Van Lew, // who (has been) colorblind her whole life, / (looked) through one of these special viewfinders.

➔ Van Lew는, // 평생 색맹이었는데, / 그녀는 이 특별한 뷰파인더 중 하나를 통해 바라보았다.

2 She (said), // "It's the most beautiful thing // I've ever (seen) in my life."

➔ 그녀는 말했다, // "그것은 가장 아름다운 것이에요 // 제가 제 인생에서 본 것 중에."

3 ~, / a viewfinder (was) also (installed) / at a park in Virginia.

➔ ~, / 뷰파인더는 또한 설치되었다 / 버지니아주의 한 공원에.

내신 맛보기

1 difference   **2** ④
3 (1) imagine   (2) experience
4 The road was designed to connect the village to the city
5 The teacher, who has taught for 30 years, will retire
6 the kindest person, met

해석

1

색맹의 : 색맹 = 다른 : 다름, 차이

2

• 그는 흔한 맞춤법 실수를 했다.
• 그 팀은 공통의 목표를 성취하기 위해 열심히 노력했다.

① 주(州)   ② 뚜렷하게, 분명하게
③ 전체의, 전부의   ④ 흔한; 공통의
⑤ ~을 통해[관통하여]

직독직해가 쉬워지는 **구문**

1일 1문장 가장 아름다운 공원들 중 하나이다

Plus ❶ 그녀는 도서관에서 일한다
❷ 그것은 내 온라인 수업에 딱 알맞다

직독직해 Practice

1 It (has become) one / of the most famous works / of 20th-century art, / and (was sold) / for $91.1 million!

→ 그것은 하나가 되었다 / 가장 유명한 작품들 중 / 20세기 예술의, / 그리고 판매되었다 / 9천110만 달러에!

2 The artist behind this sculpture / (is) Jeff Koons, // who (has inspired) / many young artists.

→ 이 조각상의 작가는 / Jeff Koons이다, // 그리고 그는 영감을 주었다 / 많은 젊은 예술가들에게.

3 Koons also (made) a stainless steel rabbit, // which (is) one / of his most famous sculptures / from the 1980s.

→ Koons는 또한 스테인리스로 된 토끼를 만들었다, // 그리고 그것은 하나이다 / 그의 가장 유명한 조각상들 중 / 1980년대의.

내신 맛보기

1 ④   **2** (1) everyday   (2) surface
3 bring, together
4 I have a bicycle, which has a broken seat
5 This novel is one of the greatest works of literature
6 friend, who

Unit 02

직독직해가 쉬워지는 **구문**

1일 1문장 들어오게 했다
Plus ❶ 노는 아이들   ❷ 지난여름에 방문했던 호텔은

직독직해 Practice

1 The ibises (flip) the toads / into the air, / causing the toads / to release their poison.

→ 흰따오기는 두꺼비를 툭 던져 뒤집는다 / 공중으로, / 두꺼비가 ~하게 한다 / 그것들의 독을 내보내도록.

2 Farmers (thought) // they (would help) control beetles / damaging their crops.

→ 농부들은 생각했다 // 그것들이 딱정벌레를 통제하는 데 도움이 될 것으로 / 그들의 작물에 피해를 주는.

3 In fact, / each cane toad // that a white ibis (eats) / (prevents) the birth / of about 70,000 new toads / in a year!

→ 사실, / 각각의 수수두꺼비는 // 흰따오기가 잡아먹는 / 탄생을 막는다 / 약 7만 마리의 새로운 두꺼비의 / 일 년에!

내신 맛보기

1 (1) release   (2) prevent   (3) spread
2 ④   **3** cause
4 There were many passengers waiting at the bus stop
5 The cake that Mom baked for my birthday
6 causing

해석

1 ┤ 보기 ├
| 막다, 예방하다 | 잡아채다 | 확산되다 |
| 방출하다, 놓아 주다 | 도입하다, 들여오다 | |

(1) 자유롭게 풀어 주다: 방출하다, 놓아 주다
(2) 발생하는 것을 막다: 막다, 예방하다
(3) 무언가가 더 많은 장소에 있게 하다: 확산되다

2
• 뱀은 개구리의 천적이다.
• 군인들은 적을 공격할 준비가 되어있었다.

① 쓰레기통   ② 농작물   ③ 독
④ 적   ⑤ 야생 생물

직독직해가 쉬워지는 **구문**

1일 1문장 상하게 했을 수도 있다
Plus ❶ 늦게 밖에 있는 것을 허락하셨다
❷ 완주했을 뿐만 아니라

직독직해 Practice

1 Without a mask, / a woman going out alone / (might have caused) rumors.

→ 가면이 없었다면, / 혼자 외출하는 여성은 / 소문을 일으켰을지도 모른다.

2 Masks also (allowed) women to visit places / like the market or church / without a man.

→ 가면은 또한 여성들이 장소를 방문하도록 해주었다 / 시장이나 교회와 같은 / 남자 없이.

3 Masks not only (gave) women more freedom / but also (made) them mysterious / by hiding their faces.

→ 가면은 여성에게 더 많은 자유를 주었을 뿐만 아니라 / 그들을 신비롭게 만들었다 / 그들의 얼굴을 숨김으로써.

내신 맛보기

1 ④ **2** ⑤ **3** made of
4 The train might have left
5 The app allows users to share photos with their friends
6 not only canceled, but also caused

해석

2
- 짧은 기간의 정적이 있었다.
- 우리는 2주간의 기간 동안 휴가를 갈 것이다.

① 지위 ② 공간; 우주 ③ 이유
④ 자유 ⑤ 시대; 기간

06 .... pp.12~13

직독직해가 쉬워지는 구문

1일 1문장 문이 잠겼는지
Plus ❶ (어쩌면) 비가 왔을 수도 있다
❷ 아름다워 보인다

직독직해 Practice

1 The researchers (looked at) other sources / to check // if Monet (was inspired) / by air pollution.

→ 연구원들은 다른 출처들을 살펴보았다 / 확인하기 위해 // 모네가 영감을 받았는지를 / 대기오염에 의해.

2 A new study (says) // that air pollution (might have inspired) famous painters / like Claude Monet / to

---

make their beautiful, dreamy paintings.

→ 한 새로운 연구는 말한다 // 대기오염이 유명한 화가들이 (~하도록) 영감을 주었을지도 모른다고 / 클로드 모네와 같은 / 그들의 아름답고 몽환적인 그림을 그리도록.

3 Researchers (thought) // that the dirty air (inspired) their paintings / to look foggy and dreamy.

→ 연구원들은 생각했다 // 더러운 공기가 그들의 그림에 영감을 주었다고 / 안개가 끼고 몽환적으로 보이도록.

내신 맛보기

1 pollution **2** ③ **3** ①, ③
4 I might have left my cell phone at the restaurant
5 The recipe looks easy to follow
6 if you have

해석

1
소개하다 : 소개 = 오염시키다 : 오염

2
예술은 사람들이 더 창의적으로 되도록 영감을 주는 힘이 있다.

① 방출하다, 내보내다 ② 계속되다
③ 영감을 주다 ④ 언급하다, 말하다
⑤ 일치하다, 아주 비슷하다

3
- 이 반의 수준은 무엇인가요?
- 그 공장은 비행기 부품을 생산한다.
- 그의 편지는 그가 집을 그리워한다는 것을 시사한다.

① 안개 ② 정도, 수준 ③ 영향을 미치다
④ 공장 ⑤ 시사하다, 암시하다

Unit 03

07 .... pp.14~15

직독직해가 쉬워지는 구문

1일 1문장 연구해 오고 있다
Plus ❶ 점점 더 클 것이다
❷ 학생들이 매일 일기를 쓰게 한다

직독직해 Practice

1 For the past 20 years, / Susan Turk Charles,

a psychologist, / (has been studying) emotions / in people of all ages.

→ 지난 20년간, / 심리학자인 Susan Turk Charles는, / 감정을 연구해 왔다 / 모든 연령대의 사람들의.

2 But as we (get) older, // we (may feel) / like we (stop) getting better.

→ 하지만 우리는 나이가 들면서, // 우리는 느낄지도 모른다 / 우리가 더 나아지는 것을 멈추는 것처럼.

3 As we (get) older, // our brain (makes) / us think more / before we (act), / instead of reacting quickly.

→ 우리가 나이 들수록, // 우리 뇌는 ~하게 한다 / 우리가 더 생각하게 / 우리가 행동하기 전에, / 빠르게 반응하는 대신.

1 ④   **2** (1) experience   (2) control   (3) focus
3 tend to
4 You can get healthier with regular exercise
5 We have been waiting for the bus
6 makes her children clean

2 ┌ 보기 ┐
나아지다, 향상되다	집중하다	경험
지난, 과거의	통제, 제어	

○8   pp.16~17

직독직해가 쉬워지는 구문

1일 1문장 모두가 만나고 싶어 하는
Plus ❶ 내 반 친구이다 **❷** 유지하기 위해

직독직해 Practice

1 The researchers (found) changes / in all 14 astronauts // they (studied).

→ 연구원들은 변화를 발견했다 / 14명의 우주 비행사 모두에게서 // 그들이 연구한.

2 To study this, / researchers (examined) the blood of 14 astronauts // who (traveled) to space / between 1998 and 2001.

→ 이를 연구하기 위해, / 연구원들은 우주 비행사 14명의 혈액을 검사했다 // 우주로 여행한 / 1998년과 2001년 사이에.

3 Goukassian (said) // that more research (is) necessary

/ to study the harmful effects of space travel / on the body.

→ Goukassian은 말했다 // 더 많은 조사가 필요하다고 / 우주여행의 해로운 영향을 연구하기 위해서는 / 신체에 미치는.

1 (1) ⓑ   (2) ⓐ   (3) ⓒ   **2** ②
3 extreme
4 He tries to think positively to achieve his goals
5 The writer I admire will be on the TV show
6 who treated me

해석

1 (1) several(몇몇의, 여러) - ⓑ 조금보다는 많으나 아주 많지는 않은
  (2) harmful(해로운, 유해한) - ⓐ 손상이나 해를 끼치는
  (3) necessary(필요한) - ⓒ 너무 중요해서 그것을 꼭 가져야만 하는

2
• 내게 설명할 수 있는 기회를 줘.
• 1등 상을 타는 것에 대한 가능성이 있다.

① 기지   ② 가능성; 기회   ③ 임무, 사명
④ 표본   ⑤ 환경, 상황

○9   pp.18~19

직독직해가 쉬워지는 구문

1일 1문장 깊은 물을 두려워하긴 하지만
Plus ❶ 생산된 배터리를 **❷** 조용한 채로 있었다

직독직해 Practice

1 While many Americans (link) / these cookies to Chinese culture, // they (are) actually from Japan.

→ 많은 미국인이 연관 짓지만 / 이 쿠키들을 중국 문화에, // 그것들은 사실 일본에서 왔다.

2 In the 1870s, / a similar cookie known as "tsujiura senbei" or "fortune cracker" / (was made) near Kyoto, Japan.

→ 1870년대에, / '츠지우라 센베이' 또는 '포춘 크래커'로 알려진 유사한 쿠키가 / 일본 교토 근처에서 만들어졌다.

3 The cookie (remains) important / in American culture.

→ 그 쿠키는 여전히 중요하다 / 미국 문화에서.

내신 맛보기

1 (1) ⓒ (2) ⓐ (3) ⓑ **2** ②

3 (1) offer (2) fortune

4 While she is a talented musician, she gets nervous

5 She tries to remain calm in a difficult situation

6 The house built

해석

1 (1) suit(~에 적합하게 하다) - ⓒ ~에 맞다

(2) receive(받다, 얻다) - ⓐ 얻거나 주어지다

(2) produce(생산하다) - ⓑ 기계를 사용하여 무언가를 만들다

2

> 고를 수 있는 다섯 가지의 <u>다른</u> 종류의 케이크가 있다.

① 날것의 ② 비슷한, 유사한

③ 숨겨진, 비밀의 ④ 인기 있는, 대중적인

⑤ 중요한

3

> 보기
>
> 맛, 입맛   계속 ~이다   제공하다   어떤   운

(1) 그 호텔은 투숙객들에게 무료 아침을 <u>제공할</u> 계획이다.

(2) 나는 숫자 7이 좋은 <u>운</u>을 가져온다고 믿는다.

Unit 04

10 .... pp.20~21

직독직해가 쉬워지는 구문

1일 1문장 무엇이 화재를 일으켰는지

Plus ❶ 추천되었는데, 그 사람은

❷ 수업을 흥미롭게 만드셨다

직독직해 Practice

1 ~, // it (means) / you (don't know) / what (is happening) / around you.

→ ~, // 그것은 의미한다 / 당신이 모른다는 것을 / 무엇이 일어나고 있는지 / 당신 주변에서.

2 These special houses (were made) / by the Moors, // who (invaded) Spain / and (founded) the town / in the 12th century.

→ 이 특별한 집들은 만들어졌다 / 무어인들에 의해, // 스페인을 침략했던 / 그리고 그 마을을 세웠던 / 12세기에.

3 Instead of building new houses, / they (made) / the natural caves bigger / to stay cool / during the hot summer months.

→ 새로운 집을 짓는 대신에, / 그들은 만들었다 / 자연의 동굴을 더 크게 / 시원하게 지내기 위해 / 더운 여름 달들 동안에.

내신 맛보기

1 ⑤   **2** (1) invade (2) insect (3) instead of

3 Can you make the dish spicier

4 I plan to visit my best friend, who lives in Paris

5 what interests

해석

1

> 무언가를 끝내거나 더 이상 존재하지 않게 하다

① 시도하다 ② 의미하다, ~을 뜻하다

③ (건물을) 짓다, 건축하다 ④ 일어나다, 발생하다

⑤ 파괴하다, 손상시키다

11 .... pp.22~23

직독직해가 쉬워지는 구문

1일 1문장 배우는 것이 흥미롭다고 여겼다

Plus ❶ 쓰여졌다 ❷ 둘러싸인

직독직해 Practice

1 This creature (used to sit) / on the chests of people / who (were sleeping), // so they (found) it hard / to breathe.

→ 이 생물체는 앉곤 했다 / 사람들의 가슴 위에 / 자고 있던, // 그래서 그들은 어렵다고 여겼다 / 숨쉬기가.

2 The word "night" (was added) later / to show that these spirits (visited) / at night.

→ 'night'라는 단어는 나중에 추가되었다 / 이러한 유령들이 방문했다는 것을 보여주기 위해 / 밤에.

3 To keep them away, / some people (put) shoes near the door, / (cover) the keyhole, / or (put) something made of steel / in their bed.

→ 그것들을 멀리하기 위해, / 어떤 사람들은 문 근처에 신발을 두거나, / 열쇠 구멍을 막거나, / 강철로 만든 무언가를 놓는다 / 그들의 침대에.

2 보기

| 성장; 증가 | 결과, 결말 | 성공적인 | 개발하다 |

(1) 그 책은 <u>성공적인</u> 베스트셀러가 되었다.

(2) 너는 내일모레 시험 <u>결과</u>를 확인할 수 있다.

내신 맛보기

1 ③　　**2** (1) ○　(2) ×　(3) ○

3 used to

4 She finds it difficult to express her emotions

5 The mountain covered in snow looks beautiful and mysterious

6 were found

해석

2 (1) 이 셔츠는 <u>다양한</u> 크기와 색상으로 나온다.

(2) 제가 매우 바쁠 때는 제발 저를 <u>괴롭히세요</u>.

(3) 그 환자는 갑자기 <u>숨 쉬는</u> 것을 멈췄다.

12　　　　　　　pp.24~25

직독직해가 쉬워지는 **구문**

1일 1문장 서명되지 않았다

Plus ❶ 달리는[움직이는] 자동차를 **❷** 파괴될 수 있다

직독직해 Practice

1 This method (hasn't been tested) / on humans / yet.

→ 이 방법은 실험되지 않았다 / 인간에게는 / 아직.

2 Cancer patients (get) strong medicine // which (can make) them feel sick / or (cause) various side effects.

→ 암 환자들은 강한 약을 받는다 // 그들이 구역질을 느끼게 할 수 있는 / 또는 여러 가지 부작용을 초래할 수 있는.

3 They (have developed) a battery system // that (can be put) inside the body.

→ 그들은 배터리 시스템을 개발했다 // 몸에 넣어질 수 있는.

내신 맛보기

1 (1) ⓒ　(2) ⓑ　(3) ⓐ

2 (1) successful　(2) result

3 compared to

4 The problem can be solved in various ways

5 the restaurant which serves great seafood dishes

6 has not been made

해석

1 (1) prepare(준비하다, 대비하다) - ⓒ 준비되게 하다

(2) method(방법, 방식) - ⓑ 무언가를 하는 방식

Unit 05

13　　　　　　　pp.26~27

직독직해가 쉬워지는 **구문**

1일 1문장 그녀가 무언가를 숨기고 있다는 것은

Plus ❶ 더 조심스럽게 **❷** (만약) 내일 비가 내린다면

직독직해 Practice

1 It('s) true // that we (can learn) from our mistakes!

→ (~은) 사실이다 // 우리가 우리의 실수로부터 배울 수 있다는 것은!

2 A new study (shows) // that kids who (pay) attention to their mistakes / actually (learn) faster / than those who (don't).

→ 새로운 연구는 보여준다 // 자신의 실수에 주의를 기울이는 아이들이 / 실제로 더 빠르게 배운다는 것을 / 그렇지 않은 아이들보다.

3 This study (shows) // that if you (believe) you (can get) smarter, / you (will be) more likely to learn / from your mistakes.

→ 이 연구는 (~을) 보여준다 // 만약 당신이 스스로가 더 똑똑해질 수 있다고 믿는다면, / 당신은 배울 가능성이 더 높다는 것을 / 당신의 실수로부터.

내신 맛보기

1 ②　　　　**2** (1) certain　(2) growth

3 is likely

4 She always wakes up earlier than her brother

5 If you don't take care of your health

6 It is important that

해석

1

| 무언가 또는 누군가를 멀리하다 |

① 고정시키다　　② 피하다　　③ 영향을 미치다

④ 바로잡다　　⑤ 기록하다

(3) 죽은 잎들을 <u>제거하면</u> 새것이 자랄 것이다.

14
pp.28~29

직독직해가 쉬워지는 구문

1일 1문장 내가 중요한 날짜들을 기억하는 방법이다

Plus ❶ 쭉 소유해 왔다 ❷ 외출하는 것은

직독직해 Practice

1 But now, / researchers (are discovering) / that our stomachs (affect) our feelings too: // The many tiny bacteria in our guts (can influence) / how we (feel).

→ 하지만 이제, / 연구원들은 (~하다는 것을) 알아내고 있다 / 우리의 위가 우리의 감정에도 영향을 미친다는 것을: // 우리 소화기관 내의 많은 아주 작은 박테리아는 영향을 줄 수 있다 / 우리가 느끼는 방식에.

2 For a long time, / people (have known) // that our feelings (can affect) our stomachs.

→ 오랫동안, / 사람들은 (~을) 알아 왔다 // 우리의 감정이 위에 영향을 미칠 수 있다는 것을.

3 In fact, / researchers also (found) // that consuming fermented foods / such as yogurt, pickles, and kimchi / (can reduce) these anxious feelings.

→ 사실, / 연구원들은 또한 (~을) 발견했다 // 발효 식품을 먹는 것이 / 요구르트, 피클, 그리고 김치와 같은 / 이 불안한 감정을 줄일 수 있다는 것을.

내신 맛보기

1 ④　　**2** ④　　**3** (1) ×　(2) ×　(3) ○

4 Running can help you reduce stress

5 Dad has worked at the same company for 20 years

6 how my friends celebrate

해석

2
- 그는 세 명에게 충분한 음식을 먹을 수 있다.
- 나는 돈을 모으기 위해 덜 <u>소비</u>하려 노력하고 있다.

① 줄이다; 낮추다　　② 발견하다　　③ 사라지다

④ 먹다; 소비하다　　⑤ 영향을 주다

3 (1) 대기오염은 우리의 건강에 전혀 <u>영향</u>을 주지 않는다.

(2) 당신의 실력을 <u>향상시키기</u> 위해 당신은 노력할 필요가 없다.

15
pp.30~31

직독직해가 쉬워지는 구문

1일 1문장 부모가, 가르치는 것은 필요하다

Plus ❶ 무엇을 입어야 할지

❷ 그 시험이 얼마나 어려웠는지

직독직해 Practice

1 Therefore, / <u>it's</u> important / for scientists to focus / on ugly plants as well, / especially those in danger / due to environmental threats.

→ 그러므로, / (~은) 중요하다 / 과학자들이 초점을 맞추는 것은 / 못생긴 식물들에도, / 특히 위험에 처한 그것들에 / 환경의 위협으로 인해.

2 Interestingly, / when <u>plant scientists</u> (chose) / what to research, // colors really (influenced) their choice, too.

→ 흥미롭게도, / 식물 과학자들이 선택했을 때 / 무엇을 연구할지, // 색이 그들의 선택에도 정말로 영향을 미쳤다.

3 Scientists (can) truly (understand) // how important a species (is) / only after thorough research.

→ 과학자들은 진정으로 이해할 수 있다 // 하나의 종이 얼마나 중요한지를 / 철저한 연구를 한 후에야.

내신 맛보기

1 loss　　**2** (1) appearance　(2) source

3 (1) choice　(2) role

4 It's common for students to experience stress

5 it's not easy to decide what to eat

6 how rare

해석

1

| 선택하다 : 선택 = 잃다 : <u>손실, 상실</u> |

2 ┌ 보기 ┐

~을 받을 만하다　　　종(種)　　　원천, 근원

겉모습, 외관

(1) 무언가가 생긴 방식: 겉모습, 외관

(2) 무언가의 시작 또는 원인: 원천, 근원

Unit 06

16
pp.32~33

직독직해가 쉬워지는 구문

1일 1문장 어떻게 생각했는지는

Plus ❶ 매운 음식을 즐기는 반면에 **❷** 공유하기 위해

직독직해 Practice

1 What residents call the city // (can) sometimes (tell) more about it.

→ 주민들이 도시를 어떻게 부르는지는 // 때때로 그것에 대해 더 많은 것을 알려줄 수 있다.

2 Some slogans (are created) by the city / to attract tourists, // while others (are created) by residents / who (noticed) something interesting / about the city life.

→ 일부 슬로건들은 시(市)에 의해 만들어진다 / 관광객들을 끌어모으기 위해, // 반면에 다른 슬로건들은 주민들에 의해 만들어진다 / 흥미로운 것을 알아차린 / 도시 생활에 대해.

3 Some cities (have used) humor / to celebrate their unique features and attractions.

→ 어떤 도시들은 유머를 사용했다 / 그것들의 독특한 특징과 명소를 기념하기 위해.

내신 맛보기

1 ③ **2** attract **3** ①, ③
4 He practices the piano every day to become a musician
5 Some people enjoy hot weather, while others prefer cold weather
6 What he wrote

해석

3
- 우리는 함께 크리스마스를 기념하기 위해 모였다.
- 나는 네가 방 안에 들어오는 것을 알아차리지 못했다.
- 그 가이드북은 실용적인 정보를 제공한다.

① 창조하다 ② 알아차리다 ③ 특색, 특징
④ 실용적인 ⑤ 기념하다, 축하하다

17
pp.34~35

직독직해가 쉬워지는 구문

1일 1문장 쭉 공부해 왔다

Plus ❶ 포스터로 가려져 있다 **❷** 끌어들일 목표를

직독직해 Practice

1 The festival (began) in 1976 / with just 36 pairs of twins / and (has grown) fast / since then.

→ 그 축제는 1976년에 시작되었다 / 단 36쌍의 쌍둥이로 / 그리고 빠르게 성장해 왔다 / 그 이후로.

2 The town (is named) / after twin brothers // who (helped) make the town.

→ 그 마을은 이름 지어졌다 / 쌍둥이 형제의 이름을 따라 / 그 마을을 만드는 것을 도왔던.

3 Although they (may line up) / for a long time / to participate, // twins (enjoy) the rewards / and the chance to contribute / to scientific research.

→ 그들은 줄을 설 수도 있지만 / 오랫동안 / 참여하기 위해, // 쌍둥이들은 보상을 즐긴다 / 그리고 기여할 기회를 / 과학적 연구에.

내신 맛보기

1 ② **2** (1) valuable (2) gather (3) pair
3 take place
4 The man is admired for his volunteer work
5 We have been friends since high school
6 Her ability to solve

해석

1
당신은 연설 후 질문을 할 기회가 있을 것이다.

① 쌍둥이 ② 기회 ③ 보상
④ 대회, 시합 ⑤ 행진, 퍼레이드

2 보기
자료, 정보   한 쌍   과정   모으다
가치 있는, 귀중한

(1) 충분히 좋거나 중요한: 가치 있는, 귀중한
(2) 한 곳으로 함께 모으다: 모으다
(3) 똑같고 함께 사용되는 두 개의 것: 한 쌍

18

직독직해가 쉬워지는 구문

1일 1문장 유지하는 것은 어렵다

Plus ❶ 음식뿐만 아니라 오래된 역사로도
❷ 탔을지도 모른다

직독직해 Practice

1 In ancient Egypt, / it (was) common / to make animal mummies / as offerings for the gods.

→ 고대 이집트에서는, / (~이) 흔했다 / 동물 미라를 만드는 것이 / 신들에게 바치는 제물로서.

2 Animals (were) important / not only as food and pets, / but also for religious reasons.

→ 동물들은 중요했다 / 식량과 반려동물로서뿐만 아니라, / 종교적인 이유로도.

3 So, / these crocodile mummies (might have been) their way / of asking for help from the gods.

→ 그래서, / 이 악어 미라들은 그들의 방식이었을지도 모른다 / 신들로부터 도움을 요청하는.

내신 맛보기

1 discovery **2** (1) request (2) crop (3) wrap
3 in, shape
4 I might have deleted the message by mistake
5 The festival is a celebration not only for tourists but also for locals
6 It is hard

해석

1
발명하다 : 발명품 = 발견하다 : 발견

2 | 보기 |
포장하다	농작물	고대의	요청	전문가

Unit 07

19

직독직해가 쉬워지는 구문

1일 1문장 자신의 글쓰기 주제를 고르게 했다

Plus ❶ 어느 버스가 박물관으로 가는지 **❷** 제공하는

직독직해 Practice

1 It (will let) the scientists know // where various coral species (live) / and which species (are) most (threatened).

→ 그것은 과학자들이 (~을) 알게 해줄 것이다 // 다양한 산호 종들이 어디에 사는지 / 그리고 어떤 종이 가장 위협받고 있는지를.

2 With the help of eDNA, / scientists (can) better (understand) // which corals (are) in danger / and the effects of climate change on them.

→ eDNA의 도움으로, / 과학자들은 (~을) 더 잘 이해할 수 있다 // 어떤 산호들이 위험에 처해있는지 / 그리고 그것들에 미치는 기후 변화의 영향을.

3 This (means) // they (can fix) damaged reefs / and (protect) the many types of life / depending on them.

→ 이것은 (~을) 의미한다 // 그들이 손상된 산호초를 복구할 수 있고 / 많은 종류의 생물을 보호할 수 있다는 것을 / 그것들에 의존하는.

내신 맛보기

1 (1) technique (2) climate (3) monitor
2 (1) various (2) method (3) struggle
(4) temperature
3 She let me use her phone for a moment
4 The crowd cheered for the player running
5 which book is easier

해석

1 | 보기 |
해치다	봄, 보기	추적 관찰하다	기후	기술

(1) 기량이 필요한 활동을 하는 방식: 기술
(2) 한 곳의 평상시의 기상 상태: 기후
(3) 목적을 위해 무언가를 보거나 확인하다: 추적 관찰하다

2

보기

다양한   고군분투하다   기온, 온도   위협하다
방법, 방식

20

직독직해가 쉬워지는 구문

1일1문장 줄이는 것뿐만 아니라 건강을 유지하는 것을 위해
Plus ❶ 시작하기 위해 ❷ 경험하는 것은 흔한 일이다

직독직해 Practice

1 It (helps) us understand // that animals (use) poison / not only for hunting or protecting themselves / but also for fighting within a species.

→ 그것은 우리가 이해하도록 도와준다 // 동물들이 독을 사용한다는 것을 / 사냥이나 자기방어뿐 아니라 / 같은 종 안에서 싸우는 데에도.

2 These bite wounds (showed) // that slow lorises (are) very protective / of their own area / and (use) their poison to fight / over things like mates or territory.

→ 이러한 물린 상처는 (~을) 보여주었다 // 늘보로리스가 매우 방어적이라는 것을 / 그것들 자신의 영역에 대해 / 그리고 싸우기 위해 그것들의 독을 사용한다는 것을 / 짝이나 영역과 같은 것들을 두고.

3 This study (is) important // because it's rare / to see animals use poison / against their own species.

→ 이 연구는 중요하다 // (~은) 드물기 때문에, / 동물들이 독을 사용하는 일을 보는 것은 / 그것들 자신과 같은 종을 향해.

내신 맛보기

1 (1) ⓒ (2) ⓐ (3) ⓑ
2 (1) serious (2) wild (3) species
3 They decided to save money to buy a car
4 not only for baking cookies but also for cooking meat
5 It is challenging to

해석

1 (1) raise(들어 올리다) - ⓒ 무언가를 더 높게 이동시키다
(2) communicate(의사소통하다) - ⓐ 생각이나 아이디어를 교환하다
(3) suffer((고통 등을) 경험하다) - ⓑ 고통, 병을 경험하다

21

직독직해가 쉬워지는 구문

1일1문장 집 앞에 주차된 차는
Plus ❶ 그리고 그것은 ❷ 나는 일찍 일어나긴 했지만

직독직해 Practice

1 Some scholars (insist) // that structures / found on the remains / of a Persian temple / (may be) the oldest windcatchers.

→ 몇몇 학자들은 주장한다 // 구조물들이 / 유적에서 발견된 / 페르시아 사원의 / 가장 오래된 윈드캐처일지도 모른다고.

2 In the hot summer, / people often (use) air conditioners more, // which (consume) a lot of electricity.

→ 더운 여름에, / 사람들은 에어컨을 더 많이 자주 사용한다, // 그리고 그것은 많은 전기를 소비한다.

3 The exact origin of windcatchers / (is) not clear, // though they (appear) / in ancient Egyptian art / over 3,000 years old.

→ 윈드캐처의 정확한 기원은 / 분명하지 않다, // 그것들이 나타나긴 하지만 / 고대 이집트의 미술품에서 / 3,000년이 넘는.

내신 맛보기

1 ②   **2** ④   **3** (1) ✕ (2) ✕ (3) ◯
4 Though it was hot, we enjoyed the picnic
5 We walked along the river, which flows through the city
6 The paintings displayed

해석

2
• 자동차의 발명은 세상을 바꾸었다.
• 그의 새 발명품은 그를 유명하고 부유하게 해주었다.

① 사원, 절   ② 상징   ③ 구조물, 건축물
④ 발명; 발명품   ⑤ 전기

3 (1) 사막에서는 보통 비가 많이 내린다.
(2) 여기에 있는 사람들의 정확한 숫자는 약 스물이다.
(3) 첫 올림픽 경기는 고대 그리스에서 개최되었다.

Unit 08

22 .... pp.44~45

직독직해가 쉬워지는 구문

1일 1문장 볼 수 있는 장소

Plus ❶ 그래서, 피해를 일으켰다
❷ 너무 더워서 우리는 수영하러 가기로 했다

직독직해 Practice

1 Data centers (are) places // where computers and machines (store) lots of information.

→ 데이터 센터는 (~인) 장소이다 // 컴퓨터들과 기계들이 많은 정보를 저장하는.

2 The pool (gets) free heat, / cutting its gas consumption by 62%.

→ 수영장은 무료의 열을 얻는다, / 그래서 그곳의 가스 소비를 62%까지 줄인다.

3 This idea (is) so good // that Deep Green (plans) to do this / for more pools, / which (will help) both itself and the environment.

→ 이 아이디어는 아주 훌륭해서 // Deep Green은 이것을 할 계획인데 / 더 많은 수영장에, / 그것은 그 자체와 환경 둘 다에 도움이 될 것이다.

내신 맛보기

1 ③
2 ④, ⑤
3 see, as
4 Let's go back to the place where we started
5 achieving excellent grades in school
6 so spicy that

해석

2
• 그 가게는 모든 어린아이에게 <u>무료</u> 풍선을 준다.
• 이 상자들을 차고에 <u>저장해</u> 주시겠어요?
• 벽난로로부터의 <u>열기</u>가 우리를 따뜻하게 해주었다.

① 열기 ② 무료의 ③ 저장하다
④ 붙잡다 ⑤ 혜택, 이득

23 .... pp.46~47

직독직해가 쉬워지는 구문

1일 1문장 일단 그녀가 도착하면

Plus ❶ 검은 피부를 가지고 있다는 것이다
❷ 다른 사람들과 의사소통하는 것을 쉽게 만든다

직독직해 Practice

1 But / once they (set up) a standard time system / for the moon, // they (can) quickly (make) and (manage) / the same system / for other planets too.

→ 그러나 / 일단 그들이 표준 시간 체계를 마련하면 / 달을 위한, // 그들은 빠르게 만들어 관리할 수 있다 / 같은 체계를 / 다른 행성들을 위해서도.

2 One of the problems (is) // that clocks (work) differently / on the moon / and in space / around the moon.

→ 그 문제들 중 하나는 ~이다 // 시계가 다르게 작동한다는 것 / 달에서 / 그리고 우주에서 / 달 주변의.

3 These problems (make) it hard / to know the correct time / on the moon.

→ 이 문제들은 어렵게 만든다 / 정확한 시간을 아는 것을 / 달에서의.

내신 맛보기

1 ①
2 (1) Each (2) standard (3) launch
3 The main problem is that people waste energy so much
4 Once the sun goes down, the temperature can drop
5 makes it difficult to get

해석

1
• 한 걸음 물러서서 줄 뒤에 서 주세요.
• 정보를 수집하는 것은 어느 연구에서나 중요한 <u>단계</u>이다.

① (발)걸음; 단계 ② 체계, 제도 ③ 행성
④ 임무 ⑤ 우주선

24
pp.48~49

직독직해가 쉬워지는 구문

1일 1문장 방들이 청소되도록 했다

Plus ❶ 가게가 여전히 문을 열었는지
❷ 내가 어제 말한 것

직독직해 Practice

1 So, / Ulysses (had) himself tied to his ship / and (had) his sailors' ears filled with wax.

→ 그래서, / 율리시스는 자신을 자기 배에 묶이도록 했다 / 그리고 그의 선원들의 귀가 밀랍으로 채워지도록 했다.

2 A university professor (did) an experiment / with his students / to see // if deadlines for their reports (would make) / them work better.

→ 한 대학교수는 실험을 했다 / 그의 학생들에게 / 알아보기 위해 // 그들의 리포트 마감 기한이 ~하게 할지 / 그들이 더 잘 작업하도록.

3 It('s) similar to // what the Greek hero Ulysses (did).

→ 그것은 ~와 비슷하다 // 그리스의 영웅 율리시스가 했던 것과.

내신 맛보기

1 ② **2** (1) present (2) challenge (3) strict
3 turn in
4 to see if there was any milk
5 what you found from your research
6 had the walls painted

해석

1
정보를 제공하는 공식적인 문서
① 밀랍, 왁스 ② 리포트, 보고서
③ 기한, 마감 시간 ④ 해결책, 해법
⑤ 실험

2
보기
과제, 문제 현재의 전략 엄격한
마음을 끌다

Unit 09

25
pp.50~51

직독직해가 쉬워지는 구문

1일 1문장 그 영화는 너무 지루해서

Plus ❶ 코끼리만큼 무겁다
❷ 그녀가 안경 없이 작은 글씨를 읽는 것은

직독직해 Practice

1 It('s) so big // that it('s) a little larger than Jupiter.

→ 그것은 정말 커서 // 그것은 목성보다도 약간 더 크다.

2 Even though this planet (is) as big as Jupiter, // it('s) much lighter.

→ 비록 이 행성은 목성만큼 크지만, // 그것은 훨씬 더 가볍다.

3 ~ // they (thought) / it (was) hard for giant planets to form / around red dwarf stars.

→ ~ // 그들이 생각했다 / 거대 행성이 형성되는 것이 어렵다고 / 적색 왜성 주변에서.

내신 맛보기

1 ⑤ **2** (1) until (2) location (3) far away
3 In other words
4 His hands were as cold as ice
5 so delicious that everyone asked for the recipe
6 difficult for me to walk

26
pp.52~53

직독직해가 쉬워지는 구문

1일 1문장 더 좋은 가격을

Plus ❶ 쭉 살아왔다
❷ 되기 위해, 해야 할, 공부하는 것

직독직해 Practice

1 ~, // you('ll find) / that today's carrot (has) lower nutrient levels / than its ancestor.

→ ~, // 당신은 (~을) 알게 될 것이다 / 오늘날의 당근이 더 낮은 영양소 수준을 가지고 있다는 것을 / 그것의 조상보다.

2 ~ // that the levels of vitamins and minerals / in fruits and vegetables / (have reduced) / since the early 20th century.

→ ~ // 비타민과 미네랄의 수준이 / 과일과 채소에 있는 / 줄어들었다는 것을 / 20세기 초 이후로.

3 To fix this problem, / the first thing to do / (is) to let the soil rest.

→ 이 문제를 해결하기 위해, / 해야 하는 첫 번째 일은 / 토양을 쉬게 하는 것이다.

내신 맛보기

1 ②   **2** (1) damage   (2) reduce
3 focus on
4 I have had this laptop since the beginning of this year
5 This restaurant has better reviews than the other one
6 To raise, to do, to be

해석

1
농부들에 의해 재배되는 식물 또는 농산품

① 토양, 흙   ② 농산물, 농작물   ③ 정도, 수준
④ 그늘   ⑤ 비타민

27 .... pp.54~55

직독직해가 쉬워지는 구문

1일 1문장 학생들이 그녀를 이해할 수 있도록
Plus ① 아침 먹는 것을 끝내고, 짐을 싸기 시작했다
② 답을 보지 않고

직독직해 Practice

1 The scientists (have been working) hard // so that they (can make) / the treatment safe and effective.

→ 과학자들은 열심히 일하고 있다 // 그들이 만들 수 있도록 / 그 치료법을 안전하고 효과적으로.

2 This unusual method (involves) / taking healthy bacteria / from a healthy person's poo / and putting them / into a sick person's gut.

→ 이 특이한 방법은 포함한다 / 건강한 박테리아를 추출하는 것을 / 건강한 사람의 대변에서 / 그리고 그것들을 넣는 것을 / 아픈 사람의 장에.

3 If this new treatment (works), // it (could make) these patients better / in a safer way, / without weakening their immune system.

→ 만약 이 새로운 치료법이 효과가 있다면, // 그것은 이 환자들을 낫게 할 수 있다 / 더 안전한 방식으로, / 그들의 면역체계를 약화시키지 않고.

내신 맛보기

1 ⑤   **2** uncommon   **3** ②, ④
4 She entered the room without knocking
5 I sat close to him so that I could hear him better
6 suggested watching, ordering

해석

2
친숙한 : 낯선 = 흔한 : 흔치 않은

3
• 그의 목표는 그의 실력을 향상시키는 것이다.
• 창업하는 것은 세심한 계획을 포함할 것이다.
• 식사를 거르는 것은 당신의 기력 수준을 약화시킬 수 있다.

① 목적, 목표   ② 특이한   ③ 포함하다
④ 병, 질병   ⑤ 약화시키다

Unit 10

28 .... pp.56~57

직독직해가 쉬워지는 구문

1일 1문장 가방을 쌌다
Plus ① 추워서 강을 얼게 했다
② 어떻게 동물들이 밤에 사냥하는지

직독직해 Practice

1 Santos (found) // that ocean currents (had carried) and (piled) plastic trash / like fishing nets and bottles / to the island.

→ Santos는 (~을) 알아냈다 // 해류가 플라스틱 쓰레기를 실어 나르고 쌓았다는 것을 / 어망과 병과 같은 / 그 섬에.

2 Under the hot sun, / this plastic (melted) and (stuck) to the beach, / forming these unique rocks.

→ 뜨거운 태양 아래, / 이 플라스틱이 녹아 해변에 달라붙었고, / 이 특이한 바위들을 만들었다.

3 These plastic rocks (are) evidence / of how human actions (are changing) natural processes.

→ 이 플라스틱 바위들은 증거이다 / 어떻게 인간의 행동이 자연적 과정을 바꾸고 있는지에 대한.

내신 맛보기

1 ②　　　　　**2** (1) ○　(2) ○　(3) ×
3 realized
4 She was shocked at the news, remaining silent for a moment
5 We talked about how we could improve our teamwork
6 had, begun

해석

2 (1) 우리 집 가구는 자연적인 재료들로 만들어졌다.
(2) 땅콩버터가 칼에 들러붙었다.
(3) 아이스크림은 더운 날에는 쉽게 녹지 않을 것이다.

29 .... pp.58~59

직독직해가 쉬워지는 구문

1일 1문장 만약 내가 정원이 있다면
Plus ❶ 나아질 수 있을 것이다
❷ 할머니를 방문할[뵐] 기회가

직독직해 Practice

1 If someone (spoke) next to you, // their voice (would sound) so quiet.

→ 만약 누군가가 당신의 옆에서 말한다면, // 그들의 목소리는 매우 조용하게 들릴 것이다.

2 This (means) // they (wouldn't be able to create) harmony / as they (do) on Earth.

→ 이것은 의미한다 // 그들이 화음을 만들어 낼 수 없을 것이라는 것을 / 그들이 지구에서 하듯이.

3 Measuring the speed of sound / (can give) scientists a better way / to learn about Mars' atmosphere and environment.

→ 소리의 속도를 측정하는 것은 / 과학자들에게 더 나은 방법을 제공할 수 있다 / 화성의 대기와 환경에 대해 배울.

내신 맛보기

1 (1) ⓒ　(2) ⓑ　(3) ⓐ
2 (1) travel　(2) foreign
3 He wouldn't be able to cook a meal
4 If I had a time-traveling car, I would visit
5 my decision to travel

해석

1 (1) mostly(대부분) - ⓒ 거의 모두 또는 거의 완전히
(2) slightly(약간, 조금) - ⓑ 아주 작은 양으로
(3) per(~마다) - ⓐ 각각의

2 ┌ 보기 ┐
상륙　　엷은, 희박한　　이동하다; 여행하다　　외국의

(1) • 이 새들은 겨울에 남쪽으로 이동한다.
• 그는 매 겨울 해외로 여행 가는 것을 좋아한다.

(2) • 이곳은 많은 외국인 관광객을 끌어모은다.
• 외국어를 배우는 것은 도전적일 수 있다.

30 .... pp.60~61

직독직해가 쉬워지는 구문

1일 1문장 올림픽 금메달리스트인
Plus ❶ 가르치셨다　**❷** 주의 깊게 듣는 사람들은

직독직해 Practice

1 The banker (gave) her 10 coins, / each worth 10 percent of her savings, // and (asked) her to divide the coins.

→ 그 은행가는 그녀에게 동전 10개를 주었다, / 각각 그녀의 저축액의 10퍼센트만큼 가치가 있는, // 그리고 그녀에게 그 동전들을 나누어달라고 요청했다.

2 An elderly lady / named Oseola McCarty / (had spent) her whole life / doing laundry for others / and (saved) more than $250,000.

→ 한 노년의 여성은 / Oseola McCarty라는 이름의 / 그녀의 평생을 보냈다 / 다른 사람들을 위해 세탁하는 것에 / 그리고 25만 달러 이상을 저축했다.

3 Today, / those who (donate) to the university / (are) part of a group / known as the McCarty Legacy Society.

→ 오늘날, / 그 대학에 기부하는 사람들은 / 그룹의 일원이다 / McCarty Legacy Society라고 알려진.

내신 맛보기

1 (1) whole (2) divide (3) generous
2 (1) ask for (2) worth (3) symbol
3 We had lived in that house for ten years
4 Mom baked a chocolate cake, my favorite dessert, for my birthday
5 Those who learn

해석

1 ┤ 보기 ├

| 한때, 언젠가 | 전체의, 전부의 | 나누다 |
| ~할 여유가 되다 | 후한, 너그러운 | |

(1) 전체 양을 가지고 있는: 전체의, 전부의
(2) 두 개 또는 더 많은 부분으로 분리하다: 나누다
(3) 돈과 다른 것들을 기꺼이 주는: 후한, 너그러운

Unit 11

31

pp.62~63

직독직해가 쉬워지는 구문

1일 1문장 더 많이 먹을수록, 더 나빠질 것이다
Plus ❶ 두 배 더 높다 **❷** 우리는 늦어서

직독직해 Practice

1 The heavier it (is), // the more it (costs) / to send up there.

→ 그것이 무거우면 무거울수록, // 그것은 비용이 더 많이 든다 / 그곳에 올려보내려면.

2 This "space concrete" (is) twice as strong / as the concrete we (use) on Earth.

→ 이 '우주 콘크리트'는 두 배 더 단단하다 / 우리가 지구에서 사용하는 콘크리트보다.

3 Since StarCrete (won't need) / any additional technology or equipment, // astronauts' missions / (could be) simpler and cheaper.

→ 스타크리트는 필요하지 않을 것이기 때문에 / 어떠한 추가적인 기술이나 장비도, // 우주 비행사의 임무는 / 더 단순해지고 비용이 더 적게 들 수 있다.

내신 맛보기

1 ⑤   **2** (1) strength (2) cost
3 technology
4 Since it was a public holiday, many stores were closed
5 three times as big as the old one
6 The more, the more confident

해석

2 ┤ 보기 ├

| (비용이) 들다 | 임무 | 상상하다 | 내구력, 견고성 |

(1) 이 밧줄은 50킬로그램의 무게를 견딜 수 있는 충분한 견고성이 있다.
(2) 세탁기를 수리하는 데는 비용이 얼마나 드나요?

32
pp.64~65

직독직해가 쉬워지는 구문

1일 1문장 내 꿈이 이뤄질 기회가
Plus ❶ 쓰레기를 줄일 계획
❷ 우리의 걱정에도 불구하고

직독직해 Practice

1 But it (could be) a chance / for Australia to be more independent / and show its own identity.

→ 하지만 그것은 기회가 될 수 있다 / 호주가 더 독립적으로 되고 / 그것만의 독자성을 보여주는.

2 However, / there('s) a movement in Australia / to change this tradition, // especially after Queen Elizabeth II (passed away) / in 2022.

→ 그러나, / 호주에서는 움직임이 있다 / 이 전통을 바꾸려는, // 특히 엘리자베스 2세 여왕이 서거한 후 / 2022년에.

3 Despite this change, / Australia (has decided) / not to replace the Queen's image / with King Charles III's / on its 5-dollar note.

→ 이러한 변화에도 불구하고, / 호주는 결정했다 / 여왕의 그림을 대체하지 않기로 / 찰스 3세의 (그림으로) / 그것의 5달러짜리 지폐에.

1 (1) replace (2) especially   **2** tradition
3 Despite the heavy traffic, they arrived at the airport
4 There's a delicious pizza to share with my friends
5 for the tourists to capture

해석

1 ┌ 보기 ┐
영향을 미치다   교체하다; 대체하다   특히
~에 이어

(1)
• 나는 부엌의 전구를 교체해야 한다.
• 그 공장은 대부분의 노동자들을 로봇으로 대체할 것이다.

(2)
• 그녀는 모든 과일, 특히 딸기를 아주 좋아한다.
• 여행은 특히 우리가 비행기로 간다면 비쌀 것이다.

33
pp.66~67

직독직해가 쉬워지는 구문

1일 1문장 지붕이 파란색인 집에서
Plus ❶ 어제만큼 더울 것이다
❷ 최고의 영화 중 하나이다

직독직해 Practice

1 It's an agreement // whose terms include / stopping the use of chemicals / damaging the ozone layer.
→ 그것은 협약이다 // 그것의 조건이 포함하는 / 화학물질의 사용을 멈추는 것을 / 오존층을 손상하는.

2 It is expected to be as healthy // as it was in 1980 / by the year 2066.
→ 그것은 건강할 것으로 예상된다 // 그것이 1980년도에 그랬던 만큼 / 2066년쯤에는.

3 Scientists say // this agreement is / one of the biggest environmental victories / for humans.
→ 과학자들은 말한다 // 이 협약은 ~라고 / 가장 큰 환경적인 승리 중 하나 / 인류에게.

1 (1) ⓑ (2) ⓒ (3) ⓐ
2 (1) victory (2) according to
3 take time
4 You can stay with us as long as
5 The police are talking to the man whose bag was stolen
6 one of the biggest threats

해석

1 (1) sign(서명하다) - ⓑ 자신의 이름을 적다
(2) harmful(해로운) - ⓒ 해를 끼치는; 위험한
(3) possible(가능한) - ⓐ 발생할 수 있는

Unit 12

34
pp.68~69

직독직해가 쉬워지는 구문

1일 1문장 나는 다이어트 중이어서
Plus ❶ 기쁨을 가져다주는 동물이다
❷ 배움을 즐거움으로 만든다

직독직해 Practice

1 Since submarines cannot be sent down, // explorers must enter the blue holes.
→ 잠수함이 내려보내질 수 없기 때문에, // 탐험가들은 블루 홀로 반드시 들어가야 한다.

2 Blue holes are underwater caves // that look like deep, dark circles / in the sea.
→ 블루 홀은 수중 동굴이다 // 깊고 어두운 원형처럼 보이는 / 바다에서.

3 The unique environment makes these underwater caves / one of the least studied natural wonders / today.
→ 그 독특한 환경은 이 수중 동굴들을 (~로) 만든다 / 연구가 가장 덜 된 경이로운 자연경관 중 하나로 / 오늘날.

내신 맛보기

1 ④　　　　**2** (1) cancel　(2) necessary

3 over time

4 The experience made him an expert in his field

5 Since she's allergic to peanuts, she always
checks food labels

6 are tubes that[which] look

2

> • 그녀는 내게 유용한 조언 몇 가지를 해줬다.
> • 그곳에 도착하려면 한 시간 정도 걸릴 것이다.
> • 그 책은 고대 이집트 문화에 관한 것이었다.

① (시간이) 걸리다　　　　② 탐험하다, 탐구하다
③ 범위에 이르다　　　　④ 도움이 되는, 유용한
⑤ 고대의

---

35 .... pp.70~71

직독직해가 쉬워지는 **구문**

1일 1문장 내가 기억하는 것

Plus ❶ 그 콘서트가 얼마나 굉장했는지
❷ 비에 망가진 자전거를

직독직해 Practice

1 Lidar (is) really helpful // because it (can see) through
trees / and (make) clear pictures / of what(')s below.

→ 라이다는 정말로 유용하다 // 그것은 나무들을 관통해 볼 수
있기 때문에 / 그리고 선명한 그림들을 만들어 낼 수 있기
(때문에) / 아래에 있는 것의.

2 Then, / it (measures) // how long it (takes) / for the
beams to bounce back / to a sensor.

→ 그다음, / 그것은 (~을) 측정한다 // 얼마나 걸리는지를 / 광
선이 다시 반사되어 오는 데 / 센서로.

3 In archaeology, / Lidar (helps) to find ancient
buildings and roads / hidden under forests or deep
in the jungle.

→ 고고학에서, / 라이다는 고대의 건물과 도로를 찾는 데 도움
을 준다 / 숲 아래나 정글 깊숙이 숨겨진.

내신 맛보기

1 ⑤　　　　**2** ②, ③　　　　**3** dig up

4 We solved what bothered us for weeks

5 He gathered the leaves fallen from the trees

6 asked how far the museum

해석

1

> 유용한 것들을 발명하거나 문제를 해결하기 위한 과학의 사용

---

36 .... pp.72~73

직독직해가 쉬워지는 **구문**

1일 1문장 정말 좋아한다

Plus ❶ 그가 늦게 도착한 이유를
❷ 내년에 해외에서 공부하는 것이다

직독직해 Practice

1 Before, / this method (was) only (tested) on mice, //
but now they (know) / it (does work) on humans,
too.

→ 이전에는, / 이 방법이 쥐들에게만 실험되었다, // 하지만 이
제 그들은 안다 / 그것이 인간에게도 정말 효과가 있다는 것
을.

2 ~, // these zombie cells (increase) / and (might
become) one of the reasons / why we (age).

→ ~, // 이 좀비 세포들은 증가한다 / 그리고 이유 중 하나가 될
지도 모른다 / 우리가 늙게 되는.

3 Their goal / (is) to help us stay healthier // as we
(get) older / by understanding and managing /
these zombie cells better.

→ 그들의 목표는 / 우리가 더 건강하게 유지하도록 돕는 것이
다 // 우리가 나이 들수록 / 이해하고 관리함으로써 / 이러한
좀비 세포들을 더 잘.

내신 맛보기

1 (1) remove　(2) age　(3) normal

2 (1) effect　(2) elderly　(3) characteristic

3 Her goal is to run a marathon next year

4 They discussed the reason why the machine
was broken

5 did say

1 ┤ 보기 ├──────────────────────────────

노화시키다, 나이가 들다	병원, 병동	실험
보통의, 정상적인	제거하다, 없애다	

(1) 어떤 장소에서 앗아가다: <u>제거하다, 없애다</u>

(2) 늙거나 더 나이 들다: <u>노화시키다, 나이가 들다</u>

(3) 보통의 것에 가까운: <u>보통의, 정상적인</u>

2 ┤ 보기 ├──────────────────────────────

영향, 효과	연세가 드신	방법, 방식	약, 약물
특성, 특징			

MEMO

MEMO

독해를 바라보는 재미있는 시각

Reading
Graphy

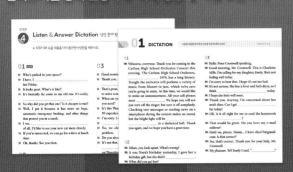

쎄듀 초·중등 커리큘럼

	예비초	초1	초2	초3	초4	초5	초6
구문		**천일문 365 일력** | 초1-3 | 교육부 지정 초등 필수 영어 문장		**초등코치 천일문 SENTENCE** 1001개 통문장 암기로 완성하는 초등 영어의 기초			
문법					**초등코치 천일문 GRAMMAR** 1001개 예문으로 배우는 초등 영문법		
			왓츠 Grammar			Start (초등 기초 영문법) / Plus (초등 영문법 마무리)	
독해				**왓츠 리딩 70 / 80 / 90 / 100 A / B**			쉽고 재미있게 완성되는 영어 독해력
어휘				**초등코치 천일문 VOCA&STORY** 1001개의 초등 필수 어휘와 짧은 스토리			
		패턴으로 말하는 초등 필수 영단어 1 / 2			문장 패턴으로 완성하는 초등 필수 영단어		
ELT		**Oh! My PHONICS 1 / 2 / 3 / 4**		유·초등학생을 위한 첫 영어 파닉스			
			Oh! My SPEAKING 1 / 2 / 3 / 4 / 5 / 6		핵심 문장 패턴으로 더욱 쉬운 영어 말하기		
			Oh! My GRAMMAR 1 / 2 / 3	쓰기로 완성하는 첫 초등 영문법			

	예비중	중1	중2	중3
구문		**천일문 STARTER 1 / 2**		중등 필수 구문 & 문법 총정리
문법		**천일문 GRAMMAR LEVEL 1 / 2 / 3**		예문 중심 문법 기본서
		GRAMMAR Q Starter 1, 2 / Intermediate 1, 2 / Advanced 1, 2		학기별 문법 기본서
		잘 풀리는 영문법 1 / 2 / 3		문제 중심 문법 적용서
		GRAMMAR PIC 1 / 2 / 3 / 4		이해가 쉬운 도식화된 문법서
			1센치 영문법	1권으로 핵심 문법 정리
문법+어법			**첫단추 BASIC 문법·어법편 1 / 2**	문법·어법의 기초
문법+쓰기		**EGU 영단어&품사 / 문장 형식 / 동사 써먹기 / 문법 써먹기 / 구문 써먹기**		서술형 기초 세우기와 문법 다지기
				올쏨 1 기본 문장 PATTERN 내신 서술형 기본 문장 학습
쓰기		**거침없이 Writing LEVEL 1 / 2 / 3**		중등 교과서 내신 기출 서술형
		중학 영어 쓰작 1 / 2 / 3		중등 교과서 패턴 드릴 서술형
어휘		**신간 천일문 VOCA 중등 스타트/필수/마스터**		2800개 중등 3개년 필수 어휘
		어휘끝 중학 필수편	중학 필수어휘 1000개	**어휘끝 중학 마스터편** 고난도 중학어휘 +고등기초 어휘 1000개
독해		**신간 ReadingGraphy LEVEL 1 / 2 / 3 / 4**		중등 필수 구문까지 잡는 흥미로운 소재 독해
		Reading Relay Starter 1, 2 / Challenger 1, 2 / Master 1, 2		타교과 연계 배경 지식 독해
		READING Q Starter 1, 2 / Intermediate 1, 2 / Advanced 1, 2		예측/추론/요약 사고력 독해
독해전략			**리딩 플랫폼 1 / 2 / 3**	논픽션 지문 독해
독해유형			**Reading 16 LEVEL 1 / 2 / 3**	수능 유형 맛보기 + 내신 대비
			첫단추 BASIC 독해편 1 / 2	수능 유형 독해 입문
듣기		**Listening Q 유형편 / 1 / 2 / 3**		유형별 듣기 전략 및 실전 대비
		쎄듀 빠르게 중학영어듣기 모의고사 1 / 2 / 3		교육청 듣기평가 대비